四川省地方金融监督管理条例释义

SICHUANSHENG DIFANG JINRONG
JIANDU GUANLI TIAOLI SHIYI

四川省人大经济委员会
四川省人大常委会法制工作委员会
四川省司法厅
四川省地方金融监督管理局
编著

法律出版社
LAW PRESS·CHINA

《四川省地方金融监督管理条例释义》
编　委　会

主　任： 欧阳泽华

副主任： 吴　泓　王　俊　王　飙

主　编： 王　琳

副主编： 钟　波　胡科建　伍成旗

编　写： 张学美　廖小西　刘　畅

张大伟　曾全民　杨子仪

李　翔　张　程　王　然

袁绍波　欧阳星玙

CONTENTS 目 录

第三部分 《四川省地方金融监督管理条例》有关审议资料

前　言

《四川省地方金融监管理条例》(以下简称《条例》)自2016年10月启动立法起草工作,历经2年多的广泛调研、科学论证和修改完善,于2019年3月28日经四川省十三届人大常委会第十次会议通过,自2019年7月1日起施行。四川省作为全国第三个制定地方金融监管法规的省份,也是第五次全国金融工作会议后第一个颁布地方金融监管法规的省份,《条例》的颁布是四川省地方金融法治建设进程中的里程碑,为四川省金融改革发展、推进国家西部金融中心建设奠定了坚实的法治基础,填补了四川省地方金融监管领域的立法空白。

我国的金融监管体系经历了“分业监管——协调监管——混业监管”的演进过程。1992年至2003年,“一行三会”监管体系形成。1992年中国证券监督管理委员会(以下简称中国证监会)成立后,承担了对证券业的监管职能;1998年,中国保险监督管理委员会(以下简称中国保监会)成立后,承担了对保险业的监管职能;在2003年,我国又成立中国银行业监督管理委员会(以下简称中国银监会),承担了对银行业的监管职能,完善了分业监管体系;在2003年中国人民银行“三定”方案中,维护金融稳定与制定、执行货币政策是央行最重要的两大职责。自此,正式形成了由人民银行负责货币政策和金融稳定,中国银监会、中国证监会和中国保监会实施分业监管的“一行三会”格局,开启了金融监管专业分工的监管阶段。

国务院金融稳定发展委员会成立标志着由分业监管到监管协调。近年来,混业经营与分业监管的矛盾较为突出,造成分业监管模式对金融机构混业经营“无可奈何”的主要问题有两点,即监管部门的沟通成本与监管真空。在此背景下,2017 年 7 月全国金融工作会议决定设立国务院金融稳定发展委员会,其办公室设在中国人民银行。国务院金融稳定发展委员会成立主要是履行“发展”与“稳定”职责,补充分业监管漏洞。

中国银监会、中国保监会合并标志着由监管协调到混业监管。2018 年 3 月 13 日,国务院机构改革报告提出,将组建中国银行保险监督管理委员会(以下简称中国银保监会),并将中国银监会和中国保监会的职责整合,作为国务院直属事业单位,银行和保险业再度重启混业监管模式。自此,我国金融监管形成“一委一行两会”的格局。

“一行三会”模式目前已变更为“一委一行两会”新格局,且中央监管层面已经建立了由中国人民银行牵头的金融监管协调部际联席会议制度,金融监管体系得以完善,但地方金融监管协调机制尚未建立。2017 年召开的第五次全国金融工作会议,明确了地方政府要在坚持金融管理主要是中央事权的前提下,按照中央统一规则、地方实施监管,“谁审批、谁监管、谁担责”,赋予地方政府相关金融监管职责,强化属地风险处置责任。2018 年 4 月 2 日召开的中央财经委员会第一次会议,研究了如何打好三大攻坚战的思路和举措,其中在三大攻坚战之首的防范化解金融风险方面,提出要抓紧协调建立中央和地方金融监管机制,强化地方政府属地风险处置责任。目前地方政府金融监管职能配置过于分散,导致了风险出现后处置责任并不明晰的情况,地方政府在金融风险防控中的作用也有待加强。主要原因,一是长期以来,地方金融工作的主要职能是服务和发展,并没有监管职责,因此,也没有相应的监管力量配备,人员数量较少,专业能力比较匮乏,监管队伍编制力量和实际监管工作需要不匹配;二是近年来出现大量新兴金融业态,监管办法相对滞后,监管职责不太明确。金融监管权限高度集中于中央,面临很多金融风险和案件的处置,地方目前缺乏监管手段,没有明确执法权,但大量违法违规金融活动的风险处置等又需要地方承担属地责任,地方监管权责不一致。

近年来,四川省金融业快速发展,金融业已经成为四川省国民经济支柱产业和第三产业发展“领头羊”。2018 年,全省社会融资规模增量为 8086.53 亿元,较上年少增 848.36 亿元;全省金融业实现增加值 3371.03 亿元,占 GDP 的 8.29%;实现税收 446.44 亿元,占全省税收的 8.05%。2018 年,全省累计实现直接融资4132.55亿元,同比增长38.85%。其中,股权融资467.47亿元,同比增长8.83%;债券融资3665.08亿元,同比增长45.24%。截至2018年12月末,A股上市企业120家,全年新增5家,其中,主板63家、中小板29家、创业板28家,总股本1289.82亿元,同比增长7.6%,总市值1.08万亿元;"新三板"挂牌企业311家;天府股交中心挂牌展示企业6840家。截至2018年12月末,全省各项贷款余额55390.86亿元,在全国排名第7位;同比增长13.03%,高于全国平均水平0.18个百分点;比年初增加6376.17亿元,增加额在全国排名第6位。截至2018年12月末,全省各项存款余额77391.02亿元,在全国排名第7位;同比增长5.9%,低于全国平均水平1.92个百分点;比年初增加4311.63亿元,增加额在全国排名第11位。各项存贷款的存贷比为71.57%,比全国水平低6.09个百分点。2018年四川省成功举办了天府金融论坛,以"一展会一论坛一指数"为核心的天府金融品牌成功唱响。成都金融中心综合竞争力持续排名全国前列;2018年再次进入"全球金融中心指数"(GFCI23)榜单,在全球金融版图中的地位得到充分认可。

一方面,四川省金融业不断发展,金融服务实体经济的功能不断增强,金融对经济发展的贡献率不断提升;另一方面,受历史原因以及金融快速创新发展因素影响,现阶段金融监管体制与混业经营发展趋势不相适应,特别是第五次全国金融工作会议和最近一轮机构改革后,地方金融监管面临诸多现实问题。全社会金融意识相对滞后,与金融业务爆发式增长形成巨大反差。新型业态不断涌现,服务经济社会发展的功能日益凸显,但经营不规范、非法金融活动频发等风险依然存在,地方金融监管缺乏有效的法定依据和执法手段,迫切需要通过立法加强地方金融监管。省委经济工作暨全省金融工作会议也指出,要强化地方金融监管能力建设,积极构建省市县三级地方金融监管体系、落实监管执法权,建立部门间金融监管协作机制。

按照中央和四川省委关于地方金融监管工作的决策部署,四川省《条例》起草工作从2016年开始,经过省内外广泛调研、论证,多次征求省级相关部门意见,先后召开立法听证会和专家论证会,并专门赴中国银保监会、全国人大常委会法工委就有关问题沟通、请示。经过多方不懈努力,《条例》于2019年3月28日审议通过,自2019年7月1日起实施。《条例》的颁布实施,体现了依法治省的新进展，顺应了金融法治的新要求，构建了地方金融的新格局，为服务实体经济、防控金融风险、深化金融改革奠定了法治基础和制度保障，必将进一步推动四川金融规范发展，提升四川金融竞争力，推动四川金融再上新台阶。

《条例》共 6 章 45 条，包括总则、地方金融组织、服务与发展、风险防范、法律责任和附则。《条例》明确了地方金融组织具体范围，明确了地方金融三级监管体系，明确了地方金融风险防范职责，明确了地方金融服务发展职能，明确了违法行为的法律责任，对四川省各类地方金融组织、地方金融活动进行规范。作为四川省首部全面规范地方金融活动和开展地方金融监管的省级地方性法规，《条例》内容总体来看还是比较原则，为了宣传、贯彻、实施《条例》，帮助各级地方金融监管部门工作人员和各类地方金融组织从业人员全面、正确理解《条例》的立法背景、主要内容和精神实质，我们组织具体参与《条例》立法工作的工作人员和部分律师编写了本书。本书包括三部分内容：第一部分以《条例》的条文为顺序，依据立法原意，对《条例》的条文逐条进行了解释；第二部分收集了部分相关法律、法规、规章，具有实用性、针对性、便捷性的特点，方便大家查阅相关资料；第三部分主要收录《条例》的相关审议资料。我们希望，本书能够成为各级政府及其有关部门、社会各界和地方金融组织、实体企业把握地方金融监管知识的必备读本，能够对大家的工作、学习和生活有所裨益，提供力所能及的指导和帮助。

编　者

2020 年 1 月

第 一 部 分

《四川省地方金融监督管理条例》释义

四川省第十三届人民代表大会常务委员会公告

（第30号）

《四川省地方金融监督管理条例》已由四川省第十三届人民代表大会常务委员会第十次会议于2019年3月28日通过，现予公布。自2019年7月1日起施行。

四川省人民代表大会常务委员会

2019年3月28日

四川省地方金融监督管理条例

（2019年3月28日四川省第十三届人民代表大会常务委员会第十次会议通过）

第一章　总　　则

第一条　为了加强地方金融监管，防控金融风险，维护金融秩序，促进金融发展，服务实体经济，根据有关法律、行政法规，结合四川省实际，制定本条例。

第二条　在四川省行政区域内对地方金融组织从事金融业务进行监督管理，适用本条例。国家对金融监督管理另有规定的，从其规定。

第三条　本条例所称地方金融组织，是指国家授权地方人民政府及其有关部门监督管理的小额贷款公司、融资担保公司、区域性股权市场、典当行、融资租赁公司、商业保理公司、地方资产管理公司、开展信用互助的农民专业合作社、从事权益类或者大宗商品类交易的交易场所（以下统称交易场所）等。

第四条　地方金融监督管理工作应当遵循积极稳妥、安全审慎原则，坚持发展与规范、创新与监管并重，保持金融健康平稳运行。

第五条 省人民政府应当加强对全省地方金融工作的领导，建立健全金融工作议事协调机制，依照法律、法规和有关规定履行金融发展和地方金融监管职责，对市（州）人民政府进行履职问责。省金融工作议事协调机构研究决定全省地方金融监管和风险防范重大事宜。

省人民政府地方金融主管部门依照法律、法规和有关规定对地方金融组织、地方金融活动实施监督管理，承担省金融工作议事协调机构具体工作。

第六条 市（州）、县（市、区）人民政府应当加强对本行政区域内地方金融工作的领导，制定金融发展扶持政策，保障地方金融工作经费，防范化解金融风险。

市（州）、县（市、区）人民政府确定的负责地方金融工作的机构依照有关规定承担对地方金融组织的日常检查、数据统计等工作，依法接受省人民政府地方金融主管部门委托开展有关行政处罚的具体工作。

县级以上地方人民政府发展改革、财政、公安、农业农村、商务、国有资产监督管理、市场监督管理等部门，按照有关法律、法规的规定履行各自职责，做好相关工作。

第七条 地方金融组织应当合法合规经营，诚实守信、自担风险，接受监督管理，不得损害国家利益、社会公共利益和他人合法权益。

第八条 县级以上地方人民政府及其有关部门应当通过广播、电视、报刊、网络等媒体，加强对金融法律、法规以及相关知识的宣传教育，提高人民群众金融风险防范意识。

地方金融组织行业协会应当组织制定、实施行业规范和职业道德准则，教育会员遵守金融法律、法规，完善行业自律管理约束机制。

第二章 地方金融组织

第九条 地方金融组织从事相关金融业务，应当符合《中华人民共和国公司法》《融资担保公司监督管理条例》等法律、行政法规，以及中央金融管理部门和机构的有关规定，经有权机关按照法定程序批准或者备案，取得相应经营资格。

第十条 地方金融组织应当依法开展业务，建立金融消费者和投资者适当性制度，将合适的金融产品和服务推介给适当的消费者和投资者。地方金融组织在提供金融产品和服务时，应当以显著方式和通俗易懂的语言文字如实披露可能影响其决策的信息，充分提示风险。

第十一条 地方金融组织应当按照审慎经营的要求，建立健全风险管理、内部控制、资产质量、风险准备、风险集中、关联交易、资产流动性等业务规则和管理制度。

第十二条 地方金融组织应当按照规定向住所地人民政府负责地方金融工作的机构报送业务情况、财务会计报告、风险事件情况等重大事项。

第十三条 设立融资担保公司，注册资本不低于人民币一亿元，且为实缴货币资本。

第十四条 小额贷款公司应当在批准的区域范围内，按照小额、分散、信用原则，为农民、个体工商户、城镇居民、小微企业、农业经营组织等提供贷款和相关咨询服务。

第十五条 融资担保公司应当按照审慎经营原则，规范融资担保项目评审、担保后管理、代偿责任追偿等业务活动，建立健全风险管理等内部控制制度。

第十六条 典当行应当按照批准的范围经营业务，建立健全财务会计制度和内部审计制度，在典当期内不得出租、质押、抵押和使用典当物。

第十七条 融资租赁公司依照有关规定可以采取直接租赁、转租赁、委托租赁、联合租赁等形式开展融资租赁业务，建立完善的内部风险控制体系，形成良好的风险资产分类管理制度、承租人信用评估制度、事后追偿和处置制度以及风险预警机制等。

第十八条 农民专业合作社开展信用互助业务，应当坚持社员制、封闭性原则，建立完善决策科学、制衡有效的治理结构，有效保护社员合法权益。

第十九条 交易场所应当按照依法合规、审慎经营、风险可控原则，完善公司法人治理结构，建立健全业务规则和管理制度，实行投资者适当性准入管理，加强交易信息系统和资金账户安全性建设，提供优质高效安全服务。

第二十条 地方金融组织解散的，应当依法进行清算，对相关业务承接以及债务清偿作出明确安排，清算过程应当依法接受监督。

地方金融组织解散或者被宣告破产的，应当依法注销业务经营许可证，并向社会公告。

第三章　服务与发展

第二十一条　省人民政府地方金融主管部门根据国家金融发展规划和监管要求，会同中央金融管理部门派出机构制定全省金融发展规划，报省人民政府批准。

第二十二条　省人民政府应当综合考虑区位、产业、资源等因素，支持西部金融中心等现代金融集聚区建设，增强金融资源集聚和辐射能力。

现代金融集聚区所在地人民政府应当加强政策扶持，做好机构培育、市场建设、人才引进、环境营造等工作。

第二十三条　县级以上地方人民政府应当优化营商环境，加大金融机构引进力度，鼓励金融机构在辖区内设立总部或者区域总部。

第二十四条　县级以上地方人民政府及其有关部门应当通过引进、培育、整合等方式，加快发展征信、信用评级、资产评估、保险代理和经纪、融资仓储以及会计、审计、法律等中介服务组织。

第二十五条　县级以上地方人民政府应当鼓励地方金融组织进行技术、服务、管理等方面的创新，完善金融创新激励和风险防控机制。

第二十六条　县级以上地方人民政府应当引导地方金融组织对小微企业和农业、农村、农民经济发展提供金融支持，加大对贫困地区的金融支持力度。

第二十七条　省人民政府地方金融主管部门应当加强金融信用环境建设，组织建立地方金融组织信息综合服务平台，与省社会信用信息平台、企业信用信息公示系统互联互通，构建守信激励和失信联合惩戒机制。

第二十八条　县级以上地方人民政府应当制定金融人才培养引进计划和奖励政策，并在落户、居住、子女教育、医疗等方面提供便利。

第四章　风 险 防 范

第二十九条　县级以上地方人民政府应当制定地方金融风险突发事件应

急预案和防范处置方案，建立金融信息共享、风险处置等协作机制，承担防范和处置地方金融风险责任。

第三十条 省人民政府地方金融主管部门应当建立地方金融组织信息公示制度，公布并定期更新地方金融组织名单以及相关行政许可和备案等信息。

第二十 条 省人民政府地方金融主管部门和市（州）、县（市、区）人民政府确定的负责地方金融工作的机构应当加强与所在地中央金融管理部门派出机构的信息沟通和协调，提高金融风险防范处置能力。

第三十二条 省人民政府地方金融主管部门和市（州）、县（市、区）人民政府确定的负责地方金融工作的机构在履行监督管理职责中可以采取下列措施：

（一）询问地方金融组织的工作人员，要求其对有关检查事项作出说明；

（二）查阅、复制与检查事项有关的文件、资料，对可能被转移、隐匿或者毁损的文件、资料、电子设备等先行登记保存；

（三）检查地方金融组织的计算机信息管理系统；

（四）对地方金融组织的董事、监事、高级管理人员等进行约谈和风险提示；

（五）法律、行政法规规定的其他措施。

进行现场检查，检查人员不得少于两人，并应当出示合法证件和检查通知书。检查结束后应当依法形成检查记录并存档。

地方金融组织及其工作人员应当予以配合，不得拒绝、阻碍现场检查和调查取证。

第三十三条 省人民政府地方金融主管部门和市（州）、县（市、区）人民政府确定的负责地方金融工作的机构发现地方金融组织存在可能引发金融风险的隐患的，应当对其重点监控，进行风险提示；对已经形成金融风险，严重影响金融秩序和金融稳定的，应当按照规定程序及时报告。省人民政府地方金融主管部门可以责令地方金融组织暂停相关业务，采取查封、扣押地方金融组织经营活动相关的电子信息设备及存储介质、财务账簿、会计凭证、档案资料等措施。

地方金融组织应当及时采取措施，消除风险隐患，妥善处理金融风险，并逐级向省人民政府地方金融主管部门报告有关情况。经省人民政府地方金融主管部门验收通过之日起三日内解除前款规定的有关措施。

第三十四条 省人民政府地方金融主管部门应当运用大数据等现代信息技术手段，统筹建立全省统一的地方金融风险监测预警系统，实现地方金融监管信息共享，维护地方金融安全。

第三十五条 任何单位和个人不得非法吸收公众存款、擅自发行有价证券，或者以其他方式从事非法金融活动；不得以广告、公开劝诱或者变相公开宣传的方式，向社会不特定对象承诺或者变相承诺，对投资收益或者投资效果作出保本、高收益或者无风险等保证。

广播、电视、报刊、网络等媒体发布金融类广告，应当依法查验广告主或者广告经营者的相关证明文件，核实广告内容，不得发布涉嫌非法集资、金融诈骗、金融虚假广告的信息。

第三十六条 县级以上地方人民政府及其有关部门应当建立非法金融活动举报制度，及时处理投诉和举报。

任何单位和个人有权对非法金融活动进行投诉和举报。

第五章 法律责任

第三十七条 违反本条例规定的行为，法律、法规已规定法律责任的，从其规定。

第三十八条 违反本条例规定，国家工作人员在地方金融监督管理工作中滥用职权、玩忽职守、徇私舞弊的，依法给予处分；构成犯罪的，依法追究刑事责任。

第三十九条 违反本条例第十条规定，地方金融组织未以显著方式和通俗易懂的语言文字如实向消费者和投资者披露可能影响其决策的信息和充分提示风险的，由省人民政府地方金融主管部门责令限期改正；逾期拒不改正的，责令停业，并处十万元以上四十万元以下的罚款。

第四十条 违反本条例第十一条规定，地方金融组织未按照要求建立业务规则和管理制度的，由省人民政府地方金融主管部门责令限期改正；逾期拒不改正的，处五万元以上二十万元以下的罚款；情节严重的，责令停业。

第四十一条 违反本条例第十二条规定，地方金融组织未按照要求报送业务情况、财务会计报告、风险事件情况等重大事项的，由省人民政府地方金融主管部门责令限期改正,处五万元以上二十万元以下的罚款;逾期拒不改正的,责令停业。

第四十二条 违反本条例第三十二条规定,地方金融组织及其有关人员拒绝、阻碍现场检查和调查取证的,由省人民政府地方金融主管部门责令改正;拒不改正的,处二万元以上十万元以下的罚款。

第四十三条 违反本条例第三十五条规定,有下列情形之一的,依照有关法律、法规规定给予处罚;构成犯罪的,依法追究刑事责任:

(一)非法吸收公众存款、擅自发行有价证券,或者以其他方式从事非法金融活动的;

(二)以广告、公开劝诱或者变相公开宣传的方式向社会不特定对象承诺或者变相承诺,对投资收益或者投资效果作出保本、高收益或者无风险等保证的;

(三)广播、电视、报刊、网络等媒体发布非法集资、金融诈骗、金融虚假广告信息的。

第四十四条 依照本条例规定对地方金融组织给予行政处罚的,根据具体情形,省人民政府地方金融主管部门可以同时对负有直接责任的股东、董事、监事、高级管理人员和其他直接责任人员给予警告,并处五万元以上二十万元以下的罚款;情节严重的,并处二十万元以上五十万元以下的罚款;构成犯罪的,依法追究刑事责任。

第六章 附 则

第四十五条 本条例自 2019 年 7 月 1 日起施行。

《四川省地方金融监督管理条例》释义

第一章　总　　则

《四川省地方金融监督管理条例》(以下简称《条例》)总则部分对立法目的、依据、调整范围、基本原则以及其他一些重要问题作出规定,对整个《条例》具有统领和指导作用。本章共8条,第1条是对立法目的和立法依据的规定,第2条是对适用范围的规定,第3条是对监管对象的规定,第4条是对地方金融工作的原则和目标的规定,第5条是对省级监管职责的规定,第6条是对地方金融监管体制的规定,第7条是对地方金融组织义务的规定,第8条是对宣传教育的规定。

第一条　为了加强地方金融监管,防控金融风险,维护金融秩序,促进金融发展,服务实体经济,根据有关法律、行政法规,结合四川省实际,制定本条例。

【释义】本条是关于《条例》立法目的和立法依据的规定。

一、立法背景

2017年第五次全国金融工作会议和《中共中央国务院关于服务实体经济防控金融风险深化金融改革的若干意见》(中发〔2017〕23号)要求,在坚持金融管理主要是中央事权的前提下,赋予地方政府相关金融监管职责。根据此次会议精神,结合四川省地方金融发展与监管的实际情况,《条例》的出台有其必要性和重要性。

(一)立法的必要性

《条例》的制定是贯彻落实中央精神的需要。2017年召开的全国金融工作会议和中发 23 号文提出，在坚持金融管理主要是中央事权的前提下，按照中央统一规则、地方实施监管，“谁审批、谁监管、谁担责”，赋予地方政府相关金融监管职责。推进《条例》的立法工作，是贯彻中央精神，落实地方金融监管责任的要求。

《条例》的制定是落实省委省政府决策部署的需要。2017 年底召开的省委经济工作暨全省金融工作会议上指出，要强化地方金融监管能力建设，积极构建省市县三级地方金融监管体系、落实监管执法权，建立部门间金融监管协作机制，《中共四川省委关于全面推动高质量发展的决定》《中共四川省委四川省人民政府关于服务实体经济防控金融风险深化金融改革的实施意见》也明确提出制定四川省地方金融监管法规。这要求必须通过加强地方金融立法，明确地方金融监管的执法主体、执法权限、执法责任，为地方金融监管提供有效执法依据。

《条例》的制定是推进国家西部金融中心建设的需要。四川省委十一届三次全会提出支持成都加快建设西部金融中心，增强信贷市场、资本市场、财富管理、结算服务、创投融资、新型金融等核心功能。通过地方金融立法对地方金融发展的重点和各级各部门的发展职责进行明确，对推动地方金融发展、建设西部金融中心、助推实体经济发展具有重要意义。

《条例》的制定是防范金融风险的迫切需要。当前，四川省金融业发展速度大幅提升，新型金融业态不断涌现，金融服务经济社会发展的功能日益凸显。但地方金融组织经营不规范和金融人才培育、中介机构发展、信息平台建设等不协调不配套的情况仍然存在，尤其是由于监管缺失和执法手段不足，公司“跑路”、违法吸收公众存款、违法发放贷款等不法行为屡禁不止，侵害了正常的金融秩序，影响了社会稳定。通过地方金融立法，固化处置金融风险中的经验做法，完善地方金融监管制度框架，丰富地方金融监管手段，将更有利于维护地方金融稳定，推动金融业持续健康的发展。

(二) 立法的重要性

随着金融市场的不断发展，对其的监管越来越复杂，监管要求也在不断增强，但是，中央所持资源并不足以支撑其监管所需，中央可以对金融行业进行很好的监管，但是对于金融行业里的区域性金融机构（小额贷款公司、融资担保公司、区域性股权市场、典当行、融资租赁公司、商业保理公司、地方资产管理公司等七类金融机构和辖内投资公司、社会众筹机构、开展信用互助的农民专业合作社、地方各类交易场所）的地方性监管却效果不足。此时需要地方监管体系发挥作用，加强金融风险防范需要地方监管部门的配合与助力。

地方金融发展需要更加规范化以促进其健康发展，地方金融发展的需要促使《条例》出台加速。根据国家统计局公布的数据，在2018年，四川省实现金融业增加值3371亿元，同比增长1.1%，金融业增加值占GDP比重8.3%。以上三个指标数据相比北京、上海、江苏、浙江、广东来说并不乐观。正因如此，四川省更需要加快出台地方金融监管法规，推动本省金融发展。

在遵循宪法及其他重要法律法规的前提下，四川省人大常委会根据四川省的实际情况做出具体规定，制定《条例》，明确地方金融监管的目标、原则、对象、主体和内容等重要事项，为地方金融监管提供法律依据。根据《中华人民共和国立法法》（以下简称《立法法》）第72条、第77条，本条例是地方性法规，也是四川省首部关于地方金融监督管理的地方性法规。

二、立法目的

金融是现代经济的核心，特别是近年来金融业迅速发展，在经济社会发展中的作用和影响越来越大。同时，当前金融领域存在的监管不到位、风险隐患加大等问题也日益凸显。党中央、国务院高度重视金融改革发展工作，明确提出要完善中央与地方金融监管职责分工，赋予地方政府金融监管职责，地方政府在金融监管、风险处置等领域的作用不断增强。省委省政府主要领导高度重视四川省地方金融立法工作，强调要加快省级地方金融立法，落实地方金融监管责任，健全地方金融监管体系。从工作实践来看，地方虽然被赋予了金融监管职责，但现有法律法规主要是规范银行、保险、证券等持牌金融机构，对地方金融组织尚未形成完备的监管规则，特别是四川省作为金融改革发展的先行地区，亟需通过地方立法赋予相应的监管权限和监管手段，加强依法监管，更好地落实地方金融监管责任，更好地服务实体经济发展，更好地防范金融风险，维护地方经济安全和金融稳定，制定四川省地方金融监管条例十分必要和紧迫。

立法目的分为以下三个方面：

（一）促进金融服务实体经济

金融要为实体经济服务，满足经济社会发展和人民群众需要。金融活，经济活;金融稳,经济稳。经济兴,金融兴;经济强,金融强。经济是肌体,金融是血脉,两者共生共荣。要发展金融业首先必须发展地方性金融机构,尽快提高地方金融资产的比重,从这个角度上理解,《条例》的出台可谓意义重大。

(二)弥补金融监管空白,防范金融风险

第一,地方政府的金融监管权责不一致。一方面,地方政府的金融监管权有限。按照“法无授权不可为”的原则,我国地方金融监管没有国家层面的法律依据和授权,也就是地方政府对辖区内金融机构和民间融资等行为进行监督管理的法律依据不足。在没有法律依据的情况下,地方政府对于一些明知有风险或可能存在恶化趋势的民间融资事件,也处于“有心无力”的状态。

第二,地方金融监管部门履职障碍较多。一是履职缺乏必要的法律依据。目前我国还没有一个系统性的、具有足够宽度的法律法规明确规定中央和地方的金融监管责任,地方政府需要负责监管哪些金融机构或金融业务的定位仍不清楚。地方政府开展金融监管所依据的相关法规,基本上都是原“一行三会”制定的规章和规范性文件,法律位阶较低,法律效力较弱。而对小额贷款公司、投资公司等机构的监管依据也是地方政府或部门的文件,而非法律、行政法规。二是履职能力不足。地方金融监管部门普遍缺乏专业的监管人员,特别是市级以下金融监管部门组织建设参差不齐,编制和人员尚未完全到位。而且地方金融监管部门监管手段不足,缺乏必要的执法权,省市县三级地方金融监管体系尚未实质形成。

第三,对互联网金融、民间金融等新金融业态的监管存在空白。民间金融本身存在着隐蔽性、风险难以监测的局限,地方金融监管部门很难对其进行全面有效的监管。近年来随着互联网技术的普及,一些类金融机构通过互联网平台进行融资和提供融资服务,使金融活动更具有隐蔽性和风险性。我国监管立法往往落后于监管实践,即使出现金融新业态的违法违规行为也难以处理,地方政府只能被动处置金融风险,这也是个别小额贷款公司违规参与民间金融的原因之一。《条例》的出台弥补了金融监管立法空白,从根本上改变地方金融监管乏力的局面。

(三)保护金融消费者和投资者利益

近年来,随着互联网的普及和信息技术创新应用,金融与科技融合产生了各种各样的新型金融业态。根据“网贷之家”发布的《P2P 网贷行业 2018 年 12 月月报》显示，截至 2018 年 12 月底，P2P 网贷行业正常运营平台数量下降至 1021 家，相比 11 月底减少了 49 家。此外，还有众多难以统计的各类准金融机构，比如民间借贷机构、第三方理财机构，以担保、典当和租赁等名义从事借贷业务的各种机构等。在我国的金融监管体系下，这些从事民间金融、互联网金融的机构监管乏力，所以导致许多新型金融机构从事非法融资活动，诈骗、跑路事件层出不穷，给众多投资者造成极大损失。2018 年 6 月 1 日至 7 月 12 日的 42 天内，全国共有 108 家 P2P 平台爆雷，其中不乏广为人知的“钱满仓”“唐小僧”“联壁金融”“花木金融”“花果金融”“小诸葛金服”等。从这一系列的令人触目惊心的非法金融活动可以看出，我国的金融监管远远落后于金融创新的步伐，原有的法律体系对新生金融业态的监管往往显得无能为力。国家层面的金融法律法规，主要规范的是国家金融机构（银行、证券、保险）。从这个意义上讲，现有对地方金融组织的制度规范和立法少之又少，上述非法金融活动如果从金融监管角度看的确属于立法上的空白。

《条例》将从事地方金融业务的小额贷款公司、融资租赁公司、从事权益类或者大宗商品类交易的交易场所、开展信用互助的农民专业合作社等全部纳入监管范畴，将从根本上改变原有监管体制对新型金融监管模式和监管效能。为了给未来国家授权地方金融监管部门对新型金融业务进行监管留出操作空间，《条例》在地方金融组织的定义中，增加了一个兜底性的内容，即“国家授权地方人民政府及其有关部门……等”。

三、立法依据

制定《条例》的依据主要包括两个方面：一是法律依据；二是实践依据。在法律依据方面，首先，由于金融涉及的领域比较多，因此，《中华人民共和国商业银行法》（以下简称《商业银行法》）、《中华人民共和国银行业监督管理法》（以下简称《银行业监督管理法》）、《中华人民共和国证券法》（以下简称《证券法》）、《中华人民共和国保险法》（以下简称《保险法》）、《融资担保公司监督管理条例》等法律和行政法规都是重要的上位法依据。需要说明的是，鉴于在金融业存在大量的行业规范，《条例》的制定还参照了国务院和中国银监会等颁布的文件，如国务院办公厅《关于进一步明确融资性担保业务监管职责的通知》、中国银监会等颁布的《融资性担保公司管理暂行办法》、《小额贷款公司试点的指导意见》、中国人民银行等十部委《关于促进互联网金融健康发展的指导意见》等。同时,还针对四川省金融业发展的现状,参照了《四川省金融业“十三五”发展规划》(川办发〔2016〕103 号)等政策性文件,同时还借鉴了山东、河北等地出台的地方金融监管法规等,如《山东省地方金融条例》《河北省地方金融监督管理条例》等。

在实践依据方面,制定《条例》是基于四川省地方金融工作的迫切需求。地方金融风险事件以及地方持牌金融机构违规行为不断出现,有些地方金融组织大量从事表外业务、监管套利等活动;一些新金融业态风险监管缺失,一些无牌照机构开展涉众型的金融活动,风险隐患较大,造成一些不良事件,比如,一些非法集资活动以短期、高回报为诱饵,打着电子商务、消费返利、投资理财、众筹互助等各种名义欺骗参与者,特别是有些平台违规开展连续竞价、权益拆分、证券、类期货等交易,并且引发投机炒作、市场操纵等违规经营行为,制造庞氏骗局造成人民群众财产损失,影响社会和金融秩序的稳定。面对复杂严峻的形势,现有部门规章和各级规范性文件尽管已对地方政府金融监管提出了具体的工作任务,但并没有上升到法律层面,地方金融监管部门在执法方面缺少必要的法定依据。因此,制定《条例》就显得十分必要。

第二条　在四川省行政区域内对地方金融组织从事金融业务进行监督管理,适用本条例。国家对金融监督管理另有规定的,从其规定。

【释义】本条是关于《条例》适用范围的规定。

一、适用范围

法律的适用范围,是指法律的时间效力、对人的效力和空间效力。

1. 时间效力,指法律开始生效的时间和终止生效的时间。《条例》第 45 条明确本条例自 2019 年 7 月 1 日起施行,即《条例》自 2019 年 7 月 1 日起生效。

2. 空间效力,指法律生效的地域(包括领海、领空),通常全国性法律适用于全国,地方性法规仅在本地区有效。一般来说,凡属于全国人大及其常务委员会、国务院或者国务院所属的各部委制定颁布的法律、行政法律和规章,除有特别规定的以外,适用于我国的一切领域;凡属地方各级人大及其常委会、地方各级人民政府、民族自治地方的自治机关等制定或颁布的法规等只适用于该行政区域，即在本行政区域内有法律效力。本《条例》作为四川省人大常委会制定的地方性法规，其空间效力适用于全省范围，凡是在四川省范围内从事金融业务的地方金融组织，均应当遵守本《条例》。

3. 对人的效力，指法律对什么人生效，如有的法律适用于全国公民，有的法律只适用于一部分公民。长期以来，地方政府在金融监管体制中的定位较为模糊，中央和地方金融监管事权如何划分并不十分明确，地方政府金融监管积极性不高、激励不足，而小额贷款公司、地方交易场所等监督管理和风险处置又迫切需要地方政府积极参与。因此，2017 年召开的第五次全国金融工作会议明确提出："地方政府要在坚持金融管理主要是中央事权的前提下，按照中央统一规则，强化属地风险处置责任。"

事实上，早在 2014 年，国务院就出台了关于界定中央和地方金融监管职责和风险处置责任的意见，已经初步形成了中央和地方两个层面的金融监管体系。特别是全国第五次金融工作会议之后，中央和地方的监管权限日益明晰。根据中央有关文件精神，本条将中央法律法规监管范围之外的从事金融业务的地方金融组织纳入监管范围，包括小额贷款公司、融资担保公司、区域性股权市场、典当行、融资租赁公司、商业保理公司、地方资产管理公司、开展信用互助的农民专业合作社、从事权益类或者大宗商品类交易的交易场所。

二、本条对中央与地方金融监管作了衔接性规定

为了避免本条例与国家对金融业务监管的有关规定相冲突，本条作了衔接性规定："国家对金融监督管理另有规定的，从其规定。"这里的"国家对金融监督管理"的规定，指的是有关法律、行政法规对金融监督管理的规定以及国务院有关部门对重要金融制度的基本规定。比如，《证券法》第 178 条就明确规定："国务院证券监督管理机构依法对证券市场实行监督管理，维护证券市场秩序，保障其合法运行"。在第 179 条、第 180 条中还规定了证券监督管理机构的各项具体职责以及在履职中可以采取的各项措施。

按照中央有关文件规定，小额贷款公司、融资担保公司、区域性股权市场、典当行、融资租赁公司、商业保理公司、地方资产管理公司等由中央金融监管部门制定规则，地方金融监管部门实施监管。据了解，国务院金融稳定发展委员会也在加强各地地方金融监管立法材料的收集,着手准备起草"地方金融监督管理条例",目前草案已经征求各地的意见。全国人大常委会有关专门委员会也在着手研究地方金融方面的立法问题。为了避免与国家层面相关规定的冲突,作衔接性规定很有必要。一旦国家层面有新的规定出台,本条例的内容与之相冲突或者抵触的,直接适用新规定,不必立即修改《条例》,保持了立法的稳定性。当然,如果新规定对地方金融组织有实质性的体制性的制度设计,则应当启动立法程序修改《条例》。

第三条　本条例所称地方金融组织,是指国家授权地方人民政府及其有关部门监督管理的小额贷款公司、融资担保公司、区域性股权市场、典当行、融资租赁公司、商业保理公司、地方资产管理公司、开展信用互助的农民专业合作社、从事权益类或者大宗商品类交易的交易场所(以下统称交易场所)等。

【释义】本条是关于《条例》监管对象的规定。

本条对地方金融组织的概念进行了阐明,将地方金融组织划分为以下几个类型:

1. 小额贷款公司

小额贷款公司,是指按照《中华人民共和国公司法》(以下简称《公司法》)和《中国银监会中国人民银行关于小额贷款公司试点的指导意见》等法律、法规和有关政策文件的规定,经地方金融监管部门审批,由自然人、企业法人或其他社会组织投资设立,不吸收公众存款,经营小额贷款业务,且名称中含有"小额贷款"字样的有限责任公司或股份有限公司。

2. 融资担保公司

按照《融资担保公司监督管理条例》的规定,融资担保,是指担保人为被担保人借款、发行债券等债务融资提供担保的行为;融资担保公司,是指依法设立、经营融资担保业务的有限责任公司或者股份有限公司。

融资担保公司的监管依据主要是《融资担保公司监督管理条例》及中国银保监会出台的《融资担保业务经营许可证管理办法》《融资担保责任余额计量办法》《融资担保公司资产比例管理办法》《银行业金融机构与融资担保业务合作

指引》等配套制度。

《融资担保公司监督管理条例》对融资担保公司的设立、变更、备案、终止、业务范围、经营原则、经营规则、监管机制及监督管理、法律责任等内容进行了规定。《融资担保公司监督管理条例》明确省、自治区、直辖市人民政府负责制定促进本地区融资担保行业发展的政策措施、处置融资担保公司风险、督促监督管理部门严格履行职责,各省、自治区、直辖市监督管理部门负责对本地区融资担保公司的监督管理。

《融资担保业务经营许可证管理办法》《融资担保责任余额计量办法》等4项配套制度根据《融资担保公司监督管理条例》的规定,对融资担保公司经营许可证管理、责任余额计量、资产比例管理、银担业务合作等方面内容进行了细化规定。

3. 区域性股权市场

区域性股权市场,俗称"四板市场",是为其所在省级行政区域内中小微企业证券非公开发行、转让及相关活动提供设施与服务的场所,是多层次资本市场体系的重要组成部分,是地方人民政府扶持中小微企业政策措施的综合运用平台。区域性股权市场的运营机构在省级行政区域内有且只有一家,负责组织区域性股权市场的活动,对市场参与者进行自律管理,保障市场规范稳定运行。

4. 典当行

典当是指当户将其动产、财产权利作为当物质押或者将其房地产作为当物抵押给典当行,交付一定比例费用,取得当金,并在约定期限内支付当金利息、偿还当金、赎回当物的行为。典当行是指依照《典当管理办法》设立的专门从事典当活动的企业法人,其组织形式与组织机构适用《中华人民共和国公司法》的有关规定。

2018年4月,制定典当行业务经营和监管规则的职责从商务部划转中国银保监会。在中国银保监会新的监管规定出台之前,目前暂沿用商务部制定的《典当管理办法》(商务部、公安部令2005年第8号)、《典当行业监管规定》(商流通发〔2012〕423号)等监管制度。

5. 融资租赁公司

融资租赁公司,是指根据国家有关规定从事融资租赁业务的企业。融资租赁业务是指出租人根据承租人对出卖人、租赁物的选择，向出卖人购买租赁物，提供给承租人使用，承租人支付租金的交易活动。

6. 商业保理公司

商业保理公司，是指为企业提供贸易融资、销售分户账管理、客户资信调查与评估、应收账款管理与催收、信用风险担保等服务的有限责任公司或者股份有限公司。

7. 地方资产管理公司

地方资产管理公司，是指四川省政府设立或授权的，参与本省范围内金融企业不良资产的批量收购、处置业务的公司。

8. 开展信用互助的农民专业合作社

农民专业合作社信用互助业务，是指在符合条件的农民专业合作社内部，经依法取得试点资格，以服务合作社生产流通为目的，由本社社员相互之间进行互助性信用合作的行为。

9. 从事权益类或者大宗商品类交易的交易场所

权益类交易场所，是指在四川省内依法设立，从事产权、林权、矿权、碳排放权、排污权、知识产权、文化艺术品权益、金融资产权益等交易的机构。大宗商品类交易场所，指四川省内依法设立，具备相关产业背景及仓储物流配套设施，从事工业、农业等大宗生产资料的商品交易的机构。

目前，地方政府在监管理念、监管能力上还存在显著不足，这也是当前中央仅仅将部分地方金融组织交由地方政府监管的原因。地方政府的监管能力不足以行使权力、管控风险，反而造成风险放大，影响全国市场秩序和金融稳定，就会失去分权的初衷。

此外，考虑到创新型金融业务的不可预测性，为了避免出现监管真空，给未来国家授权地方金融监管部门对 P2P、股权众筹等新型金融业务进行监管留出操作空间，按照国家有关规定，《条例》在地方金融组织的定义中，增加了一个兜底性的内容，通过立法技术“等”的表述予以规范。

第四条　地方金融监督管理工作应当遵循积极稳妥、安全审慎原则，坚持发展与规范、创新与监管并重，保持金融健康平稳运行。

【释义】本条是关于地方金融监管工作基本原则的规定。

一、总体原则

（一）地方金融监管工作应当遵循“积极稳妥、安全审慎”的原则

积极稳妥，要求地方金融工作要蹄疾步稳。金融是国之重器，是国民经济的血脉，金融安全是国家安全的重要组成部分。四川省作为经济大省，实现了金融业的快速发展，但随着实体经济的快速发展，金融业的发展程度尚不能完全满足实体经济发展的需要，这就要求地方金融工作要完成服务实体经济、防范金融风险、深化金融改革的任务，提高金融业发展质量，促进经济和金融良性循环、健康发展。要在加强监管和防范风险的基础上，主动、稳步推进金融业发展。

安全审慎，要求地方金融工作要注意防范风险。防范金融风险，是维护人民财产安全的重要举措，是金融业健康发展的现实需要。打好防范风险攻坚战，有利于促进金融更好地服务实体经济、支撑经济高质量发展，为现代化建设提供良好金融环境。

（二）地方金融监管工作应当坚持“发展与规范、创新与监管并重”的原则

发展、创新是提高金融市场资源配置功能与效率的前提，是市场发展的原动力。为满足实体经济的需要，仍需要在规范的同时强化产品创新，不断提高金融对实体经济需求的服务水平。当然，在创新发展的同时，要确保金融市场健康发展，还应积极主动地加强风险的防范和管理，不断强化金融监管制度的完善和规范，保护投资者权益，维护金融稳定与安全。

二、总体目标

地方金融监管工作的总体目标是“保持金融健康平稳运行”。金融改革和创新是金融发展的根本动力和重要手段，防范和抵御金融风险、保持金融稳定则是金融发展和改革的重要前提。如果金融稳定出了问题，可能在短短的时间内让长期不懈努力获得的金融发展改革成果毁于一旦，可以说保持金融体系稳定是“压倒一切”的任务。党的十八大以来，中央高度重视金融工作，强调要把防控金融风险放到更加重要的位置，牢牢守住不发生系统性风险底线。习近平总书记多次强调，经济金融工作要把防风险放在更加重要的位置，牢固树立新发展理念和新安全观，守住不发生系统性风险这个底线。当前，影响地方金融稳定的因素明显增多，金融机构信用风险持续上升，互联网金融及非法集资案

件频发。实现金融稳定必须加强和改进金融监管、构建金融安全网，必须更好地发挥政府在金融监管和风险防范、保持金融稳定中的作用。要落实金融监管改革措施和稳健标准，完善监管协调机制，界定中央和地方监管职责和风险处置责任。要加强地方金融市场风险监测、识别和预警，及早发现风险及早处置风险，坚守不发生区域性系统性金融风险的底线，确保金融市场稳定。要完善金融机构退出机制，加强金融基础设施建设，保障金融市场安全高效运行和整体稳定。

坚持"积极稳妥"原则，才能保持金融服务实体经济发展；坚持"安全审慎"原则，才能构建良好的地方金融生态环境；坚持"发展与规范、创新与监管并重"原则，才能维护金融稳定与安全。地方金融的发展，不仅是金融业自身的发展，归根结底是要"保持金融健康平稳运行"。地方金融监管工作的总体原则是为总体目标服务的，是为了更好地实现总体目标。只有遵循总体原则，才能确保总体目标的实现。

第五条　省人民政府应当加强对全省地方金融工作的领导，建立健全金融工作议事协调机制，依照法律、法规和有关规定履行金融发展和地方金融监管职责，对市（州）人民政府进行履职问责。省金融工作议事协调机构研究决定全省地方金融监管和风险防范重大事宜。

省人民政府地方金融主管部门依照法律、法规和有关规定对地方金融组织、地方金融活动实施监督管理，承担省金融工作议事协调机构具体工作。

【释义】本条是关于省级监管工作职责的规定。

一、省人民政府的工作职责

（一）按照中央有关文件规定，在坚持金融管理主要是中央事权的前提下，赋予地方政府相关金融监管职责

按照中央有关文件规定，小额贷款公司、融资担保公司、区域性股权市场、典当行、融资租赁公司、商业保理公司、地方资产管理公司等，由中央金融监管部门制定规则，地方金融监管部门实施监管。强化地方金融监管部门对辖区内投资公司、开展信用互助的农民专业合作社、社会众筹机构、地方各类交易场所

等的监管，提高准入门槛，严格限定经营范围。

(二)具体职责

本条根据国家有关规定，归纳总结了省人民政府在地方金融监管工作中的具体职责，主要是以下四个方面：

1. 加强领导

省人民政府应发挥组织领导作用，把思想和行动统一到中央关于金融工作的决策和部署上来，不断加强和改进对金融工作的领导。做好本地区金融发展和稳定工作，做到守土有责，形成全国一盘棋的金融风险防控格局。省级各金融监管部门要按照职能分工，各司其职、各负其责，共同做好地方金融监管工作。

2. 健全机制

按照中发23号文的要求，建立健全由省政府领导牵头的金融工作议事协调机制，具体工作由地方金融监管局(金融办)承担，履行属地金融监管职责，加强监管力量，充实人员队伍，赋予必要的监管手段，负责地方金融组织的风险防范处置。

3. 履行职责

按照中央有关文件精神，一是履行地方金融发展职能。例如，统筹规划、培育发展上市公司、开展银企对接活动等；二是依照有关法律、法规和有关规定履行地方金融监管职责。例如，《国务院关于清理整顿各类交易场所的实施意见》规定，省人民政府审慎批准设立交易场所。按照谁审批、谁监管的原则，省人民政府负有监管交易场所的职责。

4. 履职问责

国务院金融稳定发展委员会的职责包括了指导地方金融改革发展与监管，对金融管理部门和地方政府进行业务监督和履职问责。因此，省级人民政府也要加强对市(州)人民政府的履职问责，对于市(州)人民政府未履行相应职责和要求，或履职不到位的情形依照有关规定进行问责。

总之，省人民政府应综合运用多种政策措施，激发金融机构活力；应建立和完善政府对金融机构的服务协调机制，更好地发挥地方政府在组织、动员和科学运用金融资源中的重要作用以及在金融监管和风险防范、保持金融稳定中的作用，不断优化金融营商环境，促进金融机构更好地为实体经济服务，为现代化建设提供良好金融环境，履行好中央赋予地方的金融监管职责。

另外，《四川省人民政府关于贯彻落实〈国务院关于界定中央和地方金融监管职责和风险处置责任的意见〉的实施意见》规定，落实中央关于金融改革的各项部署，科学界定地方金融监管职责，完善条块间监管协调机制，强化落实属地处置责任，加快形成“中央为主、地方补充、规制统一、权责明晰、运转协调、安全高效”的金融监管和风险防范处置体系，促进四川金融业更好地服务于经济社会发展。

二、省人民政府地方金融主管部门的工作职责

（一）省地方金融监管局的设置

根据《四川省机构改革方案》，将省金融工作局调整为省地方金融监督管理局（省金融工作办公室），仍作为省政府直属机构，负责统筹做好全省地方金融监督管理工作。

省地方金融监管局的设置与中央对金融监管职责的下放有关。2017 年第五次全国金融工作会议后，地方金融工作从发展协调向发展和监管并重转变。2017 年 2 月 8 日，四川省政府“金融办”改名省“金融工作局”，内设处室由原来的 5 个增加为 8 个；2018 年 11 月 12 日，四川省地方金融监管局成立，承接中央下放“7 +4”类地方金融组织的监管工作。另外，市县两级机构改革同期进行，地方金融监管组织得到增强，省、市、县三级地方金融监管体系初步形成。

（二）根据有关文件和“三定方案”主要承担两项地方金融监管职责

1. 依照有关法律、法规和国务院金融稳定发展委员会、中央金融管理部门的监管规则，负责全省小额贷款公司、融资担保公司、区域性股权市场、典当行、融资租赁公司、商业保理公司、地方资产管理公司的监管。加强对开展信用互助的农民专业合作社、地方权益类交易场所、大宗商品类交易场所的风险监测与行为监管。

2. 维护地方金融秩序。牵头会同有关部门防范、化解和处置地方金融风险。牵头处置非法集资，协调配合有关部门打击其他非法金融活动，推进全省地方金融风险预测预警与应急处置机制建设。

为做好地方金融工作，需进一步建立健全地方金融监管体制，依照属地管理原则，明确各级政府监管责任，提升地方金融监管部门服务能力。一是理顺管理体制。金融风险防范要继续坚持中央监管为主、地方监管为辅，地方金融监管实行以本级政府管理为主、上级地方金融监管部门进行业务指导和监督的管理体制。县级以上地方人民政府应当制定地方金融风险突发事件应急预案和防范处置方案，建立金融信息共享、风险处置等协作机制，承担防范和处置地方金融风险责任。二是健全机构设置。建立健全省、市、县三级地方金融监管组织，明确其法律地位、管理对象、职责范围，将分散在多个政府职能部门的金融管理职责进行整合。市、县金融工作局在规定的机构限额内可列入同级政府工作部门；不能列入的，可作为同级政府直属事业单位依法实施地方金融监管工作。三是合理确定编制。县级以上地方人民政府要根据本地金融监管工作的实际情况，科学合理核定编制，充实加强人员力量，确保满足履行地方金融监管职责的需要。

第六条　市（州）、县（市、区）人民政府应当加强对本行政区域内地方金融工作的领导，制定金融发展扶持政策，保障地方金融工作经费，防范化解金融风险。

市（州）、县（市、区）人民政府确定的负责地方金融工作的机构依照有关规定承担对地方金融组织的日常检查、数据统计等工作，依法接受省人民政府地方金融主管部门委托开展有关行政处罚的具体工作。

县级以上地方人民政府发展改革、财政、公安、农业农村、商务、国有资产监督管理、市场监督管理等部门，按照有关法律、法规的规定履行各自职责，做好相关工作。

【释义】本条是关于地方金融监管体制的规定。

一、建立省、市、县三级地方金融监管体制

2017 年召开的第五次全国金融工作会议，进一步明确了地方政府要在坚持金融管理主要是中央事权的前提下，按照中央统一规则，强化属地风险处置责任。这意味着地方政府在金融风险防控中的功能内核和职责边界将日益清晰和愈加重要。实体经济的发展也对地方金融工作提出了更高的要求，地方金融工作职能从前以服务协调为主，逐步向现在服务和监管并重转变。

二、市、县两级地方监管职责

1. 本条第1款明确了市(州)、县(市、区)人民政府的主要职责

根据有关规定和实践需要,市县两级地方政府的职责主要有:加强对本行政区域内地方金融工作的领导;贯彻执行国家金融工作方针政策,依法制定地方金融发展扶持政策;优化营商环境,加大金融机构引进力度,鼓励金融机构在辖区内设立总部或者区域总部;对地方金融组织的业务情况及其风险状况进行现场检查和非现场监管;保障地方金融工作经费;制定地方金融风险突发事件应急预案和防范处置方案,建立金融信息共享、风险处置等协作机制;对存在风险隐患或已经形成金融风险的地方金融组织及时采取措施,消除风险隐患,妥善处理金融风险;建立非法金融活动举报制度,及时处理投诉和举报;加强与所在地中央金融管理部门派出机构的信息沟通和协调,加快形成条块结合、运转高效、无缝衔接、全面覆盖的区域性金融管理与风险防范体系。

2. 本条第2款明确了市(州)、县(市、区)人民政府确定的负责地方金融工作的机构的职责

市(州)、县(市、区)人民政府确定的负责地方金融工作的机构【以下统称市(州)、县(市、区)地方金融监管部门】依照有关规定承担对地方金融组织的日常检查、数据统计等工作,如《四川省人民政府办公厅关于扩大小额贷款公司试点工作的通知》第4条对于地方金融机构的职责作出规定,市(州)政府要与县(市、区)政府进一步明确对小额贷款公司的监督管理和风险防范处置的责任分担。市(州)政府和县(市、区)政府要结合当地实际制定相应的管理规定,明确小额贷款公司主管部门,落实管理责任,做好小额贷款公司的日常监管。

关于行政处罚,市(州)、县(市、区)地方金融监管部门依法接受省人民政府地方金融主管部门委托开展有关行政处罚的具体工作。委托的本质是"找帮手",基于行政委托的原理,受委托组织并非法律上的实施主体,其实施行政处罚的法律后果只能归属于委托者。从法律层面上来说,在省人民政府地方金融主管部门委托市(州)、县(市、区)地方金融监管部门实施行政处罚的情形下,行政处罚的实施者仍然是省人民政府地方金融主管部门。市(州)、县(市、区)地方金融监管部门在受委托开展行政处罚工作时,必须以省人民政府地方金融主管部门的名义实施行政处罚,且不得将处罚事项转委托于他人,不得超出省

人民政府地方金融主管部门的委托范围。

3. 本条第3款对相关部门的职责也作出了规定

地方金融监管需要各级人民政府及其职能部门相互配合,有效整合监管资源,形成地方金融监管合力。发展改革部门负责参与全省社会信用制度和信用体系建设的有关工作,牵头推进产业投资基金和创业投资的发展及制度建设。财政部门负责拟订地方金融组织企业财务管理制度,按规定承担地方金融组织企业国有资产管理有关工作;参与股权投资引导基金的设立及运营等工作。公安部门负责开展非法集资宣传、整治等工作,预防和遏制地方金融风险的发生和蔓延。农业农村部门参与开展新型农村金融合作试点,推动符合条件的农村合作社开展金融互助业务。市场监督管理部门负责登记注册地方金融组织。其他相关部门也应按照各自职能分工做好相关工作。

第七条　地方金融组织应当合法合规经营,诚实守信、自担风险,接受监督管理,不得损害国家利益、社会公共利益和他人合法权益。

【释义】本条是关于地方金融组织义务的规定。

地方金融组织从事金融活动,其合法权益受法律保护,同时也要求其承担一定的义务。

1. "合法合规经营"要求地方金融组织从事金融活动,必须遵守法律法规,其各项经营活动都必须依法进行,这是地方金融组织最基本的义务。

2. "诚实守信"是企业的生命线,要求地方金融组织从事金融活动,必须诚实守信。这是民事主体从事民事活动的基本原则,也是地方金融组织应当遵循的原则。在实际生活中,有一些地方金融组织采用虚假宣传、虚假承诺等欺骗手段非法经营,丧失了诚实守信的原则,严重损害了投资者的合法利益。针对这一现象,条例中专门强调地方金融组织应当诚实守信。

3. "自担风险"指地方金融组织作为独立法人机构,在经营过程中自负盈亏,独自承担经营风险。

4. "接受监督管理"。本《条例》出台前,金融业在高速发展的同时,由于监管缺失,地方金融组织经营不规范的问题一直存在,小额贷款公司"跑路"、违法吸收公众存款、违法发放贷款等不法行为屡禁不止,侵害了正常的金融秩序,影响了社会稳定。因此,本《条例》将地方金融组织从事经营活动纳入了监督管理,有助于正常金融秩序的运行。另外,以前地方金融监管部门都是习惯于"踩油门"、促发展,在当前的新形势下,地方金融监管部门"踩刹车"、强监管,要求地方金融组织提高监管意识,接受依法监管。

5."不得损害国家利益、社会公共利益和他人合法权益",国家利益和社会公共利益,是国家稳定与发展的重大利益,各国政府都会运用国家强制力来维护其根本利益。我国虽然鼓励地方金融业的发展,但地方金融业的发展以不损害国家利益和社会公共利益为前提。地方金融组织从事经营活动,不得违反国家法律、行政法规,不得违反公共政策或不损害公序良俗的规定。同时,地方金融组织在经营活动中,不得损害他人合法权益,例如,小额贷款公司在追债过程中,利用威胁、恐吓、勒索等不正当手段,甚至绑架人质,进行暴力危害人身安全等违法犯罪活动强行收取债款。

第八条　县级以上地方人民政府及其有关部门应当通过广播、电视、报刊、网络等媒体,加强对金融法律、法规以及相关知识的宣传教育,提高人民群众金融风险防范意识。

地方金融组织行业协会应当组织制定、实施行业规范和职业道德准则,教育会员遵守金融法律、法规,完善行业自律管理约束机制。

【释义】本条是关于宣传教育的规定。

一、县级以上地方人民政府及其部门的宣传职责

广播、电视、报刊、网络等媒体是宣传媒介的重要工具,覆盖着社会各阶层的主要信息宣传渠道,具有广泛的传播效果,对于营造良好的金融环境有着不可忽视的重要作用。广播、电视、报刊、网络等媒体作为宣传舆论工作的主要阵地,如何发挥这个主要阵地的作用,对于县级以上地方人民政府及其有关部门提出了具体职责要求。《条例》要求县级以上地方人民政府及其有关部门承担宣传教育的职责,通过广播、电视、报刊、网络等媒体,加强对金融法律、法规以及相关知识的宣传教育,其目的是为了提高人民群众金融风险防范意识,更好地防范非理性投资,引导投资者风险自担,进一步保护投资者的合法权益。

1. 做好有关法律法规的宣传

法制宣传教育是提高公民法律意识，建设社会主义法治国家的一项基础性工作。特别是《条例》出台实施后，需要做好法律的宣传普及，营造知法、懂法、守法的良好氛围，教育引导金融从业人员合法经营，地方金融监管部门工作人员依法监管，社会公众运用法律手段维护自身利益。

2. 做好金融知识的宣传

充分发挥媒体宣传教育的引领作用，利用媒体自身各类宣传平台，密切配合地方金融监管部门的宣传工作，大力传播金融风险知识，全面普及防范非法集资等方面的知识，帮助广大群众树立正确的理财观念，在全省形成抵制非法金融活动的浓厚舆论氛围，切实维护全省经济金融秩序安全，促进社会稳定发展。

3. 做好舆论监督

以网络为代表的媒体传递的金融信息以及发表的金融市场评论，是金融监管部门进行决策时的重要参考依据。目前，媒体已成为各国金融监管部门必备的信息来源，不仅仅是因为其所提供信息的及时、全面，还在于它所拥有的强大的信息分析队伍以及专家学者，投资者能够对当前的种种政策发表重要建议。这些反映都能够在媒体中获得，使监管当局不得不越来越重视。媒体可以以多种不同的形式对金融市场进行舆论监督，从而发挥其对金融监管部门的辅助监管作用和强化市场机制的约束作用。媒体作为信息披露的主要载体，能够全面的反应金融机构、金融市场的状况，这些都是监管当局的人力、物力所不能达到的。因此，在提高整个市场的透明度方面，媒体的作用是不容忽视的。政府有关部门应当充分发挥舆论监督作用，畅通信息交流渠道，对金融违法行为形成有效震慑和遏制。

二、行业组织的宣传教育

（一）地方金融组织行业协会的作用

地方金融组织行业协会介于地方政府和地方金融组织之间，按规定承担部分国家职能和市场职能，在一定程度上弥补市场缺陷和政府缺陷。作为“准自治”性质的地方金融组织行业协会主要发挥着以下作用：

1. 服务与监管作用

地方金融组织行业协会作为政府与金融市场、地方金融组织之间的中介，其为地方金融监管部门的监管行为服务。地方金融组织行业协会的组成人员具有各种专业优势,能保证其公正性和权威性。地方金融组织行业协会其服务与监管作用主要体现在接受地方金融监管部门的委托,对地方金融组织是否依照国家有关法律法规开展生产经营活动进行调查;对地方金融组织向社会公布的各种经济信息进行测算核实,发表客观公正的核查报告;制定道德规范以约束金融行业从业人员。

2. 干预与调控作用

地方金融组织行业协会作为民间或半官方机构,并没有自己的利益,其生存状态主要依存社会对他们的满意度,因此行业协会能在其职责范围内,通过反馈市场信息来影响监管部门行为。行业协会具有干预与调控功能,主要在于其获取信息的充分性。金融投资者及消费者对经济信息的反映与对金融产品的偏好和需求会传导到地方金融组织,随后地方金融组织又将其汇总到行业协会。行业协会将金融市场和需求反映至地方金融监管部门,进而影响地方金融政策的制定,然后地方金融政策再通过行业协会得以分解和落实。

3. 协调与自律作用

地方金融组织行业协会的协调与自律作用主要体现在:(1)协调各地方金融组织之间、同种地方金融组织相互之间以及地方金融组织与投资者之间的关系,包括落实法律法规、制定共同规则、解决相互纠纷等。(2)协调地方金融组织和地方金融监管部门之间的关系。作为地方金融组织全体代表的行业协会,在市场和政府之外,形成一个权责利相结合的新的组织机构,协调政府与地方金融组织的关系,谋求经济利益最大化。(3)检查、监督会员日常经营活动,进行行业自律。行业协会可制订自律监管规则,并要求会员按期提交经营报告及有关统计资料,依规处理违法交易案件,有权对违规的会员组织予以惩罚。

(二)四川省已有的行业协会情况

我省现已成立四川省小额贷款公司协会,四川省融资担保业协会及四川省典当行业协会。四川省小额贷款公司协会于2011年6月7日经省民政厅批准正式成立。四川省融资担保业协会由省内融资性担保公司自愿发起,经四川省人民政府金融办文件(川府金发〔2011〕126号)批准,四川省民政厅文件(川民函〔2011〕314)批准登记,于2011年6月24日成立。四川省典当行业协会经四川省民政厅批准,于2014年6月24日成立。

(三)本条规定的内容

规范地方金融组织的经营活动,保护社会大众的利益,除了对县级以上地方人民政府及有关部门提出宣传要求外,还对地方金融组织行业协会提出了相应要求,双管齐下,形成全方位、多角度的规范体系。行业协会是指同一地区属相同行业的企业或单位,为实现本行业的既定目标和共同利益而依法主动自愿成立的、非政府的、不以营利为目的的社会组织。

地方金融监管工作应充分发挥地方金融组织行业协会行业自律的作用。由于新型金融组织的涌现,势必会面临很多新情况、新问题。行业协会走在行业发展的前沿,决定着行业在本阶段及以后的发展目标,所以,行业协会总是能掌握全面的行业讯息,而行业协会的自律性又决定了所掌握的行业信息是否能够得到有效的传播,这样就能够减少因信息不对称而造成的政府的错误性决策。

在使地方金融行业保持一定发展势头的前提下,为了提升监管的有效性,控制相关风险,需要有关各方相互配合。地方金融监管部门监管之外,应当积极发挥行业自律组织的力量,实现分工协作,协同监管。地方金融组织行业协会应当建立相应的规则机制,引导会员单位合规审慎经营,维护良好的市场秩序。

第二章　地方金融组织

本章是关于地方金融组织的规定。从地方金融组织的准入管理、所有地方金融组织应当具备的制度建设和义务规定,以及各类地方金融组织的个性化的义务设置,对地方金融组织的行为予以规范。

第九条　地方金融组织从事相关金融业务,应当符合《中华人民共和国公司法》《融资担保公司监督管理条例》等法律、行政法规,以及中央金融管理部门和机构的有关规定,经有权机关按照法定程序批准或者备案,取得相应经营资格。

【释义】本条是关于地方金融组织市场准入的规定。

一、规范地方金融组织经营的依据

1. 融资担保公司

融资担保公司开展金融经营业务应当符合《融资担保公司监督管理条例》的规定。为了配套《融资担保公司监督管理条例》的施行,2018 年 4 月 2 日由中国银保监会会同国务院发展改革委、工业和信息化部、财政部、农业农村部、人民银行、国家市场监督管理总局等融资性担保业务监管部际联席会议成员单位,制定了《融资担保业务经营许可证管理办法》《融资担保责任余额计量办法》《融资担保公司资产比例管理办法》《银行业金融机构与融资担保公司业务合作指引》(以下简称四项配套制度)。

2. 小额贷款公司

目前规范小额贷款公司的规定主要包括:《中国银行业监督管理委员会中国人民银行关于小额贷款公司试点的指导意见》(银监发〔2008〕23 号)和四川省政府办公厅出台的《四川省小额贷款公司管理暂行办法》(川办函〔2008〕256 号)。

3. 典当行

规范典当行的规定主要包括《国务院对确需保留的行政审批项目设定行政许可的决定》(国务院令第 412 号)和商务部、公安部 2005 年出台的《典当管理办法》以及商务部发布的《典当行业监管规定》(商流通发〔2012〕423 号)。

4. 融资租赁公司

主要是商务部发布的《融资租赁企业监督管理办法》(商流通发〔2013〕337 号)。

5. 开展信用互助的农民专业合作社

规范农民专业合作社的法律是《中华人民共和国农民专业合作社法》(以下简称《农民专业合作社法》)。

6. 交易场所

规范交易场所的文件主要以国务院发布的《国务院关于清理整顿各类交易场所切实防范金融风险的决定》(国发〔2011〕38 号)、《国务院办公厅关于清理整顿各类交易场所的实施意见》(国办发〔2012〕37 号)两个文件为主,另外国务院还发布了《关于进一步推进排污权有偿使用和交易试点工作的指导意见》(国办发〔2014〕38 号)、《关于引导农村产权流转交易市场健康发展的意见》(国办发〔2014〕71 号）；部委联合发布的文件：《建立和完善知识产权交易市场指导意见》（发改企业〔2007〕3371 号）、《关于加强黄金交易所或从事黄金交易平台管理》（银发〔2011〕301 号）、《关于贯彻落实国务院决定加强文化产权交易和艺术品交易管理的意见》（中宣发〔2011〕49 号）、《商品现货市场交易特别规定（试行）》（商务部令 2013 年第 3 号）。

除了国务院以及部委联合发布的文件，各部委也发布了有关交易场所的文件，如《〈关于规范证券公司参与区域性股权交易市场的指导意见（试行）〉的通知》（证监会公告〔2012〕20 号）、《关于发布证券公司参与区域性股权交易市场业务规范》（中证协发〔2013〕17 号）等。

7. 区域性股权市场

主要是《区域性股权市场监督管理试行办法》。

8. 商业保理公司

主要是中国银保监会办公厅《关于加强商业保理企业监督管理的通知》（银保监办发〔2019〕205 号）。

9. 地方资产管理公司

主要包括《中国银保监会办公厅关于加强地方资产管理公司监督管理工作的通知》（银保监办发〔2019〕153 号）和《中国银监会关于地方资产管理公司开展金融企业不良资产批量收购处置业务资质认可条件等有关问题的通知》（银保监办发〔2013〕45 号）。

二、地方金融组织的准入制度

行政许可是行政机关强制性权力的应用，被许可的事项属于普遍禁止性的行为，而备案是行政相对人将所要进行的行为告知备案机关。许可和备案都要进行材料审查，许可由于事关重大，需实质审查，对相对人的材料进行真实性审查，最终需要许可机关批准或者同意，而备案则只需形式审查，对材料的真实性不负审查责任。

地方金融组织在从事经营业务之前要通过法定的程序到有关机构进行许可或备案，此条不仅仅是要求地方金融组织在开展业务之前履行相关的许可程序，同时也是对地方金融组织的监管活动的规定。地方金融监管部门需要防范“会批不会管”“重审批轻监督”“以批代管”等问题，在有限的法律授权内的监管工作中,需要从审批程序、审核要件、审核标准、时间要求等方面严格依程序进行监管,把握好审批和监督的关系。

(一)融资担保公司的设立条件

融资担保公司的设立应经省地方金融主管部门审批。根据2017年颁布的《融资担保公司监督管理条例》第6条、第7条的规定,设立融资担保公司,应当经监督管理部门批准。融资担保公司的名称中应当标明融资担保字样。未经监督管理部门批准,任何单位和个人不得经营融资担保业务,任何单位不得在名称中使用融资担保字样。国家另有规定的除外。设立融资担保公司,应当符合《公司法》的规定,并具备下列条件:

1. 股东信誉良好,最近3年无重大违法违规记录;

2. 注册资本不低于人民币2000万元,且为实缴货币资本;

3. 拟任董事、监事、高级管理人员熟悉与融资担保业务相关的法律法规,具有履行职责所需的从业经验和管理能力;

4. 有健全的业务规范和风险控制等内部管理制度。

《融资担保公司监督管理条例》同时也规定,省、自治区、直辖市根据本地区经济发展水平和融资担保行业发展的实际情况,可以提高前款规定的注册资本最低限额。《条例》根据此条授权,将融资担保公司的注册资本最低额由2000万元提高到1亿元人民币。

《融资担保公司监督管理条例》第8条规定了申请设立融资担保公司的程序:需向监督管理部门提交申请书和证明其符合本条例第7条规定条件的材料。监督管理部门应当自受理申请之日起30日内作出批准或者不予批准的决定。决定批准的,颁发融资担保业务经营许可证;不予批准的,书面通知申请人并说明理由。同时由监督管理部门予以公告。

(二)小额贷款公司的设立条件

根据《关于小额贷款公司试点的指导意见》(银监发〔2008〕23号)的规定,设立小额贷款公司的条件有:小额贷款公司的股东需符合法定人数规定。有限责任公司应由50个以下股东出资设立;股份有限公司应有2名至200名发起人,其中须有半数以上的发起人在中国境内有住所;小额贷款公司的注册资本来源应真实合法,全部为实收货币资本,由出资人或发起人一次足额缴纳。有限责任公司的注册资本不得低于500万元,股份有限公司的注册资本不得低于1000万元。单一自然人、企业法人、其他社会组织及其关联方持有的股份,不得超过小额贷款公司注册资本总额的10%。

申请设立小额贷款公司,应向省地方金融主管部门提出正式申请,经批准后,到当地市场监管部门申请办理注册登记手续并领取营业执照。此外,还应在五个工作日内向当地公安机关、中国银行保险监督管理委员会派出机构和中国人民银行分支机构报送相关资料。

(三)典当行的设立条件

由商务部、公安部2005年发布的《典当管理办法》第7条规定了申请设立典当行应该具备的条件,包括:

1. 有符合法律、法规规定的章程;

2. 有符合本办法规定的最低限额的注册资本;

3. 有符合要求的营业场所和办理业务必需的设施;

4. 有熟悉典当业务的经营管理人员及鉴定评估人员;

5. 有两个以上法人股东,且法人股相对控股;

6. 符合本办法第9条和第10条规定的治安管理要求;

7. 符合国家对典当行统筹规划、合理布局的要求。

第8条规定了典当行注册资本。其最低限额为300万元;从事房地产抵押典当业务的,注册资本最低限额为500万元;从事财产权利质押典当业务的,注册资本最低限额为1000万元。典当行的注册资本最低限额应当为股东实缴的货币资本,不包括以实物、工业产权、非专利技术、土地使用权作价出资的资本。

(四)融资租赁公司的设立条件

《融资租赁企业监督管理办法》第3条、第4条规定:融资租赁企业应具备与其业务规模相适应的资产规模、资金实力和风险管控能力。申请设立融资租赁企业的境外投资者,还须符合外商投资的相关规定。融资租赁企业应配备具有金融、贸易、法律、会计等方面专业知识、技能和从业经验并具有良好从业记录的人员,拥有不少于3年融资租赁、租赁业务或金融机构运营管理经验的总经理、副总经理、风险控制主管等高管人员。

（五）开展信用互助业务的农民专业合作社的设立条件

《四川省试点农村资金互助合作组织监督管理暂行办法》第二章专章规定了资金合作组织的设立条件和程序。

1. 资金合作组织发起筹建和设立注册程序：

（1）发起人作出发起承诺，签订发起人协议，一致通过章程草案，通过拟任管理层人员名单，成立筹备组；筹备组代表发起人作为申请人，向所在县监管机构提出筹备申请；

（2）监管机构在会商有关方面的基础上，对申请所涉事项进行真实性、合规性及该试点的代表性、可行性进行核实、审查；对综合条件基本具备的，反馈同意筹建意见；

（3）申请人根据监管机构同意筹建意见完善筹建方案，开展筹建工作；监管机构给予必要指导并聘请会计师事务所对发起社近 2 年财务状况进行审计；召开设立大会，一致通过章程，通过主要管理制度、管理层人员名单及其他重要事项；与托管银行签订托管协议，提出监管注册申请；

（4）监管机构审查后出具同意监管注册文件，颁予农村合作金融组织监管注册证书；申请人工商登记。

2. 设立资金合作组织应符合以下基本条件：

（1）发起人不少于 50 名，不超过 250 名，特别情况下不超过 350 名；注册资本金不低于 50 万元，不超过 700 万元；

（2）章程符合本办法规定并经发起人一致同意；

（3）主要管理制度、发展规划符合本办法规定；

（4）管理层人员具备任职资格条件；

（5）营业场所符合规定要求；

（6）与托管银行签署托管协议。

3. 发起社应当具备以下资格条件：

（1）依法工商登记，持续经营 3 年以上，未发生侵害成员权益事项，法人治理规范；

（2）最近 2 年持续盈利，资本净额不低于拟设立资金合作组织注册资本额，净资产占全部资产 20% 以上；

(3)理事会成员无侵害本社成员权益行为,无违法经营记录,无不良信用记录;

其他发起人资格条件:

(1)达到成为合作社成员的法定条件;

(2)成为发起社成员时间达到规定期限,且与发起社处同一县域范围。

其中,法人发起人还应具备以下资格条件:

(1)最近12个月与发起社或发起社成员有不少于3次的真实交易;

(2)上年度实现盈利;

(3)净资产占全部资产10%以上。

发起人限以货币方式出资。发起社出资额不得低于资金合作组织股金总额的10%,且为本组织最大出资人。其他单个社员出资额不得超过资金合作组织股金总额的10%;出资额超过股金总额5%的,应承诺2年内不退股。

(六)地方资产管理公司的设立条件

根据中国银监会《关于地方资产管理公司开展金融企业不良资产批量收购处置业务资质认可条件等有关问题的通知》(银监发〔2013〕45号)规定:地方资产管理公司应当符合以下审慎性条件:

(1)注册资本最低限额为10亿元人民币,且为实缴资本;

(2)有具备任职专业知识和业务工作经验的董事、高级管理人员及适宜于从事金融企业不良资产批量收购、处置业务的专业团队;

(3)具有健全的公司治理、完善的内部控制和风险管理制度;

(4)经营业绩良好,最近三个会计年度连续盈利;

(5)资质信用良好,近三年内无违法违规和其他不良记录。

新设地方资产管理公司不受前款第四、第五项的限制。

(七)商业保理公司的设立条件

按照商务部《关于商业保理试点有关工作的通知》(商资函〔2012〕419号)规定,商业保理公司的投资者应具备开展保理业务相应的资产规模和资金实力,不得以借贷资金和他人委托资金投资,有健全的公司治理结构和完善的风险内控制度,近期没有违规处罚记录。申请设立商业保理公司,应当具有与其业务规模相适应的注册资本,拥有具有保理业务运营管理经验且无不良信用记录的高管人员。应建立开展保理业务相应的管理制度,健全相关业务流程和操作规范,定期将业务开展情况报主管部门。

(八)区域性股权市场运行机构的设立条件

按照《区域性股权市场监督管理试行办法》(中国证券监督管理委员会令第132号)规定:区域性股权市场运营机构应当具备下列条件:(1)依法设立的法人;(2)开展业务活动所必需的营业场所、业务设施、营运资金、专业人员;(3)健全的法人治理结构;(4)完善的风险管理与内部控制制度;(5)法律、行政法规和中国证监会规定的其他条件。证券公司可以参股、控股运营机构。有《中华人民共和国证券法》第108条规定的情形,或者被中国证监会采取证券市场禁入措施且仍处于禁入期间的,不得担任运营机构的负责人。

三、本条规定内容

本条对地方金融组织准入条件所作的概括性规定,主要基于对地方金融组织的准入条件的立法权限问题。按照《中华人民共和国行政许可法》(以下简称《行政许可法》)第15条第2款的规定,地方性法规和省、自治区、直辖市人民政府规章,不得设定应当由国家统一确定的公民、法人或者其他组织的资格、资质的行政许可。针对中发23号文规定的"7+4"类地方金融组织的准入权限问题,一种观点认为,"7+4"类地方金融组织应当属于国家立法权限。全国人大常委会法制工作委员会对我省相关请示的回复也持此种意见。但也有一种观点认为,根据中发23号文对"7"类和"4"类地方金融组织的不同监管规定表述,结合《立法法》的规定,地方性法规可以对"4"类地方金融组织的准入条件予以规定。

第十条　地方金融组织应当依法开展业务,建立金融消费者和投资者适当性制度,将合适的金融产品和服务推介给适当的消费者和投资者。地方金融组织在提供金融产品和服务时,应当以显著方式和通俗易懂的语言文字如实披露可能影响其决策的信息,充分提示风险。

【释义】本条是关于适当性制度的规定。

地方金融组织承担的金融消费者和投资者适当性义务要求地方金融组织对适当的消费者或投资者以适当的方式适当地推荐金融产品。

一、金融消费者、投资者的认定

1. 金融消费者的定义

根据2014年新修订的《消费者权益保护法》第2条的规定，消费者是指为满足生活需要而购买、使用商品或接受服务的，由国家专门法律确认其主体地位和保护其消费权益的个人。金融消费者不同于普通的消费者，首次采用“金融消费者”概念的是英国2000年《金融服务和市场法案》，在我国首次使用“金融消费者”概念的是2006年12月中国银监会颁布的《商业银行金融创新指引》，但时至今日并无相关法律、法规条文对“金融消费者”这一概念作明确的界定，结合新修订后的《中华人民共和国消费者权益保护法》关于普通消费者的规定，可以将金融消费者定义为：购买或使用金融机构提供的金融商品，享受金融机构提供的金融服务的社会成员。

2. 投资者的定义

传统观念认为，金融消费者与金融投资者以是否承担风险以及是否获利为目的作为分野界标，但由于金融服务者越来越多的业务交叉与金融产品创新，使其所提供的金融产品和金融服务日益综合化，如存款、保险、证券这样简单清晰的种类划分已无实际意义。一般将投资者定义为：具有一定资金来源，从事投资活动，对投资收益享有所有权并承担投资风险的社会成员，包括机构投资者与自然投资者。

二、金融消费者和投资者适当性制度

由于地方金融组织在信息掌握上拥有优势地位，故此产生了金融服务者对于投资者的法定义务。在一般的商品买卖中，商品的买受人有责任自行对商品已经存在或潜在的瑕疵予以充分的谨慎和注意，独立地对风险作出判断和投资决策，并承担由此带来的风险。但是，由于金融产品的复杂性和专业性，缺乏金融专业知识的普通消费者和投资者很难在不断涌现的金融产品中作出选择，那些掌握大量金融信息的地方金融组织则处于信息的优势地位，这种信息的不对等，会让普通消费者、投资者处于弱势地位，如果缺乏相应的推荐说明，消费者和投资者的风险加剧，不利于金融市场的稳定，可能会产生风险。因此，法律作适当性制度规定，让处于信息优势地位的地方金融组织承担适当性义务。

三、合适的金融产品和服务的推介

适当性义务具有两个层次上的内涵:投资建议适当性义务、信息披露和风险告知义务。

1. 投资建议适当性义务则要求地方金融组织根据对于投资产品、投资者属性、产品和投资者属性匹配的评估,积极主动地引导投资者购买适合其风险承受能力的金融产品,只有在地方金融组织对投资者进行风险评估,充分了解了投资者的投资目的和风险偏好的情况下,向投资者推荐合适的金融产品,才能够认为地方金融组织尽到了第二个层次上的适当性义务。

2. 信息披露和风险告知义务要求地方金融组织告知消费者和投资者的内容包括:金融产品的风险与收益,产品募集资金的投资方向、投资方式、投资品种、投资比例,投资情况的评估和分析等。告知义务是适当性义务的核心,可以确保投资者在充分了解金融产品风险的基础上做出自主决定,地方金融组织不仅仅要在销售金融产品时向消费者和投资者履行相关信息的告知说明义务,而且在整个金融产品实施过程中注重动态的风险提示责任,使消费者和投资者能全面且快捷地获取相关的信息。

第十一条　地方金融组织应当按照审慎经营的要求,建立健全风险管理、内部控制、资产质量、风险准备、风险集中、关联交易、资产流动性等业务规则和管理制度。

【释义】本条是关于地方金融组织应当遵守审慎经营规则的规定。

一、地方金融组织的审慎经营规则

归纳起来,地方金融组织的审慎经营规则包括但不限于:

1. 风险管理

风险管理是指地方金融组织识别、计量、监测和控制所承担的信用风险、市场风险、流动性风险、操作风险、法律风险和声誉风险等各类风险的全过程。地方金融组织的风险管理体系应当包括以下4个基本要素:(1)董事会和高级管理层的有效监控;(2)完善的风险管理政策和程序;(3)有效的风险识别、计量、监测和控制程序;(4)完善的内部控制和独立的外部审计。

2. 内部控制

内部控制是地方金融组织为实现经营目标,通过制定和实施一系列的制度、程序和方法，对风险进行事前防范、事中控制、事后监督和纠正的动态过程和机制。内部控制通常包含以下5个要素：(1)内部控制环境；(2)风险识别与评估；(3)内部控制措施；(4)信息交流与反馈；(5)监督评价与纠正。

3. 资产质量

地方金融组织应当根据审慎经营和风险管理的要求，建立完善的资产分类政策和程序，对资产定期进行查审，并进行分类，以揭示资产的实际价值和风险程度，真实、全面、动态地反映资产质量。

4. 风险准备

地方金融组织应当根据审慎会计原则，合理估计资产损失，对可能发生的各项资产损失及时计提足额的损失准备金，以提高抵御风险的能力，真实核算经营损益，保持稳健经营和持续发展。

5. 风险集中

地方金融组织若资产分散程度不足，可能会面临较大的潜在风险，甚至产生巨额损失。因此，地方金融组织应当限制对单一交易对手或一组关联交易对手的风险集中，并控制对某一行业或地域的风险集中。

6. 关联交易

地方金融组织的关联交易是指地方金融组织与其关联方之间发生的转移资源或义务的事项，包括授信、租赁、资产转移、提供劳务、研究与开发项目技术和产品的转移等。其中，关联授信包括地方金融组织向关联方提供的贷款、贷款承诺、承兑、贴现、贸易融资、信用证、保函、透支、同业拆借、担保等。地方金融组织应当制定关联交易管理制度，对关联交易的进行内部授权管理，确保关联交易按照商业原则、以不优于对非关联方同类交易的条件进行，并将关联交易限制在监管机构和自身规定的审慎限额内。

7. 资产流动性

流动性是指地方金融组织为资产的增长筹集资金和履行合同承诺、支付到期债务的能力。地方金融组织应当持续、有效地管理资产、负债和表外业务，具备多样化的融资渠道和充足的流动性资产，以有效地监测和控制流动性风险，保持充足的流动性。流动性管理的关键因素是具备良好的管理信息系统、集中的流动性控制、对不同情况下净融资需求的分析、多样性的融资渠道和应急方案。

二、审慎经营的必要性

地方金融组织属于经营特殊商品的高风险企业，其经营过程必然包含内在的风险，这些风险不能根除，只能加以管理和控制。所以，地方金融组织应该审慎经营，使所从事业务的性质、规模及所承担的风险水平与其风险管理能力相匹配，从而将业务活动所涉及的风险控制在可以承受的范围内。而地方金融监管部门对地方金融组织实施监督管理，就需要基于促使地方金融组织审慎经营、控制风险的目的，制定和实施一系列的审慎经营规则。制定审慎经营规则，并据此对地方金融组织进行持续性监管，体现了地方金融监管部门的监管方式从合规性监管向风险监管的转变。

第十二条　地方金融组织应当按照规定向住所地人民政府负责地方金融工作的机构报送业务情况、财务会计报告、风险事件情况等重大事项。

【释义】本条是对地方金融组织重大事项报送的强制性规定。

一、重大事项报送是非现场监管的重要环节

地方金融监管部门的监管活动可以分为现场检查和非现场监管，非现场监管主要是通过收集被监管对象的经营管理和财务数据等资料，运用一定的技术方法、工具（如各种模型与比例），研究分析地方金融组织经营的总体状况、风险管理状况、合法合规情况等，以发现该组织在经营管理中的问题和风险，对其稳健性经营情况进行评价。

二、重大事项报送的内容包括文件资料事项和重大事件情况

1. 报送文件、资料，便于监管部门采集相关的数据，分析整理。报送的资料主要包括但不限于业务情况、财务会计报告。业务情况指地方金融组织在法律规定的业务范围内的经营管理资料、风险管理状况、合法合规情况等。财务会计报告指能详细说明地方金融组织的各种财务状况的资产负债表、利润表、现金流量表和其他统计报表。

2. 报送重大事件情况有利于及时防范和化解金融风险。重大事件主要是地方金融组织违法、违规行为，相关管理人员涉及严重违法行为，已经形成的金融风险事件等。

第十三条　设立融资担保公司，注册资本不低于人民币一亿元，且为实缴货币资本。

【释义】本条是关于融资担保公司注册资本的规定。

1. 结合《公司法》以及《融资担保公司监督管理条例》，融资担保公司的设立条件应当符合《公司法》的规定，同时也要符合《融资担保公司监督管理条例》的相关规定。《公司法》通过第 23 条、第 76 条分别规定了有限责任公司和股份有限公司设立的相关条件。根据《融资担保公司监督管理条例》第 7 条的规定，设立融资担保公司，应当符合《公司法》的规定，并具备下列条件：

(1) 股东信誉良好，最近 3 年无重大违法违规记录；

(2) 注册资本不低于人民币 2000 万元，且为实缴货币资本；

(3) 拟任董事、监事、高级管理人员熟悉与融资担保业务相关的法律法规，具有履行职责所需的从业经验和管理能力；

(4) 有健全的业务规范和风险控制等内部管理制度。

省、自治区、直辖市根据本地区经济发展水平和融资担保行业发展的实际情况，可以提高前款规定的注册资本最低限额。

2. 本条根据《融资担保公司监督管理条例》第 7 条规定的授权，根据我省的经济发展水平和融资担保行业发展的实际情况，将融资担保公司最低注册资本标准提高到实缴货币资本 1 亿元，提高准入门槛，能更有效地防范金融风险。

第十四条　小额贷款公司应当在批准的区域范围内，按照小额、分散、信用原则，为农民、个体工商户、城镇居民、小微企业、农业经营组织等提供贷款和相关咨询服务。

【释义】本条是关于小额贷款公司的经营原则和服务对象的规定。

一、小额贷款公司及其发展背景

根据《中国银行业监督管理委员会、中国人民银行关于小额贷款公司试点的指导意见》（以下简称《指导意见》）的规定，小额贷款公司是指不吸收公众存款、经营小额贷款业务的有限责任公司或股份有限公司。其中有限责任公司注册资本不低于 500 万元，由 50 个以下股东出资设立；股份有限公司注册资本不低于 1000 万元，有 2 名至 200 名发起人，且半数以上的发起人在中国境内有住所。单一出资人持有股份,不超过小额贷款公司注册资本总额的10%。小额贷款公司以个人或家庭为核心经营贷款,服务对象主要是“三农”和小微企业。小额贷款公司的单笔贷款额度小,对抵押担保要求低,贷款审查程序比较简单,与商业银行相比,具有手续简单、期限较短、贷款易得的特点,能更好地匹配小微企业“短、小、剩、急”的特点。

为贯彻实施《指导意见》、《中国人民银行、中国银行业监督管理委员会关于村镇银行、贷款公司、农村资金互助社、小额贷款公司有关政策的通知》(银发〔2008〕137号)和《四川省人民政府办公厅关于扩大小额贷款公司试点工作的通知》(川办发〔2008〕54号),四川省人民政府办公厅发布《四川省小额贷款公司管理暂行办法》(川办函〔2008〕256号),该《办法》规定小额贷款公司是指按照《公司法》等法律法规的规定,由自然人、企业法人与其他社会组织投资设立,不吸收公众存款,经营小额贷款业务的有限责任公司或股份有限公司。小额贷款公司应在国家金融方针和政策,在法律、法规规定的范围内开展业务,自主经营,自负盈亏,自我约束,自担风险,其合法的经营活动受法律保护,不受任何单位和个人的干涉。

二、小额贷款公司的经营原则

小额贷款公司发放贷款应坚持“小额、分散、信用”的放贷原则,《指导意见》要求小额贷款公司应坚持“小额、分散”的原则鼓励面向农户和微型企业提供信贷服务,着力扩大客户数量和服务覆盖面,《条例》将两项原则扩大到三项原则,正式确立“信用”原则。

根据中国人民银行、中国银行业监督管理委员会《关于村镇银行、贷款公司、农村资金互助社、小额贷款公司有关政策的通知》的规定,具备条件的小额贷款公司可以按规定申请加入企业和个人信用信息基础数据库。根据“先建立制度、先报送数据、后开通查询用户”的原则,小额贷款公司接入企业和个人信用信息基础数据库的,应按照中国人民银行的有关规定制定相应的管理制度和操作规程,定期报送相关数据并合规查询和使用查询结果,并接受中国人民银行的监督管理。同时,《指导意见》规定,中国人民银行对小额贷款公司的利率、资金流向进行跟踪监测,并将小额贷款公司纳入信贷征信系统。小额贷款公司应定期向信贷征信系统提供借款人、贷款金额、贷款担保和贷款偿还等业务信息。

《四川省小额贷款公司管理暂行办法》第13条规定小额贷款公司业务范围为发放贷款及相关的咨询活动，不得超范围经营。同时规定小额贷款公司发放贷款应坚持“小额、分散”的原则，鼓励小额贷款公司面向“三农”、中小企业、微小企业、个体工商户、城镇居民提供信贷服务，着力扩大客户数量和服务覆盖面。

三、小额贷款公司的重点服务对象

《四川省小额贷款公司管理暂行办法》第13条规定：小额贷款公司应将农民、个体工商户、城镇居民、小微企业、农业经营组织等作为重点服务对象。小额贷款公司在坚持为“三农”和中小企业、微小企业、个体工商户、城镇居民服务的原则下，自主选择贷款对象。小额贷款公司发放贷款应坚持“小额、分散”的原则，鼓励小额贷款公司面向“三农”、中小企业、微小企业、个体工商户、城镇居民提供信贷服务，着力扩大客户数量和服务覆盖面。原则上小额贷款公司的资金应用于发放贷款余额不超过20万元的小额贷款，对超过20万元的贷款，由小额贷款公司向市(州)政府指定的小额贷款公司的主管部门报备。

第十五条　融资担保公司应当按照审慎经营原则，规范融资担保项目评审、担保后管理、代偿责任追偿等业务活动，建立健全风险管理等内部控制制度。

【释义】本条是关于融资担保公司行为管理的强制性规定。

对融资担保公司行为进行有效监管，是融资担保公司持续稳定运行的保障。融资担保公司应当根据《公司法》《融资担保公司监督管理条例》等相关法律法规，结合融资性担保行业的特点，规范业务活动，制定并完善内部控制制度。

一、内部控制的含义及目标

根据中国银监会印发的《融资性担保公司内部控制指引》(银监发〔2010〕101号)第4条、第5条的相关规定，内部控制是指融资担保公司本着防范风险、审慎经营的原则，通过制定和实施一系列制度、程序和方法，对风险进行事先防范、事中控制、事后监督和纠正的动态过程，其主要目标是确保法规和融资担保公司内部规章制度的正确制定和贯彻执行,确保融资担保公司发展战略和经营目标的全面实施和充分实现,确保风险管理体系的有效性以及确保业务记录、财产信息和其他管理信息的及时、真实和完整。内部控制强调融资担保公司内部通过各职能部门、各有关人员之间在业务处理过程中的相互关系和相互制约来控制风险。

二、内部控制的原则

根据《融资性担保公司内部控制指引》第6条的相关规定,内部控制应当贯彻全面、审慎、有效、独立的原则。内部控制应当渗透到融资担保公司的各项业务过程和各个操作环节,覆盖所有的部门和岗位,并由全体人员参与,任何决策或操作均应当有案可查。同样,其出发点为防范风险、审慎经营,另外依照全面的原则任何人不得拥有不受内部控制约束的权利,内部控制存在的问题应当能够及时反馈和纠正,内部控制的监督、评价部门应当独立于内部控制的建设、执行部门,并有直接向董事会、监事会和高级管理层报告的渠道。

三、关于规范融资担保项目评审、担保后管理、代偿责任追偿等业务活动

1. 担保项目评审制度

担保项目评审一般包括企业和项目基本情况评估、企业财务状况和偿债能力评估、反担保方式的可行性和可变现性评估、反担保物价值和法律合同关系的评估等部分,这些已经基本涵盖了风险识别、风险预测、风险评价以及风险防范等风险管理的大部分内容。担保项目评审工作涉及管理、市场、技术、政策、财务、法律等诸多方面的知识,需要拥有一支高素质的项目评估人才队伍和专家顾问队伍。评价和判断债务人的偿债能力是担保机构进行项目评审工作的核心,需要从债务人的现金流量、盈利能力、资产收益以及资产负债比例等多个方面来综合评价。

2. 担保后管理制度

结合《融资性担保公司管理暂行办法》第23条的规定,担保后管理的实现要通过保后检查、风险动态监测与预警、担保资金运营、人员监控评价、信息共享与分析等方面,其目的是建立全动态的风险管理模式,建立风险防范长效机制。建立预警机制,及时收集、汇总项目的详细情况,建立定期业务统计信息分析系统,并对统计数据进行有关风险评价指标的测算和分析工作,加强对在保项目及其反担保物的动态跟踪管理。

3. 代偿责任追偿制度

结合《融资性担保公司管理暂行办法》第 23 条的规定，融资担保公司发生代偿后，要积极行使追偿权，把损失降到最低。资金回收工作应指定专人负责，做到责任明确、措施有效。对于代偿责任追偿的方法主要有督促债务人尽快筹资归还欠款，处理抵押物（权）、质押物（权），落实反担保方的义务，转移债务以保全债权，变更反担保或增加抵押物价值，以资抵债减少损失，进行债权转股权及债权重组、诉讼仲裁，通过法律手段来维护担保机构的合法权益等。

值得注意的是，融资担保公司不仅应遵守本条的规定，对《融资担保公司监督管理条例》规定的其他义务性规范必须一并执行。

第十六条　典当行应当按照批准的范围经营业务，建立健全财务会计制度和内部审计制度，在典当期内不得出租、质押、抵押和使用典当物。

【释义】本条是关于典当行行为管理的强制性规定。

一、典当及典当行

根据商务部、公安部颁布的《典当管理办法》第 3 条的规定，所谓典当是指当户将其动产、财产权利作为当物质押或者将其房地产作为当物抵押给典当行，交付一定比例费用，取得当金，并在约定期限内支付当金利息、偿还当金、赎回当物的行为。所谓典当行，是指依照本办法设立的专门从事典当活动的企业法人，其组织形式与组织机构适用《公司法》的有关规定。

二、典当行的业务经营范围

根据商务部、公安部颁布的《典当管理办法》第 25 条的规定，典当行可以经营下列业务：(1)动产质押典当业务；(2)财产权利质押典当业务；(3)房地产（外省、自治区、直辖市的房地产或者未取得商品房预售许可证的在建工程除外）抵押典当业务；(4)限额内绝当物品的变卖；(5)鉴定评估及咨询服务；(6)商务部依法批准的其他典当业务。同时该办法第 26 条也规定了典当行的禁止性业务：(1)非绝当物品的销售以及旧物收购、寄售；(2)动产抵押业务；(3)集资、吸收存款或者变相吸收存款；(4)发放信用贷款；(5)未经商务部批准的其他业务。

从该办法第 25 条规定的六类业务中，可以将典当业务范围分为两类：主营类和兼营类。动产质押业务，财产权利质押业务和房地产抵押业务是由典当融资功能决定的企业主导业务，而限额内绝当物品的变卖、鉴定评估以及咨询服务等属于典当融资功能派生出来的一般商业功能，在整个业务中处于从属地位，属于次要业务或者说兼营业务。相比于传统的典当，现代典当至少包含两种方式：一是质押典当方式；二是抵押典当方式。质押明确分为动产质押和财产权利质押。

三、建立健全财务会计制度和内部审计制度

结合《典当管理办法》第 45 条的规定，典当行内部的财务会计制度的建立需要强调统一的典当会计制度，同时需要典当行遵循《条例》第 12 条的规定，需要典当行按照规定向监管部门报送财务会计报告。商务部出台的《典当行业监管规定》第 29 条也规定了监管部门应加强典当企业的财务状况的监督和管理。典当企业每月应通过全国典当行业监督管理信息系统，如实填报经营和财务报表。年度要填报经会计师事务所审计的年度财务报表。监管部门应对本行政区域内企业上报信息系统的数据进行审核。

四、典当行的禁止行为

为维护典当人的合法权益，本条规定典当行在典当期内不得出租、质押、抵押和使用典当物。该规定同样出现在商务部、公安部颁布的《典当管理办法》第 41 条之中。

第十七条　融资租赁公司依照有关规定可以采取直接租赁、转租赁、委托租赁、联合租赁等形式开展融资租赁业务，建立完善的内部风险控制体系，形成良好的风险资产分类管理制度、承租人信用评估制度、事后追偿和处置制度以及风险预警机制等。

【释义】本条是关于融资租赁公司的经营范围以及内部控制体系的规定。

一、融资租赁及其特点

融资租赁也可以称其为财务租赁、资本租赁，它是承租人为融通资金而向出租人租用由出租人出资按承租人要求购买的租赁物的租赁。它是以融物为形式，以融资为实质的经济行为，是出租人为承租人提供信贷的信用业务。其特点有：(1)资产所有权形式上属于出租方，但承租方能实质性地控制该项资产，并有权在承租期内取得该项资产的所有权。承租方应该把融资租入资产作为自有资产对待，如要在资产账户上作记录，要计提折旧。(2)融资租赁是一种不可解约的租赁，租赁合同比较稳定。在租赁期内，承租人需连续交纳租金，未经双发同意，中途不可退租。这样，既能保证承租人长期使用该项资产，又能保证出租人收回投资并取得利益。(3)租赁期长，租赁期一般占据租赁资产使用寿命期的绝大部分。(4)出租方一般不提供维修、保养方面的服务。(5)租赁期满，承租人可选择留购、续租或退还，通常由承租人留购。

依照《融资租赁企业监督管理办法》的规定，融资租赁公司是指根据法律有关规定从事融资租赁业务的企业，具体来说，融资租赁业务是指出租人根据承租人对出卖人、租赁物的选择，向出卖人购买租赁物，提供给承租人使用，承租人支付租金的交易活动。

二、融资租赁业务

本条例规定了融资租赁业务可以通过直接租赁、转租赁、委托租赁、联合租赁等形式进行。《融资租赁企业监督管理办法》同样在第二章第8条规定了融资租赁企业采用的业务形式，包括直接租赁、转租赁、售后回租、杠杆租赁、委托租赁、联合租赁等。

1. 直接租赁

直接租赁是指承租人直接向出租人租入所需要资产的租赁。出租人直接向承租人提供了相当于购置设备资金的全额贷款，由于出租人以自己的信誉筹措资金并承担风险，所以此种租赁中的出租人往往具有较强的资金实力，直接租赁的出租人主要是制造厂商、租赁公司。直接租赁是融资租赁中最为普遍的一种，是融资租赁的典型形式，直接租赁一般包括两个合同：一为租赁合同；二为购货合同，由出租人与供货商签订。在早期的直接租赁多以出租人选购租赁为主，而目前普遍采用的是承租人选购租赁。

2. 售后租赁

售后租赁是指承租人先把其拥有主权的资产出售给出租人，然后再将该项资产租回的租赁。这种租赁方式即使承租人通过出售资产获得一笔资金，以改善其财务状况，满足企业对资金的需求，又使承租人通过回租而保留了企业对该项资产的使用权。

3. 杠杆租赁

杠杆租赁涉及承租人、出租人、资金出借者三方当事人。杠杆租赁是由资金出借人为出租人提供部分购买资产的资金，再由出租人购入资产租给承租人的方式。从承租人的角度来看，它与其他融资租赁形式并无多大区别。从出租人的角度来看，它只支付购买资产的部分资金（20%～40%），其余部分（60%～80%）是向资金出借人借来的。在杠杆租赁方式下，出租人具有三重身份，即资产所有权人、出租人、债务人。出租人既向承租人收取租金，又向借款人偿还本息，租金与本息的差额就是出租人的杠杆收益。从资金出借人的角度来看，它向出租人借出资金是由出租人以租赁物为抵押的，它的债权对出租人没有追索权，但对租赁物有第一留置权，即当承租人不履行支付租金的义务时，资金出借人不能向出借人追索债务，但可向法院申请执行担保物权。该项租赁物被偿清所得，首先用来清偿资金出借人的债务，如有剩余再租赁给出借人。

4. 转租赁

转租赁是指融资租赁合同的承租人先以第一承租人的身份向租赁公司或厂商（第一出租人）租进其用户所需要的设备，然后再以第二出租人的身份把设备租给第二承租人使用的租赁方式。采用这种方式，转租人能够获得其他融资租赁公司的融资便利。

在转租赁中，转租人同第一出租人的区别在于，转租人并非是该项融资租赁交易中的出资人及标的物买入人，即并非是该标的物的所有权人。转租人之所以可以以出租人的身份向第三人转让对该标的物的占有、使用及通过使用获得收益的权利，是因为它在上一层次的融资租赁合同中作为承租人受让了这些权利。而且，上一层次的融资租赁合同约定，它有权将这些权利向第三人转让。转租人同最终承租人的区别在于，它并非是为了占有、使用及通过使用获得收益而承租租赁物件。它承租租赁物件的目的是为了能向第三人转让对该租赁物件的占有、使用及通过使用获得收益的权利。

5. 委托租赁

委托租赁是金融租赁的一种形式，指有多余闲置设备的单位，为充分利用设备并获取一定收益，愿意将设备出租的一种租赁。在这种方式下，拥有多余闲置设备的单位不是自行寻找承租人，而是委托租赁机构代为其寻找承租人，而后由出租人、承租人与租赁机构一起签订租赁合同。租赁机构不垫资，也不拥有租赁物件的所有权，而仅按照委托人（拥有多余闲置设备的单位）的要求代为办理租赁，只收取经双方商定的委托租赁费。

6. 联合租赁

联合租赁是指多家有融资租赁资质的租赁公司对同一个融资租赁项目提供租赁融资，由其中一家租赁公司作为牵头人，无论是相关的买卖合同还是融资租赁合同都由牵头人出面订立。

三、建立有关制度和机制

（一）内部风险控制体系

融资租赁是一种多风险共存的商业活动，融资租赁风险通常有经营风险、信用风险、市场风险、技术风险。融资租赁公司适应融资租赁业务抗风险、高效率的营运要求，在岗位配置、功能组合与人才配备上，进行严谨有序、系统协调、优化组合和灵活反应的机构设计，明确各个部门乃至各个岗位的责、权、利，建立各部门和不同管理层次之间权责明确，工作衔接，防止出现互相推诿、互相扯皮的现象。尤其对保证融资租赁项目安全起关键作用的项目评审部门，要作为要害部门在权责和地位上给予特别关注；决策委员会要直接对董事会负责，保证其工作相对于经营管理层的独立性、公正性、客观性；对于公司经营运筹处于核心地位的财务部门，也要突出其应有的中心地位。

（二）风险资产分类管理制度

融资租赁业务是出租人根据承租人对供应商和租赁物的选择，出资购买租赁物由承租人使用租赁物，并按合同约定支付租金的特殊交易方式。租赁债权是一种应收账款性质的金融债权，同时出租人又拥有租债物的所有权，在具有中长期融资性质的经营性租赁业务中，根据会计准则的规定，出租人还承担着对租赁物的资产折旧管理。

租赁业务的债权与一般信贷债权不同，还有排他性的所有权做保障。融资租赁业务的风险资产分类划分标准显然应该与一般信贷资产的分类划分标准有所不同。根据租赁业务的特点，从实际经验和可操作性考虑，可分别将承租企业信用和偿债能力评级分成若干等级作为信用保障系数。设备可变现价值按折旧提取后的余额占设备购置成本的百分比为设备保障系数。信用保障系数和设备保障系数之和为资产安全保障系数。将欠租账龄、欠租金额因素根据不同原则量化为不同的系数。

（三）承租人信用评估制度

融资租赁公司的信用评价要素有区别于一般工商企业的独有特征。总体来看，融资租赁公司的经营评价要素主要包括资本实力、业务经营、融资能力、风险管理等；财务评价因素包括资产质量、盈利能力、流动性、偿债能力和资本充足度等。

（四）事后追偿和处置制度

《融资租赁企业监督管理办法》规定了融资租赁企业要建立事后追偿和处置制度，提升防范和化解风险的能力。

（五）风险预警机制

《融资租赁企业监督管理办法》规定要加强风险预警机制的建立和健全，重点防范信用、金融、市场、技术、法律等方面的风险。

第十八条　农民专业合作社开展信用互助业务，应当坚持社员制、封闭性原则，建立完善决策科学、制衡有效的治理结构，有效保护社员合法权益。

【释义】本条是关于农民合作专业社开展信用互助业务的原则及治理结构建设的规定。

一、开展信用互助业务的农民专业合作社

1. 农民专业合作社

根据《农民专业合作社法》的规定，农民专业合作社指的是在农村家庭承包经营基础上，农产品的生产经营者或者农业生产经营服务的提供者、利用者，自愿联合、民主管理的互助性经济组织。农民专业合作社的服务对象有：(1)农业生产资料的购买、使用；(2)农产品的生产、销售、加工、运输、贮藏及其他相关服务；(3)农村民间工艺及制品、休闲和乡村旅游资源的开发经营等；(4)与农业生产经营有关的技术、信息、设施建设运营等服务。

2. 信用互助业务

根据国内其他省份开展的农民专业合作社信用互助业务，特别是在山东省试点的农民专业合作社信用互助业务，是指符合条件的农民专业合作社内部，依法取得试点资格,以服务合作社生产流通为目的,由本社社员互助之间进行互助性信用合作的行为。

二、信用互助业务遵循的基本原则

为了服务“三农”,着力解决农民生产经营活动中“小额、分散”的资金需求,促进农业农村经济发展,农民专业合作社开展信用互助业务,需坚持社员制、封闭性原则,不吸储放贷,不支付固定回报,不对外投资,不以盈利为目的。根据《农民专业合作社法》的相关规定,农民专业合作社应当遵循的原则有:(1)成员以农民为主体;(2)以服务成员为宗旨,谋求全体成员的共同利益;(3)入社自愿、退社自由;(4)成员地位平等,实行民主管理;(5)盈余主要按照成员与农民专业合作社的交易量(额)比例返还。农民专业合作社的主要服务对象是农民,农民专业合作社开展的业务是互助性的,要以成员为主要服务对象,即农民专业合作社开展经营活动,主要围绕合作社成员的需求进行,交易对象主要限于本合作社的成员,如以棉农为主要成员的合作社,就应当以加入本合作社的棉农为主要交易对象,而不能以附近的其他居民作为主要的交易对象。

三、建立完善决策科学、制衡有效的治理结构

治理结构是指一组联结并规范经济组织中的所有者、支配者、管理者各相关主体之间权利、责任、利益的系统制度。农民专业合作社治理结构是指反映合作社社员、社员大会、理(董)事会、监事会之间相互制衡关系和利益协调的制度安排。同时治理结构还可以表明农民专业合作社各部分排列顺序、空间位置、聚散状态、联系方式以及各要素之间相互关系的一种模式,是整个农民专业合作社管理系统的“框架”。合作社治理结构的核心是关于合作社控制权和剩余索取权的配置安排。合作经济组织的治理结构主要包括三种机制:激励理(董)事和经理,减少道德风险的机制;监督和评价理(董)事会和经理人的监督机制;配置和行使剩余控制权的机制。

完善治理结构,加强民主管理,需坚持社员制、封闭性原则,通过有效的组织制度设计,形成公开透明、民主管理的运行机制,完善决策科学、制衡有效的治理结构,防止内部人控制,有效保护社员的合法权益。具体来讲需要:

1. 严格社员身份管理

参与信用互助业务试点的农民专业合作社社员应当具有所依托农民专业

合作社社员资格1年以上，且居住地和注册地在农民专业合作社所在行政村或乡镇。

2. 合理确定社员出资制度

单个社员的存放资金额不得超过同期该合作社用于开展信用合作互助资金总额的10%。自然人社员存放资金额原则上不超过全市上一年度农民人均纯收入的3倍。

3. 加强社员账户管理

开展信用互助业务试点的农民专业合作社为每个社员设立社员账户，社员账户要在农民专业合作社内定期进行公示，允许社员查阅。使用省级监管部门印制的全省统一的信用互助业务试点专用账簿和凭证。

《农民专业合作社法》通过第三章、第四章、第五章对农民专业合作社成员资格、成员的权利义务、组织结构及其产生办法、职权、任期、议事规则的规定建立了科学的决策体系和内部治理的法律框架，这些相关规定对于农民专业合作社内部组织机构的产生及其运行，提供了基本的法律依据，不仅如此，完善合作社内部决策治理制度，还需要对内部组织机构的法律约束和监督。

第十九条　交易场所应当按照依法合规、审慎经营、风险可控原则，完善公司法人治理结构，建立健全业务规则和管理制度，实行投资者适当性准入管理，加强交易信息系统和资金账户安全性建设，提供优质高效安全服务。

【释义】本条是关于交易场所完善治理结构，建立管理制度，加强安全性建设的规定。

一、地方交易场所及其监管背景

国务院《关于清理整顿各类交易场所切实防范金融风险的决定》（国发〔2011〕38号）中明确指出，我国一些交易场所未经批准违法开展证券期货交易活动，有些交易场所存在严重投机和价格操纵行为；个别交易场所股东直接参与买卖，甚至发生管理人员侵吞客户资金、经营者卷款逃跑等问题。这些问题如发展蔓延下去，极易引发系统性、区域性金融风险，甚至影响社会稳定。因此，从国家层面制定了相关文件并进行清理整顿。

2010年6月，天津市和北京市相继宣布成立金融资产交易所，从此全国各省市在地方交易场所设立的大潮中也纷纷设立了金融资产类交易场所，但设立的数量与地方交易场所监管法规形成巨大反差。虽然金融资产类交易场所相较于其他类型的交易场所暴露的风险事件要少，但由于金融资产交易本身蕴含的风险高，所以，对交易场所规范要求也要严格，2012年7月12日，国务院办公厅发布《关于清理整顿各类交易场所的实施意见》（国办发〔2012〕37号），继续加强对各类交易场所的清理整顿。

各省级政府对交易场所的监管虽然有所加强，但总体上看依然缺乏有效监管。各省市先后出台了一些规范地方交易场所的文件，对比各地办法，虽然总体上以国务院《关于清理整顿各类交易场所切实防范金融风险的决定》为依据，主要监管要求也以此为准，但各地办法依然有一定差别。北京市、浙江省、吉林省、福建省及深圳市明确“不包括仅从事车辆、房地产等实物交易的交易场所，也不包括由国务院金融管理部门履行日常监管职责的从事金融产品交易的交易场所”，而天津则仅仅指“从事权益类交易、大宗商品类交易的交易所”，江苏则泛指“在国发〔2011〕38号文和国办发〔2012〕37号文规定范围内的各类交易平台”。

根据国发〔2011〕38号文和国办发〔2012〕37号文的规定，设立了中国证监会牵头的联席会议。清整办陆续下发了系列文件，实际上是对38号文、37号文进行具体的细化：要求各地进行白名单或者“黑名单”的公示；金融资产交易场所迎来了规范监管；股权交易场所基本整合完毕，保证每省一家；OTG模式基本退出；微盘微交易整体关闭；邮币卡发售全面叫停；商品类交易场所关停并转；风险监测防控平台试点开始推广；清算所模式开始迎来发展的契机；国家部委牵头落地全国性的地方交易场所；期交所布局大宗商品交易等。

二、交易场所的经营原则

根据国发〔2011〕38号文和国办发〔2012〕37号文的规定，目前，地方交易场所遵循依法合规、审慎经营、风险可控的原则，规定交易场所由地方政府审批和监管。《条例》第11条规定了地方金融组织审慎经营的内容，审慎经营原则是对地方交易场所的细化规定。

三、加强内部治理，夯实安全、效率和成本三大基石

交易场所是现代市场体系的高端形态，这种高端形态的特征，体现在规则前置、标准明确、系统高效、全面服务等方面，而交易场所的三大基石在于安全、效率与成本。因此《条例》提出要完善公司法人治理结构，建立健全业务规则和管理制度，实行投资者适当性准入管理，加强交易信息系统和资金账户安全性建设，提供优质高效安全服务。

（一）完善公司法人治理结构

地方金融监管部门对交易场所进行监督和管理，首先需要完善内部治理结构，加强民主管理，通过有效的组织制度设计，形成公开透明、民主管理的运行机制，完善决策科学、制衡有效的治理结构，防止内部人控制，实现交易的安全性；其次交易场所被纳入金融监管的范围之内，交易双方的权益得到了法律的保护，因此，交易场所的安全基石得到夯实。

（二）建立健全业务规则和管理制度，实行投资者适当性准入管理

国发〔2011〕38 号文提出，建立与风险承受能力、投资知识和经验相适应的投资者管理制度，提高投资者风险意识和辨别能力，切实保护投资者合法权益。国办发〔2012〕37 号文进一步将投资者管理制度定义为投资者适当性，并要求各省级人民政府应当组织对各类交易场所整改规范情况进行检查验收。两个监管文件均指出，投资者适当性制度应该包含风险承受能力、投资知识及投资经验三方面。

第二十条　地方金融组织解散的，应当依法进行清算，对相关业务承接以及债务清偿作出明确安排，清算过程应当依法接受监督。

地方金融组织解散或者被宣告破产的，应当依法注销业务经营许可证，并向社会公告。

【释义】本条是关于地方金融组织市场退出的规定。

一、地方金融组织解散的，一律清算

地方金融组织的解散需要符合《公司法》的规定，《条例》规定，地方金融组织解散的应当进行清算，《公司法》第 183 条规定，清算组的成立与组成公司因本法第 180 条第 1 项、第 2 项、第 4 项、第 5 项规定而解散的，应当在解散事由出现之日起 15 日内成立清算组，开始清算。

《条例》规定范围内受监管的地方金融组织解散的，都应当组成清算组进行

清算，具体包括小额贷款公司、融资担保公司、区域性股权市场、典当行、融资租赁公司、商业保理公司、地方资产管理公司、开展信用互助的农民专业合作社、从事权益类或大宗商品类交易的交易场所。

（一）清算组

根据《公司法》的规定，有限责任公司的清算组由股东组成，股份有限公司的清算组由董事或者股东大会确定的人员组成。逾期不成立清算组进行清算的，债权人可以申请人民法院指定有关人员组成清算组进行清算。人民法院应当受理该申请，并及时组织清算组进行清算。清算组在清算期间行使下列职权：(1)清理公司财产，分别编制资产负债表和财产清单；(2)通知、公告债权人；(3)处理与清算有关的公司未了结的业务；(4)清缴所欠税款以及清算过程中产生的税款；(5)清理债权、债务；(6)处理公司清偿债务后的剩余财产；(7)代表公司参与民事诉讼活动。清算组成员因故意或者重大过失给公司或者债权人造成损失的，应当承担赔偿责任。

《融资担保公司监督管理条例》规定，融资担保公司解散的，应当依法成立清算组进行清算，并对未到期融资担保责任的承接作出明确安排。清算过程应当接受监督管理部门的监督。融资担保公司解散或者被依法宣告破产的，应当将融资担保业务经营许可证交监督管理部门注销，并由监督管理部门予以公告。

《四川省小额贷款公司管理暂行办法》规定，小额贷款公司法人资格的终止包括解散和关闭两种情况。小额贷款公司可因下列原因解散：

(1)公司章程规定的解散事由出现；

(2)股东大会决议解散；

(3)因公司合并或者分立需要解散；

(4)依法被吊销营业执照、责令关闭或者被解散；

(5)人民法院依法宣布公司解散。

小额贷款公司解散，按照《公司法》进行清算和注销。小额贷款公司被依法宣告关闭的，依照有关企业关闭的法律实施关闭清算。

（二）清算程序

《公司法》规定了清算组在清理公司财产、编制资产负债表和财产清单后，应当制定清算方案，并报股东会、股东大会或者人民法院确认。公司财产在分别支付清算费用、职工的工资、社会保险费用和法定补偿金，缴纳所欠税款，清偿公司债务后的剩余财产，有限责任公司按照股东的出资比例分配，股份有限公司按照股东持有的股份比例分配。清算期间，公司存续，但不得开展与清算无关的经营活动。公司财产在未依照前款规定清偿前，不得分配给股东。清算组成员应当忠于职守，依法履行清算义务。清算组成员不得利用职权收受贿赂或者其他非法收入，不得侵占公司财产。

二、地方金融组织注销业务经营许可证

地方金融组织注销业务经营许可证，是指经省地方金融监管局批准设立的地方金融组织，依法定程序注销其相关业务资质的行为。《公司法》第 188 条规定，公司清算结束后，清算组应当制作清算报告，报股东会、股东大会或者人民法院确认，并报送公司登记机关，申请注销公司登记，公告公司终止。地方金融组织在解散或者宣告破产后，应当依法注销业务许可证并公告。这是关于地方金融组织注销的规定。《典当行业监管规定》规定，对已不具备典当经营许可资格的典当企业，省级商务主管部门应按照有关规定终止该企业典当经营许可，并收回《典当经营许可证》。

第三章　服务与发展

本章主要规定了地方各级人民政府及其有关部门为建设西部金融中心以及进一步促进金融发展提供服务，通过建立地方金融组织信息综合服务平台，与省社会信用信息平台、企业信用信息公示系统互联互通，制定金融人才培养引进计划和奖励政策，并在落户、居住、子女教育、医疗等方面提供便利。

截至 2018 年末，四川省各类银行业机构 229 家，证券期货经营机构 555 家，保险公司 94 家，四川已成为我国西部地区金融机构数量最多、种类最齐、开放程度最高的省份。但对照西部金融中心建设目标，四川还存在直接融资比例偏低、金融机构实力偏弱、市州金融业发展不均衡等短板。为弥补这些短板，四川省政府从加强服务和监管着手，扎实推进西部金融中心建设，成立了省地方金融监管局，在统筹西部金融中心建设、优化全省金融发展环境、提升直接融资水平、加强全省金融安全稳定监管、推进省市协同联动机制建设等方面强化工作。为创建良好的金融环境，地方政府需要从经济环境建设、政务环境建设、信用体系建设、金融基础设施建设、金融监管环境建设、开放环境建设等方面进一步推动西部金融中心的建设。

第二十一条　省人民政府地方金融主管部门根据国家金融发展规划和监管要求，会同中央金融管理部门派出机构制定全省金融发展规划，报省人民政府批准。

【释义】本条是关于金融发展规划的规定。

一、全省金融发展规划及其制定机关

根据《中央编办关于设立四川省金融工作局的批复》，2017 年 2 月正式设立四川省金融工作局，负责研究拟订全省推进西部金融中心建设规划、全省金融业发展的中长期规划，并组织实施。2016 年 12 月 9 日，四川省人民政府办公厅就以川办发〔2016〕103 号印发了《四川省金融业“十三五”发展规划》。

（一）制定全省金融发展规划的重要作用

近年来，省委省政府日益重视金融工作，全省金融业改革发展不断取得积极成效，金融业整体实力和竞争力稳步提升。随着全球经济增长乏力，国内经济下行压力加大，有效需求乏力和有效供给不足并存，结构性矛盾更加凸显，金融风险隐患增大，给四川省金融业发展带来较大挑战。金融业既处于大有作为的重要战略机遇期，也面临诸多矛盾叠加、风险隐患增多的严峻挑战，许多系统性问题的解决，需要统筹研究规划、分步逐步解决。同时，2017 年全国金融工作会议提出了我国金融业发展的三项任务，即服务实体经济、防控金融风险、深化金融改革，科学编制实施全省金融业发展专项规划，对于推动我省三项任务的落实，加快西部金融中心建设，促进四川省金融业健康发展，推动全省经济实现高点起步、由金融大省向金融强省转变意义重大。

（二）全省金融发展规划的责任分工

编制金融发展规划的责任单位及有关要求。针对地方金融发展的综合性规划由省地方金融监管局牵头，人民银行成都分行、四川银保监局、四川证监局等中央金融管理部门派出机构以及省发展改革、科技、财政、经济和信息、人力资源社会保障和国有资产管理等部门及各市(州)根据各自职责配合做好规划编制。国家有关金融专项规划需要贯彻落实或我省根据实际需要制定的专项规划,根据职责分工由相关单位具体牵头编制,如普惠金融发展规划、绿色金融发展规划由四川银保监局牵头负责,科技金融发展规划由科技厅牵头负责。

(三)市县两级地方金融发展规划

本条主要针对省级金融发展规划作了规定。各市(州)、县(市、区)要因地制宜确定是否编制本地区金融发展规划,但无论是否有本地金融发展规划,都必须有落实省级规划的具体措施。根据当地金融发展情况,建议成都等金融业相对发达地区编制金融发展规划,其他市(州)、县(市、区)结合各自实际制定具体推进规划落实的措施。

(四)全省综合性金融规划包含内容及编制程序

1. 规划的主要内容

综合性金融发展规划是全省一定时期内金融业发展的总体纲要,编制的总体思路是基于过去一定时期地方金融业发展的基础条件和存在的具体问题,以及全省金融业的客观实际,围绕解决发展"瓶颈",实现健康平稳发展,提出工作思路和具体措施。一般包含但不限于以下几个部分:第一部分,对全省金融业过去一段时间发展的总结和回顾;第二部分,分析当前及未来全省金融业面临的机遇和挑战;第三部分,提出指导思想、基本原则和发展目标;第四部分,明确未来一段时期全省金融业要完成的主要任务;第五部分,提出落实规划的保障措施。

2. 规划编制的主要步骤

针对综合性中长期规划,成立省级金融业发展规划编制工作领导小组,统筹整个规划编制工作。由省地方金融监管局具体牵头组织有关单位,并吸收有关研究院所和高校专家成立文稿起草小组,负责规划起草工作。也可根据实际情况外包给有能力完成规划的高校、科研院所开展规划编制。具体编制步骤:一是开展前期调研和数据分析。要结合四川省实际广泛开展省内外调查研究工作,并对过去一段时期的数据进行全面收集、整理,并进行深入分析。二是研究讨论制定规划目标。针对历史资料分析情况以及当前和今后一个时期需要完成的重点任务，制定切实可行的规划发展目标。三是组织编制规划初稿。结合对前期调研分析成果和具体发展目标设定，形成规划的总体框架，完善规划的基本内容，形成规划初稿。四是广泛征求意见。地方金融发展综合规划作为一项系统性工程，涉及各级、各部门，需要广泛、充分听取意见，特别是中央驻川金融管理部门、省发展改革、科技、财政、经济和信息、人力资源社会保障和国有资产管理等部门以及成都市等重点市(州)的意见，避免不切实际。在充分听取意见的基础上，修改完善、充实细化形成讨论稿。五是组织开展专家论证和风险评估。针对反复修改后比较成熟的讨论稿，组织省内外金融领域专家、学者开展论证评估，特别是从目标的合理性、措施的可行性等方面对规划进行全面论证。六是按程序送审印发。按专家意见修改后的规划要及时提交有关部门进行合法性审查。针对合法性审查意见修改完善后形成规划送审稿，提交本级人民政府审查通过后印发实施。七是开展规划解读。规划印发后，要及时组织开展规划具体条款解读，确保规划顺利实施。八是推动规划目标和任务落地实施。针对颁布实施的规划，细化工作目标和进度安排，建立规划实施情况跟踪评估机制，推进规划有效落实。

第二十二条　省人民政府应当综合考虑区位、产业、资源等因素，支持西部金融中心等现代金融集聚区建设，增强金融资源集聚和辐射能力。

现代金融集聚区所在地人民政府应当加强政策扶持，做好机构培育、市场建设、人才引进、环境营造等工作。

【释义】本条是关于现代金融集聚区建设的规定。

一、省级人民政府支持现代金融集聚区建设

2016 年 12 月 9 日，四川省人民政府办公厅印发《四川省金融业“十三五”发展规划》，确定了到 2020 年末基本建成西部金融中心的发展目标，着力提升西部金融中心集聚和辐射能力，聚集金融机构；加大引进全国性或区域性金融机构和国际知名外资金融机构在川设立区域总部的力度，增强地方法人金融机构资本实力，提升运营管理能力；支持民间资本联合符合条件的法人机构在川新设民营银行、村镇银行、消费金融公司、金融租赁公司、企业集团财务公司、货币经纪公司、汽车金融公司等金融机构；吸引有行业竞争力、综合实力强的全国性证券、期货、基金公司在川设立区域总部和分支机构,吸引全国性证券、期货交易所在川设立后台服务中心和西部推广培育中心,引进境外机构在川设立合资证券、基金经营机构。支持各类证券服务机构、评估机构等集聚发展。鼓励设立法人公募基金管理公司;加强保险机构总部建设,探索组建区域性、专业性保险公司。继续引进全国性保险公司和外资保险公司在川设立区域总部和后台服务中心。

二、现代金融集聚区所在地人民政府应当加强对地方金融组织的扶持

(一)机构培育

地方政府为更好地服务金融市场,主要采取扶持地方金融组织、设立地方融资平台,并加大金融业发展的软硬件建设力度。对于地方金融组织的扶持这是地方政府长期从事的工作,地方政府从地方经济发展出发往往对于地方金融组织的支持具有很大的积极性。另外设立地方融资平台,地方政府可以推动当地金融机构向地方融资平台提供资金。

(二)市场建设

推动地方多层次投融资市场建设,如鼓励企业通过发行股票和债券进行直接融资,根据融资额对上市企业在不同阶段分别给予相应奖励,鼓励和引导产业投资基金和风险投资等的设立和发展,也可以通过提升地方产权市场、积极拓展建立全国代办股份转让系统试点等方式,努力发展多层次资本市场体系。

(三)人才引进

建立和完善科学、合理的金融业人才机制,大力提升人员素质。首先,制定金融人才需求导向,完善"双高"人才公开考试聘用制度,加强对金融类高级人才的聘用工作,并在全国范围内进行宣传。除政府制定户口、出入境管理等方面的优惠政策外,鼓励金融企业制定职位选择、报酬、个人生活等方面的优惠政策,引进地方金融业急需的熟悉国际金融市场、精通金融衍生工具和金融创新技术的高级人才。其次,对于引进到地方金融组织的高层人员给予一定数额的一次性补贴。最后,设立"专项教育基金",对经认定的金融业机构获得国家相关资格认证的人员培训费用给予适当补助。

(四)环境营造

推动经济环境建设、政务环境建设、信用体系建设、金融基础设施建设、金融监管环境建设、开放环境建设等方面，以创建良好的金融环境。地方政府应增强服务意识、改进服务方式，为金融管理部门和金融机构提供优质、便捷、高效、全面的服务，同时发挥政府主导作用，加强金融知识宣传，增强全社会的信用意识。另外，完善金融监管协调机制和政府对金融服务机制。建立政府与金融机构的定期联席会议制度，支持和引导金融机构加强内控制度建设，防范潜在风险。充分运用各类媒体，加强对西部金融中心建设的宣传，形成良好的舆论氛围，通过举办天府金融论坛等大型活动扩大业界认同度。通过各种形式加强与国际金融组织、国际金融机构、国际金融中心城市、金融机构总部和金融监管部门的交流合作，扩大四川的金融影响力。

第二十三条　县级以上地方人民政府应当优化营商环境，加大金融机构引进力度，鼓励金融机构在辖区内设立总部或者区域总部。

【释义】本条是关于引进金融机构的规定。

《四川省金融业“十三五”发展规划》指出四川省金融业发展的问题：一是金融体系尚待进一步完善。金融分支机构较多，法人机构和区域性总部较少，综合实力和辐射能力不强。金融服务同质化竞争多，特色化差异化服务少。农村金融服务体系不健全，银行业机构空白乡镇数量多。保险覆盖面不宽，薄弱领域较多，对灾害事故的经济补偿功能发挥不足。二是地方法人金融机构竞争力不强。城市商业银行个体竞争能力不强，对外辐射能力较弱；农村信用社机制转换不到位、业务创新能力不足。证券公司注册资本和资产规模偏小，核心竞争力不强；期货公司资产规模小，营业网点少，业务单一，抗风险和可持续发展能力不足。保险法人机构少，行业基础建设有待加强。三是金融市场建设和培育需要加强。多层次资本市场发展不足，债券市场、基金市场以及地方产权交易市场发展缓慢，直接融资比重较低。票据市场、期货市场、现货市场体系不完善，跨市场投融资和交易工具不丰富，市场间联动机制尚未建立，不能有效满足投融资主体需求。四是金融发展要素有待提升。金融配套服务体系不完善，法律、会计、评估、评级等与金融核心业务密切相关的中介服务机构数量较少，服务水平有待提高。金融从业人员增长较快但缺少培训，复合性和高端金融人才不足。

针对这些问题,该规划提出要大力引进和发展各类金融机构和金融服务组织,同时创造良好发展环境,鼓励国内外各类知名金融机构和金融中介服务机构在成都金融总部商务区设立区域性总部、法人机构或分支机构。

积极引进和发展各类金融机构。积极引进银行、保险、证券、期货、信托、基金、资产管理等国内外金融机构以及与金融业密切相关的中介机构在川设立区域性总部、法人机构或分支机构。引导金融机构到省内二级城市或县域设立分支机构。支持外来金融机构与本地金融机构开展股权和业务合作,壮大市场主体,增强市场活力。积极支持在川金融分支机构发展成为区域总部和管理总部。发展和壮大地方法人金融机构,增强地方法人金融机构竞争力,打造地方法人金融机构品牌。积极支持民间资本根据国家政策参股或发起设立金融机构。

大力发展和引进各类股权投资基金。研究出台鼓励股权投资基金的扶持政策,积极搭建基金与企业的对接平台、建立进入通道、完善退出机制,支持在川投资基金的运作和发展。吸引国内外业绩突出、管理经验成熟的投资机构设立风险投资、产业投资等各类投资基金,积极引导社会资本进行股权投资。探索和完善政府出资的引导基金的运作机制,充分发挥引导基金的作用。支持四川产业振兴发展基金等重点产业投资基金发展壮大。积极创造有利于股权投资的政策环境、舆论环境和制度环境,规范股权投资行为。努力建设以成都为中心,以德阳、绵阳等二级城市为依托的、具有全国影响力的西部股权投资基金基地。

第二十四条　县级以上地方人民政府及其有关部门应当通过引进、培育、整合等方式,加快发展征信、信用评级、资产评估、保险代理和经纪、融资仓储以及会计、审计、法律等中介服务组织。

【释义】本条是关于金融中介服务体系建设的规定。

《四川省金融业“十三五”发展规划》指出:四川省金融发展要素有待提升。金融配套服务体系不完善,法律、会计、评估、评级等与金融核心业务密切相关的中介服务机构数量较少,服务水平有待提高。金融从业人员增长较快但缺少培训,复合性和高端金融人才不足。

一、大力引进和培育金融中介服务组织

《四川省金融业"十三五"发展规划》提出要积极引进信用评级、资产评估、融资担保、投资咨询、会计审计和法律服务等与金融相关的中介服务机构来川设立法人机构、区域总部和分支机构,进一步加强政策支持和执业监督,规范中介服务机构的执业行为,增强行业自律,提高中介服务机构的专业水平和服务能力。发挥行业组织的自律作用,完善中介机构执业标准体系,促进金融中介服务行业规范化管理。

二、加强金融配套服务体系建设

构建全面配套的地方金融组织体系。要丰富地方金融组织体系内容,构建全方位、立体化、互补配套的金融体系。加快培育征信、信用评级、资产评估、保险代理和经纪、融资仓储以及会计、审计、法律等中介服务组织。

(一)加快培育征信业

我国征信业从无到有,逐步发展,作用日益显现,征信市场初具规模。地方金融的发展要求加快社会信用体系建设。为了使征信业具有统一遵循的制度规范和监管依据,促进征信业的健康发展,2013 年国务院出台了《征信业管理条例》,解决了征信业发展中无法可依的问题。

根据《征信业管理条例》的规定,征信业是市场经济中提供信用信息服务的行业。征信机构作为提供信用信息服务的企业,按一定规则合法采集企业、个人的信用信息,加工整理形成企业、个人的信用报告等征信产品,有偿提供给经济活动中的贷款方、赊销方、招标方、出租方、保险方等有合法需求的信息使用者,为其了解交易对方的信用状况提供便利。征信业务,是指对企业、事业单位等组织(以下统称企业)的信用信息和个人的信用信息进行采集、整理、保存、加工,并向信息使用者提供的活动。征信服务既可为防范信用风险,保障交易安全创造条件,又可使具有良好信用记录的企业和个人得以较低的交易成本获得较多的交易机会,而缺乏良好信用记录的企业或个人则相反,从而促进形成"诚信受益、失信惩戒"的社会环境。征信业在促进信用经济发展和社会信用体系建设中发挥着重要的基础性作用。

(二)推动信用评级机构的引进和培育

信用评级作为金融体系审慎监管和防范风险的辅助器,多年来,中国人民银行、国家发改委、中国证监会相继出台了信用评级业务指导意见、银行间债券市场规范等相关监管要求，并批准认可了多家具有债券评级资格的评级公司。人民银行依托企业信息库存，开发了信用评级系统。金融管理部门对行业的监督管理，起到了较明显的行业规范作用。信用评级行业也得到了长足发展。

目前，我国没有一部统一完整的信用评级上位法，对评级机构的行为进行规范主要以人民银行的相关指导意见、规范、通知为主，如《中国人民银行信用评级管理指导意见》《信贷市场和银行间债券市场信用评级规范》《中国人民银行关于加强银行间债券市场信用评级作业管理的通知》，以及中国证监会的《证券市场资信评级业务管理暂行办法》等。

加强对评级机构和评级结果的规范管理，促进评级行业的竞争。加快推动信用评级的建设不仅有利于构建全面配套的地方金融组织体系，同时也有利于金融管理部门对于金融的监管。金融管理部门可以通过引用外部评级结果来规范相关的地方金融组织的可投资范围，由此来形成对于地方金融组织的监管依据。

(三)资产评估

根据《中华人民共和国资产评估法》的规定，资产评估是指评估机构及其评估专业人员根据委托对不动产、动产、无形资产、企业价值、资产损失或者其他经济权益进行评定、估算，并出具评估报告的专业服务行为。资产评估是通过资产的价值优化资源配置的重要工具，是维护社会秩序、促进市场公平竞争所不可或缺的。

(四)保险代理和经纪

根据《中华人民共和国保险法》第 117 条的规定，保险代理人是根据保险人的委托，向保险人收取佣金，并在保险人授权的范围内代为办理保险业务的机构或者个人。保险代理人从事保险中介业务，为保险金融提供中介服务。保险代理机构包括专门从事保险代理业务的保险专业代理机构和兼营保险代理业务的保险兼营代理机构。根据中国保监会《保险专业代理机构监管规定》规定，保险专业代理机构是指根据保险公司的委托，向保险公司收取佣金，在保险公司授权的范围内专门代为办理保险业务的机构，包括保险专业代理公司及其分支机构。对于保险代理的监管和发展，不仅要发挥地方政府的培育作用，同时也要发挥行业自律组织的作用,加强对保险代理人的培养,提升行业从业人员素质。

根据中国保监会《保险经纪人监管规定》规定,保险经纪人是基于投保人的利益,为投保人与保险人订立保险合同提供中介服务,并依法收取佣金的机构,包括保险经纪公司及其分支机构。

(五)融资仓储

融资仓储是指融资企业以存货或由仓储公司出具的仓单为质押标的,从金融机构取得融资的活动,仓储公司对质押期间的质押物进行监管。这一模式的出现为银行开展动产抵押质押贷款业务提供了保障,降低了银行信贷风险,提高了银行利润空间,也为中小企业融资开辟了新天地,在盘活中小企业存货、避免关联担保风险、拓宽融资渠道方面发挥了积极的作用。

(六)会计、审计、法律等中介服务组织

中介组织是以其专业知识和专业能力依法为社会提供服务的社团机构,如依法独立承担注册会计师业务的会计师事务所,还有提供法律服务的律师事务所。其执业特点是:一是独立性。一般而言,中介组织是自主经营、自负盈亏,具有独立法人责任的团体,不隶属于任何行政机构,同时又独立于当事人,它接受当事人的委托,独立自主地开展工作。二是服务性。中介组织有别于生产企业的投入产出,而是依靠自身的人员优势、信息优势和专业技能优势为社会提供服务。中介组织通过与当事人签订授权委托合同,接受委托,依靠专业优势或技术能力为当事人提供专业服务,如审计、会计、法律服务等,与当事人是典型的契约关系。自愿有偿是这种契约关系的一个重要内容。三是自律性。中介组织的工作性质决定了其不受任何单位的约束,是一个独立的执业团体,依赖自律并通过行业组织,如律师协会、注册会计师协会等全国性行业组织,实现对会员的指导和约束。四是依法性。中介组织进行中介服务必须依据国家法律、法规、规章的规定,遵循客观、公正、诚实信用的原则。违法进行中介活动,给国家、社会或当事人造成损害的,要依法承担法律责任。

第二十五条　县级以上地方人民政府应当鼓励地方金融组织进行技术、服务、管理等方面的创新,完善金融创新激励和风险防控机制。

【释义】本条是关于金融创新方面的规定。

《四川省金融业“十三五”发展规划》规定了完善金融服务体系、鼓励地方金融组织进行技术、服务、管理的创新。

一、鼓励地方金融组织进行技术、服务、管理的创新

创新科技金融产品与服务。积极搭建银行机构、创业投资机构等与科技型企业的交流对接平台，常态化开展科技金融对接活动，为不同成长阶段，特别是初创期、早中期的科技型企业提供针对性、差异化的投融资服务。积极争取科创企业投贷联动融资试点，为科技型企业提供股债结合的金融服务。开展省级科技金融结合试点，探索具有地方特色的科技金融服务模式。完善四川省科技金融综合服务平台。建立四川省科技金融引导补助机制，鼓励银行、投资机构、担保公司、保险公司和融资租赁公司创新产品与服务，逐步构建支持创新的金融资源供给机制。建立科技贷款联动机制，常态化向银行推荐优质贷款项目。建立完善科技型中小微企业融资增信机制和信用信息系统。探索开展知识产权资产证券化等产权市场创新业务。

加大金融支持“双创”力度。大力发展创新工场、创客空间、创业公社等新型孵化器，支持知名众创空间和科技孵化器做大做强，为创业企业提供一体化综合金融服务。强化金融对天府新区、绵阳科技城、成都国家自主创新示范区、攀西战略资源创新开发试验区、军民融合示范区等的支持力度。开展金融支持四川省青年创新创业行动，鼓励传统金融机构开发“双创”金融产品和服务，鼓励创业投资、风险投资对接“双创”，提高金融服务专业化水平。支持成都市以国家自主创新示范区、成都科学城和“创业天府”行动计划为抓手，加快推进产学研用协同发展。发挥西南财经大学等高校金融人才教育培育基地优势，打造服务西部金融中心的新型智库。创新财政性科技投入，引导金融资本支持创新创业发展。

二、完善创新激励和风险防控机制

（一）完善创新激励机制

完善金融业支持政策。加强地方金融监管组织建设，强化各级地方金融监管部门对地方金融产业发展的规划指导、协调服务和管理职能。适时研究制定地方金融业支持政策，推动地方金融业改革创新。充分发挥财政资金撬动作用，落实国家财政金融贴息政策、风险补偿政策以及薄弱环节支持政策，继续实施四川省财政金融互动政策，支持做大金融产业，对西部金融中心建设、新型农村金融组织发展、农村信用社改革发展予以补助；促进扩大信贷增量，对金融机构年度贷款增量、新增客户首贷、发行金融专项债券予以奖补；激励增加定向贷款，对金融机构发放重点产业固定资产贷款、基金投资项目贷款、支农支小贷款、精准扶贫贷款予以补助；健全融资分险机制，对金融机构发放实体企业贷款、小微企业贷款、扶贫特殊贷款的风险按规定给予补贴或分担；完善融资担保体系，支持融资担保公司发展，鼓励融资担保公司开展定向业务，并按规定给予奖补；落实普惠金融相关政策，支持改善基础金融服务，对金融机构提升薄弱地区金融服务能力、改善农村支付环境、推进基础信用平台建设予以补贴；支持企业直接融资，落实支持企业债券融资、股权融资和资产证券化融资的贴息、补助政策。进一步研究完善四川省财政金融互动政策，适时降低县域金融机构涉农贷款增量奖励和农村金融机构定向费用补贴政策门槛，完善科技型中小微企业风险补偿办法，研究调整融资担保公司开展定向业务补贴政策，研究建立省级再担保机构风险补偿机制，研究制定省属国有金融企业负责人经营业绩考核暂行办法和省属国有金融企业负责人薪酬管理暂行办法，全力支持金融业加快改革开放和科学健康发展。鼓励金融机构加大创新力度，鼓励资本市场建设和金融支持城乡统筹发展，完善金融配套服务等。研究出台鼓励金融机构总部设立以及支持要素平台建设的相关政策，探索完善相关管理体制，推动地方金融业健康快速发展。

（二）完善风险防控机制

《四川省金融业“十三五”发展规划》中明确规定，加强地方金融风险防控监测。进一步明确地方金融监管职责，完善监管协调体系，发挥地方金融监管部门主力作用，修改完善现行粗放的政策制度，充实金融工作力量，提升业务综合素质。改善监管技术手段和能力，提高风险防范和处置水平。积极利用先进技术手段开展金融风险防控。认真研究互联网技术快速发展带来的相关影响，转变提升传统金融监管方式方法，积极引进利用先进技术，加强互联网金融行业风险监测预警，提高监管有效性，及时做好风险防控和处置，规范互联网金融行业健康发展。强化综合经营监管，加大排查治理信用风险、流动性风险、操作风险力度，动态评估研判风险状况，前瞻性掌握风险。着力防范和化解产能过剩行业、互联互保等导致的金融风险。加强小额贷款公司、融资担保公司行业监管。规范发展典当业、融资租赁公司和农村资金互助组织。强化对第三方支付、众筹和互联网金融点对点("P2P")借贷平台等新型金融业态的管理。加强各类交易场所监管力度,引导其规范有序发展。做好对涉嫌非法集资可疑资金的监测防控工作。

完善地方金融风险应急处置机制。建立健全全省金融突发事件应急管理体系,完善金融突发事件应急指挥联席会议制度和突发事件应急处置机制,探索建立完善区域金融风险化解处置工作机制。加强对全省去杠杆过程中金融风险的识别、预警、评估,针对企业资金链断裂、恶意逃废金融债务风险制定应急预案,及时有效处置金融风险隐患。重点探索化解企业信贷违约风险的有效方式,继续按照"区别对待、分类处置、一户一策、综合治理"思路,促进信用违约企业化解债务风险。做好"僵尸企业"退出的金融服务工作。探索建设全省不良资产处置交易平台和市场,开展不良资产证券化业务,加大不良资产处置力度。严厉打击非法集资和非法证券期货活动,坚守不发生系统性区域性金融风险的底线。

第二十六条　县级以上地方人民政府应当引导地方金融组织对小微企业和农业、农村、农民经济发展提供金融支持,加大对贫困地区的金融支持力度。

【释义】本条是关于金融扶贫方面的规定。

一、地方政府的引导作用

《条例》在此处突出地方政府对地方金融扶贫的引导作用,一方面,要求地方政府遵守市场规律,发挥市场在资源配置中起决定性的作用,避免直接干预金融市场,注重和鼓励政府引导;另一方面,由于地方经济发展过程中产生大量的资金需求,特别是小微企业和"三农"产业发展,在大型的金融机构无法惠及这些领域时,就需要地方政府运用"有形的手"来支持普惠金融发展,突出对地方金融组织服务小微企业和"三农"加大政策扶持。《四川省金融业"十三五"发展规划》强调要落实普惠金融相关政策,支持改善基础金融服务,对金融机构提升薄弱地区金融服务能力、改善农村支付环境、推进基础信用平台建设予以补贴;支持企业直接融资,落实支持企业债券融资、股权融资和资产证券化融资的贴息、补助政策。

对融资担保公司,鼓励其发展政府支持的融资担保和再担保机构,促进缓解融资难融资贵问题和扩大就业;鼓励和引导其完善融资担保体系,支持融资担保机构发展,鼓励融资担保公司开展定向业务,并按规定给予奖补。对小额贷款企业激励其增加定向贷款,鼓励小额贷款企业发放重点产业固定资产贷款、基金投资项目贷款、支农支小贷款、精准扶贫贷款予以补助,健全融资分险机制,对小额贷款企业发放实体企业贷款、小微企业贷款、扶贫特殊贷款的风险按规定给予补贴或分担。

二、金融支持"三农"

2014 国务院办公厅下发《关于金融服务"三农"发展的若干意见》(国办发〔2014〕17 号),对处于薄弱环节的农村金融提出了针对性地发展意见。一是发展农村合作金融。坚持社员制、封闭性、民主管理原则,在不对外吸储放贷、不支付固定回报的前提下,发展农村合作金融。支持农民专业合作社开展信用合作,积极稳妥组织试点,抓紧制定相关管理办法。在符合条件的农民专业合作社和供销合作社基础上培育发展农村合作金融组织。有条件的地方,可探索建立合作性的村级融资担保基金。二是加大金融扶贫力度。进一步发挥政策性金融、商业性金融和合作性金融的互补优势,切实改进对农民工、农村妇女、少数民族等弱势群体的金融服务。完善扶贫贴息贷款政策,引导金融机构全面做好支持农村贫困地区扶贫攻坚的金融服务工作。

第二十七条　省人民政府地方金融主管部门应当加强金融信用环境建设,组织建立地方金融组织信息综合服务平台,与省社会信用信息平台、企业信用信息公示系统互联互通,构建守信激励和失信联合惩戒机制。

【释义】本条是关于金融信用环境建设的规定。

《四川省金融业"十三五"发展规划》提出为建成西部金融中心,目前需要大力加强金融信用环境、金融生态环境的构建。建立健全由政府、金融机构、企业、社会公众等共同参与的守信联合激励和失信联合惩戒机制,坚决打击金融活动中的违法违规行为。鼓励金融机构坚持诚信经营,净化信用环境,为社会各类信用主体树立诚实守信的典型和楷模。探索引入第三方大数据征信机构进行专业评价,促进金融生态环境不断改善。进一步加强金融智库和金融研发、人才培养、金融文化博览机制建设。推动法院与金融行业自律组织根据实际建立金融业纠纷诉调对接机制,提高金融纠纷处置效率,探索建立地方金融法庭和金融仲裁机构,支持侧重于金融领域的律师事务所、审计事务所和资产评估事务所发展。加大金融法制宣传教育力度,提高社会各界的金融法制意识。加强不良债务处置与化解,完善债权人委员会管理机制。加强企业逃废债务及违约信息共享,对恶意逃废银行债务的企业实施严厉制裁。发挥行业协会桥梁纽带作用,协调解决金融机构发展中存在的问题和困难,促进金融机构在产品创新、服务模式、授信管理、风险防控等方面加强合作。

进一步完善信用体系建设。力争实现金融信用信息数据库信息全覆盖,增强数据库甄别风险能力。保障金融信用信息数据库安全运行,切实维护信息主体权益。全面推进中小企业和农村信用体系两大专项工程建设。培育规范信用评级市场发展,提高信用评级行业市场公信力和社会影响力。大力支持征信企业和第三方信用评级机构发展。

一、地方金融组织信息综合服务平台

2016 年 3 月 2 日,工业和信息化部、中国人民银行、中国银监会印发《加强信息共享促进产融合作行动方案》(工信部联财〔2016〕83 号)提出通过建立银企交流机制,强化信息共享,促进金融资源向实体经济企业聚集,提高金融资源配置效率,这一政策试图破解的是现今模式下信息不对称、高风险、高成本问题。当今金融科技的发展,我国在消费金融市场和移动支付方面已成引领潮流之势,但在对中小微企业、科技文卫等创新企业的金融服务方面,银行、证券、保险各机构基本上还处于自成体系的营销状态,在一个庞大的市场中,参与各方形同散沙,与已实现高度信息化的消费信贷市场业务板块形成了较大代际差距。该服务平台主要为产融结合提供广覆盖的信息化服务,是政府和人民银行在以升级科技信息化水平,创新区域金融服务的思路主导下,设计的按市场原则进行运营的机构,具有提供准公益金融服务性质。

结合银企合作交流平台的构建,地方金融监管部门需要结合本地金融发展的具体情况,构建地方金融信息服务平台,向平台提供企业全部信息查询接口,推送企业“白名单”“黑名单”,有条件开放查询征信企业接口,链接账户、外汇等业务管理系统,构建守信激励和失信联合惩戒机制。

二、互联互通、守信激励、失信联合惩戒机制

国务院印发《国务院关于建立完善守信联合激励和失信联合惩戒制度加快推进社会诚信建设的指导意见》(国发〔2016〕33 号),目的是解决有效治理失信行为高发问题,使失信者付出足够的代价,并通过实施正面激励让守信者受益,做到让守信者一路绿灯、失信者处处受限,从而形成引导社会成员诚实守信的正确导向。守信激励和失信惩戒机制是社会信用体系建设的核心机制,对于弘扬社会主义核心价值观,构建以信用为核心的新型市场监管体制,进一步推动简政放权和政府职能转变,营造公平诚信的市场环境,提高社会治理能力,都将发挥重要的支撑作用。根据《国务院关于建立完善守信联合激励和失信联合惩戒制度加快推进社会诚信建设的指导意见》,四川省结合本省实际制定了实施方案,分三个阶段进行。一是初步构建阶段。明确了分步骤进行:2017 年底前,完成社会信用体系平台建设,与全国统一信用信息共享平台实现互联互通,重点行业部门出台联合奖惩管理办法。二是基本建成阶段。2019 年底前,完善守信联合激励和失信联合惩戒法规制度,建立健全信用目录动态管理机制、信用信息共享机制、信用主体权益保护机制等工作机制,基本构建四川省守信联合激励和失信联合惩戒法规体系。三是巩固完善阶段。2020 年底前,全面构建以信用信息归集共享平台为基础、以法规机制为保障、以激励惩戒措施为核心的具有刚性约束力的守信联合激励和失信联合惩戒体系。

第二十八条　县级以上地方人民政府应当制定金融人才培养引进计划和奖励政策,并在落户、居住、子女教育、医疗等方面提供便利。

【释义】本条是关于培养引进金融人才方面的规定。

一、金融人才培养引进背景

在当今时代,人才对各行各业来说都是发展的根本,在金融这个行业尤为如此。金融行业相对于其他行业来说更具有智力密集型和技术密集型的特点,人力资源是金融产业集聚发展的重要力量,掌握着现代金融运作的高层次金融人才是促进金融产业集聚的基础。

《四川省金融业"十三五"发展规划》在第五部分"保障措施"中提出,健全金融人才制度体系,围绕全面创新改革驱动转型发展"三年试验突破、五年基本转型"主要目标,创新金融人才发展体制机制,聚集"高精尖缺"金融类人才,建立起与全面创新改革驱动转型发展相适应的金融人才制度体系。建立健全导向鲜明、激励有效、科学规范的金融人才培养、引进和使用机制,完善高层次金融人才引进特殊支持政策和创新型金融人才培养体系,加快推进中央和地方金融人才双向挂职锻炼和联合培养,推动"一行三会"等中央监管部门高层次管理人才入川,在政府相关部门挂职任职。健全金融人才评价激励和流动机制,基本形成与实施"三大发展战略"相匹配的金融人才队伍。

二、制定金融人才培养引进计划和奖励政策

(一)创造有利于人才引进的优惠政策和优良环境

县级以上地方政府制定人才引进计划,要不惜重金向国内外引进精通金融运作的海归人才和具有丰富的国际金融机构工作经验的金融人才,同时设立人才奖励资金,定期举办各类优秀人才评选活动,对表现突出或对西部金融中心建设作出特殊贡献的人员进行奖励,增强优秀人才的荣誉感和归属感。目前,对于西部金融中心的建设来说是个窗口期,错过了不仅难以跟上国内一流的金融集聚城市,同时也可能被其他城市赶超,目前各地都在建设金融集聚中心,对于人才的需求量大,因此四川县级以上地方政府制定的人才引进优惠政策要具有竞争优势,才能集聚人才,完成目标的实现。

(二)采取有效的培养措施,建立高层次金融人才的培训基地

《四川省金融业"十三五"发展规划》提出,要完善高层次金融人才引进特殊支持政策和创新型金融人才培养体系,加快推进中央和地方金融人才双向挂职锻炼和联合培养,推动"一行三会"等中央监管部门高层次管理人才入川,在政府相关部门挂职任职。

(三)提供便利

为建设国家西部金融中心,成都市先后制定了《成都实施人才优先发展战略行动计划》(成委办〔2017〕23号)和《成都市引进培育交子人才实施办法》。该实施办法填补了市级层面金融人才政策空白,着力在政策吸引、人才培育、生活服务等方面加大扶持力度,在进一步加快引进顶尖、领军、管理类高端金融人

才的同时,也非常注重本土技术类实用金融人才的培育。

第四章 风险防范

本章是关于地方金融风险防范的规定。对地方金融监管部门制定地方金融风险突发事件应急预案、建立地方金融组织信息公示制度、监管措施及非法金融活动等作了规定。这些规定有助于完善金融风险防范处置机制,优化金融生态环境。

第二十九条 县级以上地方人民政府应当制定地方金融风险突发事件应急预案和防范处置方案,建立金融信息共享、风险处置等协作机制,承担防范和处置地方金融风险责任。

【释义】本条是关于县级以上地方人民政府在地方金融风险防范中承担属地责任的规定。

一、金融风险突发事件的内涵和外延

金融风险突发事件,是指涉及金融机构、地方金融组织、金融市场和金融基础设施突然发生的、严重影响或可能严重影响金融和经济社会稳定、需要立即处置的金融事件。根据《国家金融突发事件应急预案》《突发事件应急预案管理办法》《四川省金融突发事件应急预案》等有关规定,金融风险突发事件主要包括:(1)国内外重大事件引发的全省性或区域性金融突发事件。(2)自然灾害、事故灾难、公共卫生事件和社会安全事件引发的、危及全省或区域金融稳定的金融突发事件。(3)金融市场剧烈波动或金融机构、地方金融组织市场退出引发的全省性或区域性金融突发事件。(4)非法集资、非法证券经营活动、非法设立金融机构和地方金融组织、非法开展金融业务以及金融机构、地方金融组织违法违规经营等引发的严重影响全省或区域金融稳定的金融突发事件。(5)实体经济风险传导至金融领域、严重影响全省或区域金融稳定的金融风险突发事件。

二、防范处置方案

金融风险突发事件发生后,各部门启动本部门应急预案,在职责范围内指导、组织和实施处置工作,及时切断风险源,防止风险进一步扩散。县级以上地方人民政府牵头成立领导小组,组织召开成员单位会议,分析研究金融突发事件基本情况、性质和成因,提出处置方案,报本级政府批准或经本级政府审查后报上级政府批准实施。在处置过程中,建立新闻发言人制度,做好宣传、解释工作,加强舆论引导。各部门加强协调配合,共同维护金融稳定。

在处置过程中,对发现的涉嫌犯罪线索,公安机关应当依法立案侦查,并采取积极有效措施,严防犯罪嫌疑人潜逃,有关部门应积极配合。

处置金融风险突发事件还需要做好善后处置、评估总结、奖励处罚、检查与审计等工作。同时,做好通信、文电运转、技术、安全、人力与组织等应急保障。

三、建立协作机制

建立金融信息共享、风险处置等协作机制,最终目的是为了防范化解金融风险,保障相关当事人合法的金融权益。有效地防范化解金融风险,地方金融监管部门必须及时掌握最新的政策以及金融稳定形势,以评估金融风险,提出防范化解风险、维护金融稳定的政策措施。

金融风险涉及范围广,对于社会稳定影响较大,因此,金融突发事件发生后,各相关部门应当协调配合,充分发挥政府及其相关部门和地方金融监管部门的作用,努力维护金融大局稳定。相关部门应当按照各自职责,既各司其职、各负其责,又相互配合、相互协作。例如,地方金融监管部门:在金融突发事件发生时,负责协调政府相关部门、各金融组织采取相应措施,共同防范化解金融风险,及时向本级政府报告有关信息。发展改革委:负责分析发生地内外经济形势和金融风险突发事件对宏观经济安全运行产生的影响,对事件的进一步发展进行预测、预警,对金融风险突发事件的处置提出宏观政策建议。财政局:按照相关规定参与处置金融风险突发事件,做好相关工作。在确实需要本级财政提供经费支持时,由财政局根据本级政府批准后的正式处置方案,积极筹措资金,并根据需要制定相关政策。公安局:依法参与或指导、协调各级公安机关派出警力参与金融风险突发事件的应急处置工作,对有关犯罪嫌疑人进行调查取证,必要时采取强制措施,查处犯罪行为;协助本级政府和金融突发事件发生单位维护运行秩序,防止风险扩散和出现群体性事件,保证处置工作的顺利开展。

四、承担防范和处置地方金融风险责任

在第五次全国金融工作会议上，习近平强调，地方政府要在坚持金融管理主要是中央事权的前提下，按照中央统一规则，强化属地风险处置责任。金融管理部门要努力培育恪尽职守、敢于监管、精于监管、严格问责的监管精神，形成有风险没有及时发现就是失职、发现风险没有及时提示和处置就是渎职的严肃监管氛围。本条明确规定了县级以上地方人民政府作为责任人负责承担本行政区域内地方金融风险防范和处置责任，切实发挥地方政府在防范化解区域性金融风险中的重要作用。

第三十条　省人民政府地方金融主管部门应当建立地方金融组织信息公示制度，公布并定期更新地方金融组织名单以及相关行政许可和备案等信息。

【释义】本条是关于地方金融组织信息公示制度的规定。

一、信息公示制度的必要性

为保障公民、法人或其他组织的知情权、参与权和监督权，进一步加大信息公开力度，提高金融监管透明度和公信力，省人民政府地方金融主管部门应当建立地方金融组织信息公示制度。信息公示制度是行政机关贯彻“依法治国”的必然要求，亦是“透明行政”的具体体现，对完善社会信用体系、建立信用社会具有十分重要的意义。同时，相关法律对行政许可等信息公示也作了明确规定，如《行政许可法》第40条规定，“行政机关作出的准予行政许可决定，应当予以公开，公众有权查阅”。《政府信息公开条例》规定，办理行政许可和其他对外管理服务事项的依据、条件、程序以及办理结果，实施行政处罚、行政强制的依据、条件、程序以及本行政机关认为具有一定社会影响的行政处罚决定，行政机关应当主动公开。

二、信息公示方式

信息公示制度应当坚持“公开为常态、不公开为例外”的原则，依法将行政许可和备案等信用信息及时、准确、无遗漏地向社会公开，应示尽示。行政机关作出的准予行政许可决定，除涉及国家秘密、商业秘密或者个人隐私的外，应当予以公开，公众有权查阅。

省人民政府地方金融主管部门可以采取下列一种或几种方式公开行政许可的内容:(1)发布通告;(2)报刊、广播、电视、计算机信息网络等媒体;(3)公共查阅室、资料索取点、公告栏、电子屏幕等场所或者设施;(4)网站;(5)其他便于公众及时准确获得行政许可的形式。省人民政府地方金融主管部门按照规定公开的内容发生变化时,应当及时更新。

第三十一条　省人民政府地方金融主管部门和市(州)、县(市、区)人民政府确定的负责地方金融工作的机构应当加强与所在地中央金融管理部门派出机构的信息沟通和协调,提高金融风险防范处置能力。

【释义】本条是关于建立信息沟通和协调机制的规定。

按照国家现行金融监管框架,金融监管和金融风险防范具体工作主要由"一行两会"及其派出机构承担。几年来,尤其是2017年第五次全国金融工作会议以来,地方人民政府发展金融业和实施地方金融监管的任务越来越繁重,各级地方金融监管部门应运而生,其监管范围和职责在本条例中作了明确界定。

地方金融监管部门与所在地中央金融管理部门派出机构进行信息沟通和工作协调,建立金融风险防范化解工作机制,防范和处置金融风险,仍然是地方金融监管部门的核心职能之一。一是会同、协助所在地中央金融管理部门派出机构建立金融稳定协调机制,以及金融风险突发事件应急预案和应急处置等金融风险处理机制,防范、化解、处置金融风险,保障地方金融市场稳定运行。地方金融监管部门有效弥补了所在地中央金融管理部门派出机构应对地方金融风险方面的不足,依托地方政府职能优势,加强金融监管部门与地方政府相关部门的协调与沟通,大大加快了地方金融风险的应对速度和处置效率,使地方金融监管部门成为金融风险防范和处置的新一道防火墙。二是协助整顿与规范地方金融秩序,打击非法集资、非法证券经营活动、非法期货业务、非法外汇买卖等金融违法行为。三是配合所在地中央金融管理部门派出机构贯彻落实金融法律法规、部门规章和监管措施,对金融机构进行日常监管。四是推动金融信用体系建设,争取多部门信息共享,最大限度消除由于信息不对称产生的交易成本,降低金融机构和地方金融组织的运营风险。通过以上措施,形成条块结合、运转高效、无缝衔接、全面覆盖的区域性金融监管与风险防范机制,提高金融风险防范和处置能力。

第三十二条　省人民政府地方金融主管部门和市(州)、县(市、区)人民政府确定的负责地方金融工作的机构在履行监督管理职责中可以采取下列措施:

(一)询问地方金融组织的工作人员,要求其对有关检查事项作出说明;

(二)查阅、复制与检查事项有关的文件、资料,对可能被转移、隐匿或者毁损的文件、资料、电子设备等先行登记保存;

(三)检查地方金融组织的计算机信息管理系统;

(四)对地方金融组织的董事、监事、高级管理人员等进行约谈和风险提示;

(五)法律、行政法规规定的其他措施。

进行现场检查,检查人员不得少于两人,并应当出示合法证件和检查通知书。检查结束后应当依法形成检查记录并存档。

地方金融组织及其工作人员应当予以配合,不得拒绝、阻碍现场检查和调查取证。

【释义】本条是关于地方金融监管部门监管措施的规定。

地方金融监管部门可以根据监管工作需要,通过现场检查和非现场检查等方式对地方金融组织进行日常监管。非现场检查主要通过数据报送、重大事项备案、约谈、函询、远程监测等形式。

本条主要规定对地方金融组织进行现场检查,其法律主体是省、市(州)、县(市、区)三级地方金融监管部门,在法律、行政法规、《条例》赋予的职责范围内,履行现场检查职责,独立开展现场检查。

一、现场检查的概念和必要性

现场检查是指地方金融监管部门的监管人员直接深入到地方金融组织进行制度、业务检查和风险判断分析,通过核实和查清非现场监管中发现的问题和疑点,达到全面深入了解和判断地方金融组织的经营、风险情况的一种实地检查方式。本条明确规定地方金融监管部门对地方金融组织业务活动及其风险状况进行现场检查的职责，现场检查的范围包括合规经营与风险状况，体现了合规监管与风险监管并重的原则。

现场检查作为地方金融监管部门审慎监管的重要手段，有助于及时发现并控制金融风险。地方金融监管部门通过现场检查，审查地方金融组织在日常经营活动中是否遵循国家的金融法律法规，是否符合金融监管要求，是否存在违法违规经营行为，有助于及时发现和识别风险，并针对风险的程度、涵盖的业务领域以及所涉及的机构、有关责任人员采取有效的监管措施。

二、现场检查的措施

1. 可以询问工作人员

监管工作人员通过与被检查机构的工作人员进行座谈，就他们各自负责的工作进行提问，或者针对被检查机构业务经营的异常变化，向其负责人或者其他工作人员进行询问，让其书面或者口头解释。通过谈话和质询来寻找被检查机构经营管理中存在的弱点和问题。被询问的地方金融组织工作人员有义务配合监管工作人员的调查工作。

2. 可以掌握资料和文件

只要是与检查事项有关的文件、资料，无论是纸质版还是电子版式，地方金融监管部门都可以查阅和复制，这是查找和保存证据的重要方式。

3. 可以进入地方金融组织的计算机信息管理系统进行检查

地方金融组织大量经营管理活动通过计算机信息管理系统进行管理，因此赋予地方金融监管部门检查地方金融组织计算机信息管理系统的权力十分必要。

4. 对地方金融组织的董事、监事、高级管理人员等进行约谈和风险提示

约谈和风险提示指拥有具体行政职权的机关，通过约谈沟通、讲解政策法规、分析讲评等方式，对地方金融组织运行中存在的问题和风险进行提醒，并责令其纠正和规范的行政行为。地方金融监管部门有权向地方金融组织的董事、监事、高级管理人员等提出进行审慎性监管约谈的要求，而该地方金融组织被要求参加审慎性监管约谈的董事、监事、高级管理人员等则有义务按照地方金融监管部门的要求，准时参加约谈并对相关业务活动及风险管理等重大事项如实作出说明。

5. 法律、行政法规规定的其他措施

这属于兜底条款的内容。如根据《中国银监会现场检查暂行办法》的规定，检查人员可查阅文件和资料、查看经营管理场所、采集数据信息、测试有关系统设备设施、访谈或询问相关人员，并可根据需要，收集原件、原物，进行复制、记录、录音、录像、照相等。对可能被转移、隐匿或者毁损的文件、资料，经检查组组长同意可以封存。对可能被转移、隐匿、毁损或者伪造的文件、资料，予以先行登记保存。

三、现场检查的基本流程

现场检查是一种行政行为，必须遵循依法行政的原则。现场检查的基本流程主要包括：

1. 根据非现场监管与分析，以及其他渠道获得的信息，确定现场检查的具体对象和时间。

2. 向被检查机构发出检查前问卷，有针对性地提出问题

包括所经营的主要业务，最新开展的业务，自上次现场检查以来发生的重要变化，上次现场检查提出的监管建议是否已经落实，发现的问题是否已经纠正，最近一次的内部审计是什么时间进行的，有什么具体发现，通过自我评估，认为在内部控制方面有哪些薄弱环节等。

3. 制定现场检查方案

根据上次检查发现的主要问题，在分析返回的检查前问卷并进一步了解被检查机构基本情况的基础上，制定具体的检查方案，明确检查的主要领域及重点，同时确定具体的检查工作时间、检查人员及分工。

4. 向被检查机构发出现场检查通知

通知检查的时间、内容，应准备提供的有关账册、报表及文件，以及需要谈话的人员等。

5. 进入现场开始检查

根据制定的检查方案和确定的检查重点，运用现场检查手册等现场检查工具和方法，通过谈话、查阅文件、核查账表和档案等，对被检查机构的资产质量、流动能力、财务状况、管理和内控、合规经营情况等进行检查、分析和评价，最后得出对该机构经营及风险情况的综合评价，形成现场检查结论。

6. 向被检查机构反馈检查意见,核实检查中所发现的问题和情况。

7. 完成现场检查报告,向被检查机构反馈监管建议和处理决定。

8. 综合现场检查、非现场监管情况,为综合评价被检查机构的风险、完成综合监管报告提供依据。

四、现场检查要求

现场检查是监管工作人员实施的具体活动,为了现场检查工作依法依规,现场检查人员要秉公执法。基于执法要求,需配备两名以上人员参与,同时要随身携带合法证件及检查通知书。

现场检查人员需具备该项检查工作内容相关的专业背景,并且熟悉相关政策要求。合法证件为中央金融管理部门及其派出机构、地方金融监管部门的工作人员出具的执法证件、身份证明文件及其他有效证明文件等。

现场检查工作结束后,一名检查人员负责检查记录的撰写,另一名检查人员负责复核与校对,两人核对一致签字后方可存档备查。

五、地方金融组织接受现场检查的义务

本条明确规定地方金融监管部门依法进行检查时,如果要求被检查机构予以配合、如实提供有关文件和资料,被检查机构不得以任何借口拒绝、不予提供,也不得采用各种方法来阻碍检查人员获得真实可靠的文件或资料,更不得对有关文件资料进行隐瞒、掩盖事实真相。被检查机构不配合履行职责的,依据本条例第 42 条的规定,应当承担相应的法律责任。

第三十三条　省人民政府地方金融主管部门和市(州)、县(市、区)人民政府确定的负责地方金融工作的机构发现地方金融组织存在可能引发金融风险的隐患的,应当对其重点监控,进行风险提示;对已经形成金融风险,严重影响金融秩序和金融稳定的,应当按照规定程序及时报告。省人民政府地方金融主管部门可以责令地方金融组织暂停相关业务,采取查封、扣押地方金融组织经营活动相关的电子信息设备及存储介质、财务账簿、会计凭证、档案资料等措施。

地方金融组织应当及时采取措施,消除风险隐患,妥善处理金融风险,并逐级向省人民政府地方金融主管部门报告有关情况。经省人民政府地方

金融主管部门验收通过之日起三日内解除前款规定的有关措施。

【释义】本条是关于地方金融监管部门重大监管措施的规定。

一、重大监管措施的前提和作用

地方金融监管部门实行重点监控的对象是存在可能引发金融风险隐患的地方金融组织，对于该类金融组织，存在可能引发金融风险的隐患，但此时金融风险还未实际发生。金融是现代经济的核心，金融市场是整个市场经济体系的动脉。而金融本身的高风险性及金融危机的多米诺骨牌效应，使金融体系的安全、高效、稳健运行对经济全局的稳定和发展至关重要。具体的一家金融机构因经营不善而出现危机，有可能对整个金融体系的稳健运行构成威胁；一旦发生系统风险，金融体系运转失灵，必然会导致全社会经济秩序的混乱，甚至引发严重的政治危机。地方金融监管部门对存在风险隐患的地方金融组织实施重点监控有利于将金融风险扼杀于摇篮中，在金融风险实际发生前起到预防作用。

二、重大监管措施的类型

1. 进行重点监控和风险提示

该项规定明确规定了地方金融监管部门对地方金融组织进行持续跟踪监管，对风险监测、控制指标、资产质量、资产流动性、资本充足率、盈亏水平和市场风险水平进行严密监控并对其进行风险提示，最大限度地减少损失。风险提示的手段包括但不限于正式文件、电子邮件等形式。地方金融监管部门对该类地方金融组织进行风险提示，有助于地方金融组织自身能够积极采取措施有效防范金融风险的发生。

2. 按照规定程序及时报告

对于地方金融组织已经形成金融风险，严重影响金融秩序和金融稳定的情形，地方金融监管部门应当按照规定程序及时报告，以便积极迅速地制定风险防范措施，防止金融风险的继续扩大。不仅要向相关政府和地方金融监管部门报告，还要向所在地中央金融管理部门派出机构报告，以便共同防范和处置金融风险。

3. 责令地方金融组织暂停相关业务

该项规定赋予地方金融监管部门暂停地方金融组织相关业务的权力。该项措施主要是针对地方金融组织某项业务的内部控制和风险管理有比较严重的缺陷,缺乏经验丰富的经营管理人员,经营中已经或者可能发生较大损失等情况,此时必须暂停该组织的该项业务以防止损失进一步扩大。地方金融监管部门责令地方金融组织暂停相关业务,但并不是地方金融监管部门一定要采取的手段。是否责令暂停相关业务,地方金融监管部门可以视情况而定。在地方金融组织违法情节特别严重或者逾期不改正的前提下,地方金融监管机构可以责令地方金融组织暂停相关业务。情节特别严重所考虑的因素,一是主观恶意大,二是造成的后果严重。例如,小额贷款公司的现金贷业务,是为了满足消费者一种短期小额的现金借贷需求,初衷是在缓解借款人短期资金周转压力的同时,不给借款人造成较高的还款负担。但对于未经批准或不具备放贷资质却经营网络小额贷款业务的机构,应当责令其停止开办网络小额贷款业务,涉嫌犯罪的,移送司法机关依法处理。

4. 采取查封、扣押地方金融组织经营活动相关的电子信息设备及存储介质、财务账簿、会计凭证、档案资料等措施

《中华人民共和国行政强制法》(以下简称《行政强制法》)规定地方性法规可以设定查封和扣押两种行政强制措施。根据《行政强制法》的相关规定,该条明确了地方金融监管部门可以采取查封、扣押地方金融组织经营活动相关的电子信息设备及存储介质、财务账簿、会计凭证、档案资料等措施,赋予了地方金融监管部门查封、扣押相关设备及资料的权力,有利于保存证据材料,防止地方金融组织工作人员出于企业利益考虑,篡改相关文件、资料或者电子系统登记信息。

三、采取重大监管措施的主体

针对本条规定的四项重大监管措施,省、市、县三级地方金融监管部门并非都有实施权力,不同的监管措施对应的实施主体也不同。进行重点监控和风险提示以及按照规定程序及时报告的监管措施,省、市(州)、县(市、区)三级地方金融监管部门均有权实施;责令暂停相关业务及采取查封、扣押措施则仅省人民政府地方金融主管部门有权实施。

四、强制措施的解除

本条第 2 款规定了地方金融组织处理自身金融风险的义务以及强制措施

的解除条件。金融风险处置并不仅仅是地方金融监管部门的职责，作为引发金融风险的主体，地方金融组织应当承担处理金融风险的主体责任和义务。对于存在发生金融风险隐患的地方金融组织，应当及时采取措施，消除风险隐患；而对于金融风险已经发生的地方金融组织，应当及时采取措施，妥善处理金融风险。同时，已采取风险处置措施的地方金融组织，应当逐级向省人民政府地方金融主管部门报告其风险处置计划、工作进展及工作措施等情况。

地方金融组织将处置情况报告给省人民政府地方金融主管部门后，经省人民政府地方金融主管部门验收，并自验收通过之日起三日内解除其已经被采取的有关强制措施。

第三十四条　省人民政府地方金融主管部门应当运用大数据等现代信息技术手段，统筹建立全省统一的地方金融风险监测预警系统，实现地方金融监管信息共享，维护地方金融安全。

【释义】本条是关于建立全省风险监测预警设施的规定。

传统的现场检查形式需要监管工作人员花费大量的人工时间去整理、汇总和分析信息数据，检查效率比较低，且带有一定的偶然性。地方金融监管要拓展覆盖面和穿透性，大数据等现代信息技术手段的运用已经必不可少。大数据的核心是将分散在不同地方的数据进行有效的收集和整合，把隐藏在数据中的有用信息提炼出来，结合各个行业的知识，用获取的信息服务于决策过程，提升决策效率和决策的正确性，提高创新能力和竞争优势。通过大数据技术，能够对地方金融组织进行综合的、全面的数据采集，不仅能够横向打通小额贷款公司、融资担保公司、区域性股权市场、典当行、融资租赁公司、商业保理公司、地方资产管理公司等的信息管理，还能引入外部职能机构，如市场监管部门、法院、人行等的信息数据，将原先割裂的地方金融监管数据实现实时共享，使各职能部门、监管部门、资质审核部门等能实时查看所需求信息，实现信息的协同和对称。

同时，在风险预警方面，省人民政府地方金融主管部门可以在大数据系统内建立针对不同类型公司的风险预警模型，实时提醒各监管工作人员、各类型公司的风险情况，了解掌握各公司的发展变化及可能的潜在风险。同时为更好地适应业务发展变化，系统管理员可以根据实际工作需要随时调整风险模型，以便更好、更准确地进行风险预警。

通过结合各地金融风险检测预警系统，运用数据分析和数据挖掘技术可以对地方金融组织的金融活动信息进行分析与监管，及时发现地方金融组织的问题，提升金融风险识别能力，将各类风险消灭在萌芽状态。

此外，大数据技术还能对地方金融组织的发展特点和规律进行总结与提炼，有助于地方建立起一整套科学的地方金融监管制度和方法，对地方金融组织形成灵敏有效的监管体系。

构建地方金融风险监测预警系统，不仅有助于提升数据采集效率，实现信息数据各部门之间共享，同时还提高了风险识别效率，切实辅助相关金融监管部门工作人员增强对地方金融风险的识别，为进一步维护地方金融安全打下坚实的基础。

第三十五条　任何单位和个人不得非法吸收公众存款、擅自发行有价证券，或者以其他方式从事非法金融活动；不得以广告、公开劝诱或者变相公开宣传的方式，向社会不特定对象承诺或者变相承诺，对投资收益或者投资效果作出保本、高收益或者无风险等保证。

广播、电视、报刊、网络等媒体发布金融类广告，应当依法查验广告主或者广告经营者的相关证明文件，核实广告内容，不得发布涉嫌非法集资、金融诈骗、金融虚假广告的信息。

【释义】本条是关于非法金融活动和非法金融广告的规定。

一、任何单位和个人不得以任何方式从事非法金融活动

非法吸收公众存款、擅自发行有价证券等非法金融活动具有很大的社会危害性，某些地方金融组织及其从业人员为谋取私利，在从事经营活动中，也出现了此类违法行为，因此，本《条例》根据《刑法》等法律和司法解释，对非法吸收公众存款、擅自发行有价证券，或者以其他方式从事非法金融活动，作了衔接性的禁止性规定。

（一）非法吸收公众存款

非法吸收公众存款是指违反国家金融管理法规，非法吸收公众存款或者变相吸收公众存款,扰乱金融秩序的行为。存款是指存入金融机构保管并可以由其利用的货币资金或有价证券,它是吸收存款的金融机构信贷资金的主要来源。根据我国有关金融法律、法规的规定,商业银行和城乡信用合作社等非银行金融机构可以经营吸收公众存款业务,如《商业银行法》第3条规定,商业银行可以经营下列部分或者全部业务:(1)吸收公众存款……证券公司、证券交易所、保险公司等金融机构以及任何非金融机构和个人则不得从事吸收公众存款业务。《非法金融机构和非法金融业务活动取缔办法》(2011年修订)第5条规定,未经中国人民银行依法批准,任何单位和个人不得擅自设立金融机构或者擅自从事金融业务活动。

区分非法吸收公众存款与合法吸收公众存款在于吸收公众存款的主体资格及方式。行为人不具有吸收存款的主体资格而吸收公众存款,这种情形下,无论行为人是否直接或变相违反国家规定的存款利率等行为吸收存款,只要其设立未经批准,从事任何吸收公众存款的行为均属非法行为。行为人虽然具有吸收存款的主体资格,但采取违反金融管理法规的方式吸收公众存款,在此情况下,非法吸收公众存款的行为主要表现为非法提高存款利率或变相提高存款利率。违反金融管理法律法规是构成非法吸收公众存款罪的首要特征,这也是区分非法吸收公众存款与合法吸收公众存款的关键之处。

1.根据《最高人民法院关于审理非法集资刑事案件具体应用法律若干问题的解释》第1条规定,违反国家金融管理法律规定,向社会公众(包括单位和个人)吸收资金的行为,同时具备下列4个条件的,除刑法另有规定的以外,应当认定为《刑法》第176条规定的“非法吸收公众存款或者变相吸收公众存款”:(1)未经有关部门依法批准或者借用合法经营的形式吸收资金;(2)通过媒体、推介会、传单、手机短信等途径向社会公开宣传;(3)承诺在一定期限内以货币、实物、股权等方式还本付息或者给付回报;(4)向社会公众即社会不特定对象吸收资金。

未向社会公开宣传,在亲友或者单位内部针对特定对象吸收资金的,不属于非法吸收或者变相吸收公众存款。

2.《非法金融机构和非法金融业务活动取缔办法》(2011年修订)第4条规定,该办法所称非法金融业务活动,是指未经中国人民银行批准,擅自从事的下列活动：

(1)非法吸收公众存款或者变相吸收公众存款；

(2)未经依法批准，以任何名义向社会不特定对象进行的非法集资；

(3)非法发放贷款、办理结算、票据贴现、资金拆借、信托投资、金融租赁、融资担保、外汇买卖；

(4)中国人民银行认定的其他非法金融业务活动。

前款所称非法吸收公众存款，是指未经中国人民银行批准，向社会不特定对象吸收资金，出具凭证，承诺在一定期限内还本付息的活动；所称变相吸收公众存款，是指未经中国人民银行批准，不以吸收公众存款的名义，向社会不特定对象吸收资金，但承诺履行的义务与吸收公众存款性质相同的活动。

3. 最高人民法院印发的《全国法院审理金融犯罪案件工作座谈会纪要》(法〔2001〕8 号)规定，为正确执行刑法，在其他有关的司法解释出台之前，对假币犯罪以外的破坏金融管理秩序犯罪的数额和情节，可参照以下标准掌握：

关于非法吸收公众存款罪。非法吸收或者变相吸收公众存款的，要从非法吸收公众存款的数额、范围以及给存款人造成的损失等方面来判定扰乱金融秩序造成危害的程度。根据司法实践，具有下列情形之一的，可以按非法吸收公众存款罪定罪处罚：

(1)个人非法吸收或者变相吸收公众存款 20 万元以上的，单位非法吸收或者变相吸收公众存款 100 万元以上的；

(2)个人非法吸收或者变相吸收公众存款 30 户以上的；

(3)单位非法吸收或者变相吸收公众存款 150 户以上的；

(4)个人非法吸收或者变相吸收公众存款给存款人造成损失 10 万元以上的，单位非法吸收或者变相吸收公众存款给存款人造成损失 50 万元以上的，或者造成其他严重后果的。个人非法吸收或者变相吸收公众存款 100 万元以上，单位非法吸收或者变相吸收公众存款 500 万元以上的，可以认定为“数额巨大”。

由于各地经济发展不平衡，各省、自治区、直辖市高级人民法院可参照上述数额标准或幅度，根据本地的具体情况，确定在本地区掌握的具体标准。

4. 最高人民检察院、公安部《关于印发〈最高人民检察院、公安部关于公安机关管辖的刑事案件立案追诉标准的规定(二)〉的通知》第 28 条 〔非法吸收公众存款案(《刑法》第 176 条)]非法吸收公众存款或者变相吸收公众存款,扰乱金融秩序,涉嫌下列情形之一的,应予立案追诉:

(1)个人非法吸收或者变相吸收公众存款数额在 20 万元以上的,单位非法吸收或者变相吸收公众存款数额在 100 万元以上的;

(2)个人非法吸收或者变相吸收公众存款 30 户以上的,单位非法吸收或者变相吸收公众存款 150 户以上的;

(3)个人非法吸收或者变相吸收公众存款给存款人造成直接经济损失数额在 10 万元以上的,单位非法吸收或者变相吸收公众存款给存款人造成直接经济损失数额在 50 万元以上的;

(4)造成恶劣社会影响的;

(5)其他扰乱金融秩序情节严重的情形。

5. 综上所述,根据现行法律法规,结合司法实践,以下 23 种行为可能构成非法吸收公众存款罪:

(1)以高额付息方式吸收不特定公众“存款”;

(2)以筹集发展资金为名向不特定公众“借款”;

(3)不以房产销售为主要目的,以返本销售、售后包租、约定回购、销售房产份额等方式非法吸收资金;

(4)以转让林权并代为管护等方式非法吸收资金;

(5)以代种植(养殖)、租种植(养殖)、联合种植(养殖)等方式非法吸收资金;

(6)不具有销售商品、提供服务的真实内容或者不以销售商品、提供服务为主要目的,以商品回购、寄存代售等方式非法吸收资金;

(7)不具有发行股票、债券的真实内容,以虚假转让股权、发售虚构债券等方式非法吸收资金;

(8)不具有募集基金的真实内容,以假借境外基金、发售虚构基金等方式非法吸收资金;

(9)不具有销售保险的真实内容,以假冒保险公司、伪造保险单据等方式非法吸收资金;

(10)以投资入股的方式吸收社会公众存款;

(11)以委托理财的方式非法吸收资金;

(12)利用"会""社"等组织非法吸收资金;

(13)以"认购商铺使用权"和"内部职工集资"的名义吸收公众存款;

(14)以加盟补贴名义吸收公众存款;

(15)以投资经营项目为名吸收公众存款;

(16)以收取广告位代理订金的名义变相吸收资金;

(17)以办理预存卡形式吸收公众存款;

(18)以发展代理商为名吸收社会公众资金;

(19)假借销售商品名义吸收公众资金;

(20)以销售商品房、商铺提供担保等名义吸收公众资金;

(21)为放贷非法吸收社会公众资金;

(22)以参与"翡翠戴养"名义吸收公众存款;

(23)虽不知情但积极为他人介绍吸收资金的。

(二)擅自发行证券

发行证券,分为公开发行和非公开发行两种方式。公开发行主要是指向社会公众发行,由于涉及公众利益,国家对公开发行行为要进行监管。非公开发行主要是指向一定数量的特点对象发行证券,这种发行涉及人数较少,且投资者对发行人的情况比较了解,发行行为对社会影响较小,国家对这种行为一般不进行监管。对公开发行的界定是:

1. 向不特定对象发行证券

这是指向社会公众发行证券,发行对象的不特定性,是公开发行的特征之一。无论发行对象人数多少,只要是不特定公众,都属于公开发行。

2. 向累计超过 200 人的特定对象发行证券

"特定对象"主要包括发行人的内部人员如股东、公司员工及其亲属、朋友等,以及与发行人有联系的公司、机构和人员;另一类是机构投资者,如基金管理公司、保险公司等。向特定对象发行证券,一般涉及人数较少,发行对象与发行人有一定联系,对发行人的情况比较了解。所以向特定对象发行证券是非公开发行的特征之一。但是如果特定对象人数过多,就失去了非公开发行本身所具备的人数较少的特征,实质上属于变相的公开发行。因此,界定公开发行还应当考虑人数。

为此，对特定对象的人数规定为累计超过 200 人即属于公开发行。对人数规定为"累计"，目的是防止发行人通过多次向不超过 200 人的特定对象发行证券，无论发行多少次，累计不得超过 200 人，否则，即属于公开发行，必须经过核准。

3. 非公开发行证券，即向 200 人以下的特定对象发行证券，不得采用广告、公开劝诱和变相公开方式，否则即属于公开发行。

（三）非法集资

1. 非法集资如何认定

对于非法集资的规定散见于《银行业监督管理法》《商业银行法》《非法金融机构和非法金融业务活动取缔办法》《最高人民法院关于审理非法集资刑事案件具体应用法律若干问题的解释》等多部法律法规和司法解释中。根据《中国人民银行关于取缔非法金融机构和非法金融业务活动中有关问题的通知》的规定，非法集资是指单位或者个人未依照法定程序经有关部门批准，以发行股票、债券、彩票、投资基金证券或其他债权凭证的方式向社会公众筹集资金，并承诺在一定期限内以货币、实物及其他方式向出资人还本付息或给予回报的行为。非法集资行为需同时具备 4 个特征要件，即非法性、利诱性、公开性和社会性。

（1）非法性，即未经有关部门依法批准，包括没有批准权限的部门批准的集资以及有审批权限的部门超越权限批准的集资。最高人民法院、最高人民检察院、公安部《关于办理非法集资刑事案件若干问题的意见》第 1 条关于非法集资的"非法性"认定依据问题中，明确要求司法机关在认定时，"应当以国家金融管理法律法规作为依据。对于国家金融管理法律法规仅作原则性规定的，可以根据法律规定的精神并参考中国人民银行、中国银保监会、中国证券监督管理委员会等行政主管部门依照国家金融管理法律法规制定的部门规章或者国家有关金融管理的规定、办法、实施细则等规范性文件的规定予以认定"。

（2）利诱性，即承诺在一定期限内给出资人还本付息。还本付息的形式除以货币形式为主外，还包括以实物形式或其他形式。利诱性的判断不以回报的多少为标准，只要承诺给付回报即构成。

（3）公开性，是指向社会公开宣传，这是非法集资的重要特征。"向社会公开宣传"的途径很多，包括通过媒体、推介会、传单、手机短信、标语、横幅、宣传册、宣传画、讲座、论坛、研讨会等各种方式，还包括口口相传的方式，即如果行为人明知吸收资金的信息向社会公众扩散,并未设法加以阻止,而是放任,甚至积极推动相关信息的传播,这在实际效果上与主动向社会公众传播吸收资金的行为并无差别,因此这类行为也应当被认定为“向社会公开宣传”。

(4)社会性,即向社会不特定对象即社会公众筹集资金,这是认定非法集资的必要条件。最高人民法院、最高人民检察院、公安部《关于办理非法集资刑事案件适用法律若干问题的意见》第3条规定,下列情形不属于《最高人民法院关于审理非法集资刑事案件具体应用法律若干问题的解释》第1条第2款规定的“针对特定对象吸收资金”的行为,应当认定为向社会公众吸收资金:(1)在向亲友或者单位内部人员吸收资金的过程中,明知亲友或者单位内部人员向不特定对象吸收资金而予以放任的;(2)以吸收资金为目的,将社会人员吸收为单位内部人员,并向其吸收资金的。

在以上“四性”特征中,“非法性”是非法吸收公众存款罪的本质特征;“公开性”相对于秘密性而言,强调外在特征;“利诱性”侧重于经济特征;“社会性”则强调对公众投资者利益的保护。

2. 非法集资方式

结合《最高人民法院关于审理非法集资刑事案件具体应用法律若干问题的解释》第2条的规定以及实践中已出现的情况,非法集资常见的有以下方式:

(1)不具有房产销售的真实内容或者不以房产销售为主要目的,以返本销售、售后包租、约定回购、销售房产份额等方式非法吸收资金的;

(2)以转让林权并代为管护等方式非法吸收资金的;

(3)以代种植(养殖)、租种植(养殖)、联合种植(养殖)等方式非法吸收资金的;

(4)不具有销售商品、提供服务的真实内容或者不以销售商品、提供服务为主要目的,以商品回购、寄存代售等方式非法吸收资金的;

(5)不具有发行股票、债券的真实内容,以虚假转让股权、发售虚构债券等方式非法吸收资金的;

(6)不具有募集基金的真实内容,以假借境外基金、发售虚构基金等方式非法吸收资金的;

(7)不具有销售保险的真实内容,以假冒保险公司、伪造保险单据等方式非法吸收资金的；

(8)以投资入股的方式非法吸收资金的；

(9)以委托理财的方式非法吸收资金的；

(10)利用民间“会”“社”等组织非法吸收资金的；

(11)以投资黄金等名义，以高利吸收社会投资；

(12)以签订商品经销合同的形式非法吸收资金；

(13)对物业、地产等资产进行等份分割，通过出售其份额的处置权进行非法集资；

(14)利用现代电子网络技术构造的“虚拟”产品，如“电子商铺”“电子百货”投资委托经营、到期回购等方式进行非法集资；

(15)借助网络借贷平台、众筹平台等新型互联网金融形式进行集资。

对于涉嫌非法集资案件性质的认定，国务院在2007年颁布的《国务院关于同意建立处置非法集资部际联席会议制度的批复》中，要求按照以下分工进行：(1)事实清楚、证据确凿、政策界限清晰的，由案发地省级人民政府组织当地银监、公安、行业主管或监管等部门进行认定。性质认定后，由当地省级人民政府组织进行查处和后续处置。(2)重大案件，跨省(区、市)且达到一定规模的案件，前期调查取证事实清楚且证据确凿、但因现行法律法规界定不清而难以定性的，由省级人民政府提出初步认定意见后按要求上报，由联席会议组织认定，由有关部门依法作出认定结论。(3)经公安部门立案侦查，事实清楚、证据确凿且触犯刑法的案件，可直接进入刑事诉讼程序。这是在行政程序方面，对“非法性”予以界定。

互联网金融的两大基本模式是P2P和众筹，这两者在实践中都有异化为非法集资的风险。在2013年11月25日，由银监会牵头的九部委处置非法集资部际联席会议上，央行明确了三类行为属于以开展P2P网贷为名实施的非法集资行为：一是“理财—资金池”模式，通过将借款需求设计成理财产品出售给投资者或先归拢借款人资金形成资金池再寻找借款人的互联网借贷行为；二是不合格借款人导致的非法集资风险，即网贷平台经营者未尽到借款人身份真实性核查义务，导致未能及时发现甚至纵容借款人在平台发布虚假借款信息筹资投资于股票、房地产、高利贷等高风险业务的行为；三是借新还旧的庞氏骗局行为。

众筹则是互联网金融另一惯常采取的模式，其基本类型包括股权性众筹、借贷性众筹、公益性众筹、产品性众筹。其中的借贷性众筹可能涉及非法吸收公众存款罪、集资诈骗罪，其中的股权性众筹如面向社会不特定对象转让股权则有可能构成擅自发行股票罪。有学者认为，股权性众筹的本质是以股权回报的形式筹集资金，这在形式上确实类似于公开发行证券，如果达到定罪标准，那么极有可能构成擅自发行股票罪。

二、禁止违法发布金融类广告、进行虚假宣传

（一）违法发布金融类广告、进行虚假宣传的危害

一是对市场秩序的危害。虚假宣传扰乱了整个市场的有序性，破坏了市场竞争原则，危害社会经济秩序的稳定性，助长了社会不正之风的蔓延。二是虚假广告的欺诈性使公平合理、诚实信用等传统商业道德受到挑战，其昧着良心赚黑钱更有悖于我们的社会公德，它的泛滥也为道德败坏提供了载体。三是极大地损害了投资者的利益。普通的投资者因为对投资产品认知上存在一定的局限性，因而在投资时对地方金融组织提供的信息容易产生误解、导致上当受骗，使其合法权益受到侵害。

（二）不得以广告、公开劝诱或者变相公开宣传的方式，向社会不特定对象承诺或者变相承诺，对投资收益或者投资效果作出保本、高收益或者无风险等保证

社会不特定对象与特定对象相对应，是指不具针对性的社会公众，特定对象仅限于亲朋好友或者单位内部人员等有限范围之内。按照《最高人民法院关于审理非法集资刑事案件具体应用法律若干问题的解释》第6条规定："未经国家有关主管部门批准，向社会不特定对象发行、以转让股权等方式变相发行股票或者公司、企业债券，或者向特定对象发行、变相发行股票或者公司、企业债券累计超过200人的，应当认定为刑法第一百七十九条规定的'擅自发行股票、公司、企业债券'。构成犯罪的，以擅自发行股票、公司、企业债券罪定罪处罚。"在这一规定里，"向社会不特定对象发行"和"向特定对象累计超过200人发行的"，均构成犯罪。200人是法定要件，这也是一种法律拟制，即法定累计特定对象超过200人就相当于不特定对象。因此向超过200人以上的投资者作出承诺属违法行为。《最高人民法院关于审理非法集资刑事案件具体应用法律若干问题的解释》、最高人民法院、最高人民检察院、公安部《关于办理非法集资刑

事案件适用法律若干问题的意见》等文件对向社会不特定对象宣传的违法行为进行了具体认定。

金融产品的广告、宣传本质上也是一种信息披露，在宣传的时候应符合真实性原则，不能隐瞒风险和夸大事实，更不能提供虚假信息。媒体上发布的各类投资理财产品和广告着重于介绍产品名称和其收益率，特别是一些P2P网贷、融资租赁等互联网金融服务的企业，在广告宣传中出现了诸如“收益率高”“保本无风险”等具有严重误导性的广告语，在社会上产生不良投资导向，存在较大的投资隐患，此种宣传违背投资必然伴随着风险的原理，是不负责任的劝诱手段，是违法行为。

（三）发布金融类广告的广播、电视、报刊、网络等媒体的义务

《中华人民共和国广告法》（以下简称《广告法》）第25条规定：招商等有投资回报预期的商品或者服务广告，应当对可能存在的风险以及风险责任承担有合理提示或者警示，并不得含有下列内容：(1)对未来效果、收益或者与其相关的情况作出保证性承诺，明示或者暗示保本、无风险或者保收益等，国家另有规定的除外；(2)利用学术机构、行业协会、专业人士、受益者的名义或者形象作推荐、证明。第29条规定：“广播电台、电视台、报刊出版单位从事广告发布业务的，应当设有专门从事广告业务的机构，配备必要的人员，具有与发布广告相适应的场所、设备，并向县级以上地方市场监督管理部门办理广告发布登记。”第34条规定：“广告经营者、广告发布者应当按照国家有关规定，建立、健全广告业务的承接登记、审核、档案管理制度。广告经营者、广告发布者依据法律、行政法规查验有关证明文件，核对广告内容。对内容不符或者证明文件不全的广告，广告经营者不得提供设计、制作、代理服务，广告发布者不得发布。”以上条文均对发布金融类广告的广播、电视、报刊、网络等媒体的义务作出了规定，媒体在发布金融广告时应遵守相关法律的规定，严格履行自身义务。

第三十六条　县级以上地方人民政府及其有关部门应当建立非法金融活动举报制度，及时处理投诉和举报。

任何单位和个人有权对非法金融活动进行投诉和举报。

【释义】本条是关于投诉和举报的规定。

投诉制度,是指权益被侵害者本人对涉案组织侵犯其合法权益的违法犯罪事实,有权向有关国家机关主张自身权利的一种制度。投诉人,即为权益被侵害者本人。举报制度是指受理举报的机关和组织对公民或者单位举报的线索,依照法律或者其他有关规定进行调查处理,保障公民依法行使民主权利的一种制度。建立非法金融活动举报制度是社会公众参与金融活动监督的一种方式,因非法金融活动形式的多样性、隐秘性等,监管部门可能存在不能及时发现并采取相应处理措施的问题。建立非法金融活动举报制度,集合社会公众的力量,有利于监管部门更全面、更及时地发现非法金融活动,有效防范金融风险。对于收到投诉和举报的,监管部门应当履行其监管职责,及时处理投诉和举报。

第 2 款规定任何单位和个人有权对非法金融活动进行投诉和举报,但应当注意的是,投诉和举报对于主体身份有不同的要求。对于非法金融活动的举报并非是为了维护举报者自身的合法权益,与自身没有利益关系,而对于非法金融活动的投诉则是为了维护投诉人自身的合法权益。区分"投诉"和"举报"的关键是:非法金融活动是否为了维护与自身直接关联的合法权益。

实践中,行政机关对于投诉事项都会进行调查处理,但由于举报事项与举报人的合法权益没有直接利害关系,故有的行政机关认为举报事项可以不予调查。举报和投诉虽有不同,但都是要求行政机关履行法定职责的行为。如此便不能简单地对举报事项拒绝办理,否则会被认定为行政不作为。前文提到,投诉是为了维护自身合法权益而向监管部门反映具体事件,要求监管部门履行法定职责。因此,监管部门对投诉事项的处理,直接对投诉人的合法权益产生实际影响,与投诉人有着利害关系。因此,要求监管部门在调查、处理投诉事项的过程中尤其要做到事实清楚,依据准确,程序正当。

第五章 法律责任

本章是关于违反《条例》的行为应承担的法律责任的规定。法律责任是法律、法规必不可少的重要组成部分,具有重要的地位。任何一项完整的法律规范,都应当包括适用条件、行为模式以及违反法律规定的行为模式应承担的法律责任这样三个因素，其中法律责任是体现法律规范国家强制力的核心部分。如果在一部法律中缺乏法律责任的规定，就难以有效地保证法律规定的权利和义务的实现，使之形同虚设。因此，在法律法规中，根据其所调整的社会关系的性质、特点，正确、合理地选择、规定法律责任的条款，对保证法律法规的有效实施具有重要的法律意义和社会意义。

法律责任是指相关主体因不履行或不完全履行法定义务，或者因侵犯他人的法定权益，而应当承担的由国家机关依法确认并强制其承受的法定的不利后果。法律责任是由国家强制力来保障实施的。确定违法行为的法律责任，是法律区别于道德规范、政策文件等社会规范的重要特征，对于维护法律尊严，教育违法者和广大公民自觉守法具有重要意义。

法律责任从性质上说可分为三种：行政责任（包括行政处分和行政处罚）、民事责任和刑事责任。其具体承担方式，又可分为人身责任、财产责任、行为责任等。采取何种法律责任形式，应当根据法律所调整、违法行为所侵害的社会关系的性质、特点以及违法行为的情节和社会危害程度等因素来确定。

行政责任，是指行政法律关系主体由于违反行政法律规范或者不履行行政法律义务而依法承担的行政法律后果。其构成要件包括：一是行为违法。行为违法是行政责任的前提，如果行为主体的行为尚未构成违法，行政责任就没法产生。违法行为可以表现为作为，也可以表现为不作为。二是行为主体具有法定的责任能力。对行政主体来说，其责任能力的确认没有特殊的要求，只要有国家行政机关或者是被法律、法规授权具有行政主体资格就行。三是行为人有过错，即行为人在实施某一违法行为时具有故意或者过失的心理状态。行政责任分为三种：行政处分、行政处罚和行政赔偿。行政处分是行政机关对公务员或者国家工作人员违法行为的制裁性处理。根据《公务员法》第56条的规定，行政处分分为六种：警告、记过、记大过、降级、撤职、开除。行政处罚是指特定的行政机关或者法律法规授权组织依照法定职权和程序，对违反行政法律规范但尚不构成犯罪的行政相对人给予行政制裁的具体行政行为。根据《行政处罚法》第8条规定，行政处罚的种类主要有：警告、罚款、没收违法所得、没收非法财物、责令停产停业、暂扣或者吊销许可证、暂扣营业执照、行政拘留以及法律、行政法规规定的其他行政处罚等。行政赔偿是指因行政主体违反法定职责而引起的由国家或者有关行政主体依法承担的赔偿责任。行政赔偿的主体既包括国家,也包括特定的行政主体,如行政机关、被授权的组织或者行政公务人员。

民事责任,是指民事主体违反民事义务而依法应当承担的民事法律后果。民事责任主要是一种财产责任,其内容主要是规定违法行为人对造成他人人身和财产损失给予补偿,只有在个别情况下才具有惩罚性。民事责任具有强制性、财产性和补偿性的特点。按照《中华人民共和国民法总则》第 179 条规定,民事责任的承担方式包括:(1)停止侵害;(2)排除妨碍;(3)消除危险;(4)返还财产;(5)恢复原状;(6)修理、重作、更换;(7)继续履行;(8)赔偿损失;(9)支付违约金;(10)消除影响、恢复名誉;(11)赔礼道歉。

刑事责任,是指行为人对违反刑事法律义务的行为所引起的刑事法律后果的一种应有的、体现国家对行为人否定的道德政治评价的承担。从行为人角度看,刑事责任就是行为人对违反刑事法律义务的行为(犯罪)所引起的刑事法律后果(刑罚)的一种应有的承担;从国家角度看,刑事责任就是国家对实施刑事违法行为的人的一种否定的道德政治评价。刑事责任与民事责任和行政责任相比,是一种最严厉的法律责任。刑事责任分为主刑和附加刑。主刑,是对犯罪分子适用的主要刑罚,它只能独立使用,不能相互附加适用。主刑分为管制、拘役、有期徒刑、无期徒刑和死刑。附加刑分为罚金、剥夺政治权利、没收财产。对犯罪的外国人,也可以独立或附加适用驱逐出境。

第三十七条　违反本条例规定的行为,法律、法规已规定法律责任的,从其规定。

【释义】本条是关于法律责任衔接性的规定。

对于违反本条例规定的行为应当承担的法律责任,有关法律、法规已经作出规定,《条例》不再重复援引,只作衔接性规定,依据现行有效的法律、行政法规执行即可。比如,《广告法》第 55 条第 3、4 款对广播、电视、报刊、网络等媒体发布虚假广告的违法行为规定了相应的法律责任:“广告经营者、广告发布者明知或者应知广告虚假仍设计、制作、代理、发布的,由市场监督管理部门没收广告费用,并处广告费用三倍以上五倍以下的罚款,广告费用无法计算或者明显偏低的,处二十万元以上一百万元以下的罚款;两年内有三次以上违法行为或者其他严重情节的,处广告费用五倍以上十倍以下的罚款,广告费用无法计算或者明显偏低的,处一百万元以上二百万元以下的罚款,并可以由有关部门暂停广告发布业务、吊销营业执照、吊销广告发布登记证件。”“广告主、广告经营者、广告发布者有本条第一款、第三款规定行为的,构成犯罪的,依法追究刑事责任。”例如,《融资担保公司监督管理条例》第41条对融资担保公司未按规定报送相关文件资料规定了相应的法律责任:“融资担保公司未按照要求向监督管理部门报送经营报告、财务报告、年度审计报告等文件、资料或者业务开展情况,或者未报告其发生的重大风险事件的,由监督管理部门责令限期改正,处5万元以上20万元以下的罚款;逾期不改正的,责令停业整顿,情节严重的,吊销其融资担保业务经营许可证。”例如,《刑法》第176条对非法吸收公众存款罪法律责任的规定:“非法吸收公众存款或者变相吸收公众存款,扰乱金融秩序的,处三年以下有期徒刑或者拘役,并处或者单处二万元以上二十万元以下罚金;数额巨大或者有其他严重情节的,处三年以上十年以下有期徒刑,并处五万元以上五十万元以下罚金。单位犯前款罪的,对单位判处罚金,并对其直接负责的主管人员和其他直接责任人员,依照前款的规定处罚。”由于本条例主要是针对法律、行政法规约束范围之外的地方金融组织进行的规范,因此《条例》实施以后,如果有的法律、行政法规对地方金融组织作出了规范,并且对违反本条例规定的行为承担的法律责任作出了规定,要依据其规定执行。

第三十八条　违反本条例规定,国家工作人员在地方金融监督管理工作中滥用职权、玩忽职守、徇私舞弊的,依法给予处分;构成犯罪的,依法追究刑事责任。

【释义】本条是关于国家工作人员违反本条例规定承担法律责任的规定。

为了规范地方金融监管部门行为,切实维护地方金融业的健康稳定发展,《条例》明确要求包括地方金融监管部门在内的行政机关工作人员积极行使监督管理职权,加强对各类地方金融组织的监督管理和金融风险防控。为了确保地方金融监管部门切实履行《条例》规定的职责,并防止滥用职权、玩忽职守、徇私舞弊等现象的发生,本条针对包括地方金融监管部门在内的国家工作人员违反本条例的行为规定了相应的法律责任，从而建立起“有权必有责、用权受监督、违法要追究、侵权要赔偿”的监督机制。

一、违法行为

本条规定的违法行为主要是针对国家工作人员滥用职权、玩忽职守、徇私舞弊的行为，这是一项比较概括性的规定，可能涉及对不符合法定条件的申请人准予许可或者超越法定职权作出准予许可决定、对符合法定条件的申请人不予许可、未按照规定采取金融监管措施情节严重的、对违法行为不依法进行查处等具体违法行为。只要国家工作人员具有滥用职权、玩忽职守、徇私舞弊行为的，都适用本条规定。

根据《公务员法》第59条的规定，公务员不得有以下行为：

(1)散布有损宪法权威、中国共产党和国家声誉的言论，组织或者参加旨在反对宪法、中国共产党领导和国家的集会、游行、示威等活动；

(2)组织或者参加非法组织，组织或者参加罢工；

(3)挑拨、破坏民族关系，参加民族分裂活动或者组织、利用宗教活动破坏民族团结和社会稳定；

(4)不担当，不作为，玩忽职守，贻误工作；

(5)拒绝执行上级依法作出的决定和命令；

(6)对批评、申诉、控告、检举进行压制或者打击报复；

(7)弄虚作假，误导、欺骗领导和公众；

(8)贪污贿赂，利用职务之便为自己或者他人谋取私利；

(9)违反财经纪律，浪费国家资财；

(10)滥用职权，侵害公民、法人或者其他组织的合法权益；

(11)泄露国家秘密或者工作秘密；

(12)在对外交往中损害国家荣誉和利益；

(13)参与或者支持色情、吸毒、赌博、迷信等活动；

(14)违反职业道德、社会公德和家庭美德；

(15)违反有关规定参与禁止的网络传播行为或者网络活动；

(16)违反有关规定从事或者参与营利性活动，在企业或者其他营利性组织中兼任职务；

(17)旷工或者因公外出、请假期满无正当理由逾期不归;

(18)违纪违法的其他行为。

《融资担保公司监督管理条例》第44条规定,监督管理部门的工作人员在融资担保公司监督管理工作中滥用职权、玩忽职守、徇私舞弊的,依法给予处分;构成犯罪的,依法追究刑事责任。

二、法律责任

1. 违反本条例规定,国家工作人员在地方金融监督管理工作中滥用职权、玩忽职守、徇私舞弊的,依法给予处分。行政处分是行政责任的形式之一,是行政机关对国家公务人员违法行为的制裁性处理。根据《公务员法》第62条规定,行政处分分为6种:警告、记过、记大过、降级、撤职、开除,根据《行政机关公务员处分条例》第6条的规定,行政机关公务员处分的种类为:警告;记过;记大过;降级;撤职;开除。对有关公务人员给予处分必须符合三个条件:(1)需要追究纪律责任;(2)被处分人具有公务人员的身份,辞职与退休后的公务人员不可被处分;(3)该公务人员个人对违法违纪行为的发生负有责任。

2. 构成犯罪的,应当依法追究国家工作人员的刑事责任,即依照《刑法》第397条的规定,对国家工作人员滥用职权或者玩忽职守,致使公共财产、国家和人民利益遭受重大损失的,处3年以下有期徒刑或者拘役;情节特别严重的,处3年以上7年以下有期徒刑;对国家机关工作人员徇私舞弊,犯前款罪的,处5年以下有期徒刑或者拘役;情节特别严重的,处5年以上10年以下有期徒刑。

第三十九条　违反本条例第十条规定,地方金融组织未以显著方式和通俗易懂的语言文字如实向消费者和投资者披露可能影响其决策的信息和充分提示风险的,由省人民政府地方金融主管部门责令限期改正;逾期拒不改正的,责令停业,并处十万元以上四十万元以下的罚款。

【释义】本条是关于地方金融组织违反适当性制度承担法律责任的规定。

一、违法行为

为强化地方金融组织履行保护金融消费者和投资者权益的责任,提升金融消费者和投资者信心,维护国家的金融安全和稳定,地方金融组织在推介金融产品时,应当履行适当性义务。随着金融产品的日趋丰富,金融消费者由于金融信息不对称加上自身知识和能力的局限，在购买投资性金融产品时，往往主要依赖地方金融组织的推介和说明。因此，地方金融组织在推介金融产品时，应当坚持投资人利益优先原则，履行适当性义务，注重根据金融消费者的风险承受能力销售不同风险等级的产品，把合适的产品推介给合适的金融消费者，以避免金融消费者因其专业性上的欠缺导致不必要的损失。对地方金融组织课以此种义务，可以防止其为追求自身利益，将不适格的金融消费者不当地引入金融市场，罔顾金融消费者权益而从中牟利。

本条例第10条规定："地方金融组织应当依法开展业务，建立金融消费者和投资者适当性制度，将合适的金融产品和服务推介给适当的消费者和投资者。地方金融组织在提供金融产品和服务时，应当以显著方式和通俗易懂的语言文字如实披露可能影响其决策的信息，充分提示风险。"地方金融组织违反该条规定，即构成违法行为。

二、责令改正

责令改正是指行政主体依法作出要求违法行为人停止和纠正违法行为的行政行为，具有事后救济性。根据《行政处罚法》第22条的规定，行政机关实施行政处罚时，应当责令当事人立即改正或者限期改正违法行为。责令改正的行为性质属于行政命令，是要求违法行为人结束违法状态、回归正常经营秩序，其目的在于通过教育使违法行为人改正错误、纠正违法行为，不属于行政处罚。处罚，只是保证法律实施的一种手段，不是目的。对违法行为给予处罚，目的在于维护社会秩序。因此，在对违法行为人给予行政处罚的时候，要同时责令行为人改正违法行为，不能以罚了事，让违法行为继续下去。否则就使行政处罚成了违法行为的"通行证"，这是要绝对禁止的。根据本条规定，地方金融组织违反本条例第10条规定的，应当由省人民政府地方金融主管部门责令地方金融组织在规定的期限内改正。

三、法律责任

本条规定的对违法行为的行政处罚主要有两种：一是责令停产停业，二是罚款。《行政处罚法》第8条规定了行政处罚的种类：(1)警告；(2)罚款；(3)没收违法所得、没收非法财物；(4)责令停产停业；(5)暂扣或者吊销许可证、暂扣或者吊销执照；(6)行政拘留；(7)法律、行政法规规定的其他行政处罚。《行政处罚法》第 11 条规定：地方性法规可以设定除限制人身自由、吊销企业营业执照以外的行政处罚。法律、行政法规对违法行为已经作出行政处罚规定，地方性法规需要作出具体规定的，必须在法律、行政法规规定的给予行政处罚的行为、种类和幅度的范围内规定。《条例》属于地方性法规，可以规定责令停产停业以及罚款的行政处罚，本条中关于行政处罚的设定符合《行政处罚法》的规定。

责令停业是指行政机关暂时或永久地停止违法行为人生产经营活动和其他业务活动的制裁方法。本条规定中，责令限期改正是责令停产停业的前置性程序，行政相对人有违法行为发生，若任其下去会对社会产生影响，为了给相对人改过的机会，法律、法规会规定给行政相对人一定期限整顿，到期后行政机关再去检查整改或治理的结果，如果效果不佳，再根据情况对其施以行政处罚。

罚款是最常见的、应用最广泛的行政处罚措施，罚款是行政机关对违法相对人强制收取一定数量金钱，剥夺一定财产权利的制裁方法。

本条例规定的行政处罚的实施主体是省级地方金融主管部门，按照有关文件规定，省级政府承担的金融监管职责不能层层下放到市县两级政府。因此，本条例将行政处罚等重要的金融监管权赋予省人民政府及其地方金融主管部门承担，市（州）、县（市、区）人民政府及其负责金融工作的机构承担日常检查、舆情监控及协助省级地方金融主管部门的工作。这样可以避免由于权限层层下放，而基层政府因为力量不足导致监管失效的情况。但同时《条例》第 6 条规定了行政委托的内容，即“市（州）、县（市、区）人民政府确定的负责地方金融工作的机构依照有关规定承担对地方金融组织的日常检查、数据统计等工作，依法接受省人民政府地方金融主管部门委托开展有关行政处罚的具体工作”。

《条例》对于地方金融组织采取重大监管措施、实施处罚等职权均由省级地方金融主管部门承担。《条例》确立这样的监管体制，一是符合中央有关文件要求，二是有其现实合理性。

地方金融组织有本条规定的违法行为，经省人民政府地方金融主管部门责令限期改正而在规定的期限内没有改正的，省地方金融主管部门将给予其责令停业的处罚；如果违法的相关地方金融组织根据责令限期改正的要求，认真遵守条例的规定，省地方金融主管部门不能给予其停业的处罚。另外，省地方金融主管部门根据所违法的情形、情节，以及地方金融组织对错误的认识和改正的时间，可以给予其罚款十万元以上四十万元以下的处罚。当然，省地方金融主管部门具有罚款数额的自由裁量权。

省地方金融主管部门采取该条规定的处罚措施，需要符合法定程序。对于罚款来说，必须实行罚缴分离制度，根据《行政处罚法》第46条的规定：作出罚款决定的行政机关应当与收缴罚款的机构分离。除依照该法第47条、第48条的规定当场收缴的罚款外，作出行政处罚决定的行政机关及其执法人员不得自行收缴罚款。当事人应当自收到行政处罚决定书之日起15日内，到指定的银行缴纳罚款。银行应当收受罚款，并将罚款直接上缴国库。而采用责令停业的处罚措施的，根据《行政处罚法》第42条的规定，责令停产停业和较大数额的罚款的处罚作出之后应当告知当事人有要求举行听证的权利；当事人要求听证的，行政机关应当组织听证。

《四川省行政处罚听证程序规定》第4条规定了较大数额罚款，即对非经营活动中公民的违法行为处以罚款或者没收财产2000元以上、法人或者其他组织的违法行为处以罚款或者没收财产2万元以上；对在经营活动中的违法行为处以罚款或者没收财产5万元以上。

第四十条　违反本条例第十一条规定，地方金融组织未按照要求建立业务规则和管理制度的，由省人民政府地方金融主管部门责令限期改正；逾期拒不改正的，处五万元以上二十万元以下的罚款；情节严重的，责令停业。

【释义】本条是关于地方金融组织未按照要求建立业务规则和管理制度所承担法律责任的规定。

一、违法行为

为了使地方金融组织风险管理能力与其从事业务的性质、规模及所承担的风险水平相匹配，从而将业务活动所涉及的风险控制在可以承受的范围内，《条例》第11条规定：“地方金融组织应当按照审慎经营的要求，建立健全风险管理、内部控制、资产质量、风险准备、风险集中、关联交易、资产流动性等业务规则和管理制度。”地方金融组织违反该条规定，即构成违法行为。本条的违法主体是违反审慎经营要求，未建立健全风险管理、内部控制、资产质量、风险准备、风险集中、关联交易、资产流动性等业务规则和管理制度的地方金融组织。

为防控融资担保公司的金融风险，国务院制定的《融资担保公司监督管理条例》第7条将有健全的业务规范和风险控制等内部管理制度确定为融资担保公司的设立条件，《融资担保公司监督管理条例》第13条规定，融资担保公司应当按照审慎经营原则，建立健全融资担保项目评审、担保后管理、代偿责任追偿等方面的业务规范以及风险管理等内部控制制度。

二、法律责任

（一）逾期拒不改正的，处五万元以上二十万元以下的罚款

如果地方金融组织在规定的期限内，按照规定建立健全了风险管理、内部控制、资产质量、风险准备、风险集中、关联交易、资产流动性等业务规则和管理制度的，省人民政府地方金融主管部门不能给予其罚款的处罚；如果在规定的期限内，地方金融组织仍然没有建立健全风险管理、内部控制、资产质量、风险准备、风险集中、关联交易、资产流动性等业务规则和管理制度的，省人民政府地方金融主管部门才能给予其5万元以上20万元以下的罚款。

（二）情节严重的，责令停业

这里所讲的"情节严重"，包括违法行为持续时间较长，拒绝改正或者态度恶劣，造成严重的社会后果或者社会影响恶劣等情形。实践中违法行为的情况比较复杂，是否属于"情节严重"，将由行政执法机关根据个案的具体情况进行判断。

第四十一条　违反本条例第十二条规定，地方金融组织未按照要求报送业务情况、财务会计报告、风险事件情况等重大事项的，由省人民政府地方金融主管部门责令限期改正，处五万元以上二十万元以下的罚款；逾期拒不改正的，责令停业。

【释义】本条是关于地方金融组织不按照规定报送重大事项情况所承担法律责任的规定。

一、违法行为

为了便于地方金融监管部门收集、整理和分析统计数据，建立统计分析制度和监测预警机制，及时对金融风险状况进行评估，维护金融稳定，《条例》第12条规定："地方金融组织应当按照规定向住所地人民政府负责地方金融工作

的机构报送业务情况、财务会计报告、风险事件情况等重大事项。”地方金融组织未按照该规定要求报送业务情况、财务会计报告、风险事件情况等重大事项的，就构成违法行为。

《融资担保公司监督管理条例》规定了融资担保公司的报送义务，其中第31条规定，融资担保公司应当按照要求向监督管理部门报送经营报告、财务报告以及注册会计师出具的年度审计报告等文件和资料。融资担保公司跨省、自治区、直辖市开展业务的，应当按季度向住所地监督管理部门和业务发生地监督管理部门报告业务开展情况。第41条规定，融资担保公司未按照要求向监督管理部门报送经营报告、财务报告、年度审计报告等文件、资料或者业务开展情况，或者未报告其发生的重大风险事件的，由监督管理部门责令限期改正，处5万元以上20万元以下的罚款；逾期不改正的，责令停业整顿，情节严重的，吊销其融资担保业务经营许可证。

二、法律责任

（一）由省人民政府地方金融主管部门责令限期改正，处5万元以上20万元以下的罚款

地方金融组织未按照规定向住所地人民政府负责地方金融工作的机构报送业务情况、财务会计报告、风险事件情况等重大事项的，省人民政府地方金融主管部门应当给予其一定的期限，责令其予以改正，并根据情节给予其罚款5万元以上20万元以下的处罚。只要地方金融组织违反本条规定未依法报送重大事项的，就处以罚款，不以是否改正为前提。

根据《条例》第6条的规定，市（州）、县（市、区）人民政府确定的负责地方金融工作的机构依照有关规定承担对地方金融组织的日常检查、数据统计等工作，地方金融组织应向住所地人民政府负责地方金融工作的机构报送相关情况，即市、县地方金融监管部门。

（二）逾期拒不改正的，责令停业

如果地方金融组织在规定的期限内，按照规定向住所地人民政府负责地方金融工作的机构报送业务情况、财务会计报告、风险事件情况等重大事项的，省人民政府地方金融主管部门不能给予其停业的处罚；如果在规定的期限内，地方金融组织仍然没有向住所地人民政府负责地方金融工作的机构报送业务情

况、财务会计报告、风险事件情况等重大事项的,省人民政府地方金融主管部门才能给予其停业的处罚。

第四十二条　违反本条例第三十二条规定,地方金融组织及其有关人员拒绝、阻碍现场检查和调查取证的,由省人民政府地方金融主管部门责令改正;拒不改正的,处二万元以上十万元以下的罚款。

【释义】本条是关于地方金融组织及其有关人员拒绝、阻碍现场检查和调查取证所承担法律责任的规定。

一、违法行为

为了便于省人民政府地方金融主管部门和市(州)、县(市、区)人民政府确定的负责地方金融工作的机构更好地对地方金融组织的业务活动及其风险状况进行监管,《条例》在第32条规定了省、市、县三级地方金融监管部门可以根据工作需要进行现场检查和调查取证,同时,《条例》第3款明确规定:"地方金融组织及其工作人员应当予以配合,不得拒绝、阻碍现场检查和调查取证。"地方金融组织及其工作人员违反此款规定,即构成违法行为。

《融资担保公司监督管理条例》中规定了融资担保公司拒绝、阻碍监督管理部门依法实施监督检查的,由监督管理部门责令限期改正,处20万元以上50万元以下的罚款;逾期不改正的,责令停业整顿,情节严重的,吊销其融资担保业务经营许可证;构成违反治安管理行为的,依照《中华人民共和国治安管理处罚法》予以处罚;构成犯罪的,依法追究刑事责任。

1. 本条违法的主体是拒绝、阻碍现场检查和调查取证的地方金融组织及其工作人员。地方金融组织及其工作人员拒绝、阻碍现场检查和调查取证,成为本条规定的违法主体。

2. 本行为在客观方面表现为拒绝、阻碍地方金融监管部门工作人员依法执行现场检查职务,侵犯的对象是依法执行职务的地方金融监管部门的工作人员。另外,地方金融监管部门工作人员必须是依法执行职务,即所进行的职务活动在其职责权限范围内,并且符合法律规定的条件。对于阻碍地方金融监管部门工作人员的非职务活动,或者其职务活动不是依法进行的,不构成本行为。本行为的拒绝、阻碍,是指采取非暴力的行为拒绝、阻碍国家工作人员的执行职务活动，如采取吵闹、谩骂、无理纠缠等方法。行为人的动机多种多样，有的是为了谋求自己的私利；有的是与工作人员有私怨，趁机发泄、报复；有的是为了袒护他人等。无论行为人的动机如何，只要其客观上具有拒绝、阻碍国家工作人员执行职务的行为，均构成本条规定的违法行为，但行为人的动机可作为处罚的情节。

二、法律责任

拒不改正的，处2万元以上10万元以下的罚款。如果地方金融组织在规定的期限内，按照规定对拒绝、阻碍现场检查和调查取证的行为进行改正，并予以配合的，省人民政府地方金融主管部门不能给予其罚款的处罚；如果在规定的期限内，地方金融组织仍然拒绝、阻碍现场检查和调查取证的，省人民政府地方金融主管部门才能给予其2万元以上10万元以下的罚款。同时，根据《治安管理处罚法》第50条的规定，阻碍国家机关工作人员依法执行职务的，处警告或者200元以下罚款；情节严重的，处5日以上10日以下拘留，可以并处500元以下罚款。对拒绝、阻碍现场检查和调查取证的行为，构成违反治安管理行为的，由公安机关依照《治安管理处罚法》予以处罚。

第四十三条　违反本条例第三十五条规定，有下列情形之一的，依照有关法律、法规规定给予处罚；构成犯罪的，依法追究刑事责任：

（一）非法吸收公众存款、擅自发行有价证券，或者以其他方式从事非法金融活动的；

（二）以广告、公开劝诱或者变相公开宣传的方式向社会不特定对象承诺或者变相承诺，对投资收益或者投资效果作出保本、高收益或者无风险等保证的；

（三）广播、电视、报刊、网络等媒体发布非法集资、金融诈骗、金融虚假广告信息的。

【释义】本条是关于从事非法金融活动和非法金融广告行为所承担法律责任的规定。

一、违法行为

本条规定的违法行为包括三种：

1. 非法吸收公众存款、擅自发行有价证券，或者以其他方式从事非法金融活动的。非法金融活动具有很大的社会危害性，为了维护正常的经济和金融秩序，避免当事人遭受经济损失，维护社会稳定，《条例》第35条第1款规定，任何单位和个人不得非法吸收公众存款、擅自发行有价证券，或者以其他方式从事非法金融活动。在前面第35条的解释中，对其他方式的非法金融活动一一进行了列举，违反了以上规定，就构成违法行为。

2. 以广告、公开劝诱或者变相公开宣传的方式向社会不特定对象承诺或者变相承诺，对投资收益或者投资效果作出保本、高收益或者无风险等保证的。实践中，因投资活动遭受损失的受害人往往风险识别能力不高，易于受到违法主体通过广告、公开劝诱或者变相公开宣传的方式对投资收益或者投资效果作出保本、高收益或者无风险等保证的蛊惑，因此《条例》第35条规定，任何单位和个人不得以广告、公开劝诱或者变相公开宣传的方式，向社会不特定对象承诺或者变相承诺，对投资收益或者投资效果作出保本、高收益或者无风险等保证。违反该条规定，就构成违法行为。

3. 广播、电视、报刊、网络等媒体发布非法集资、金融诈骗、金融虚假广告信息的。在现代经济活动中，广告极为普遍、活跃，它起着促进市场经济发展的作用，能够扩大金融信息流通，拓宽了社会大众对投资项目的选择范围。但是，广告也会被利用来误导、欺骗社会大众，而成为一种不正当的谋利手段。金融广告的发布者作为广告发布最后一个环节的主体，应当起到把关作用。《广告法》第34条第2款对于广告发布者的核查责任已进行了规定："广告经营者、广告发布者依据法律、行政法规查验有关证明文件，核对广告内容。对内容不符或者证明文件不全的广告，广告经营者不得提供设计、制作、代理服务，广告发布者不得发布。"因此，《条例》延续《广告法》的立法精神，在第35条明确了金融广告发布者的核查责任："广播、电视、报刊、网络等媒体发布金融类广告，应当依法查验广告主或者广告经营者的相关证明文件，核实广告内容，不得发布涉嫌非法集资、金融诈骗、金融虚假广告的信息。"违反该条规定，就构成违法行为。

二、法律责任

根据本条规定，有该项违法行为的，要承担的法律责任如下：

1. 依照有关法律、法规规定给予处罚

有关法律法规，主要是《中华人民共和国证券法》（以下简称《证券法》）、

《非法金融机构和非法金融业务活动取缔办法》、《广告法》等法律法规。如《证券法》第 188 条规定:“未经法定机关核准,擅自公开或者变相公开发行证券的,责令停止发行,退还所募资金并加算银行同期存款利息,处以非法所募资金金额百分之一以上百分之五以下的罚款;对擅自公开或者变相公开发行证券设立的公司,由依法履行监督管理职责的机构或者部门会同县级以上地方人民政府予以取缔。对直接负责的主管人员和其他直接责任人员给予警告,并处以三万元以上三十万元以下的罚款。”《广告法》第 56 条规定:“违反本法规定,发布虚假广告,欺骗、误导消费者,使购买商品或者接受服务的消费者的合法权益受到损害的,由广告主依法承担民事责任。广告经营者、广告发布者不能提供广告主的真实名称、地址和有效联系方式的,消费者可以要求广告经营者、广告发布者先行赔偿。关系消费者生命健康的商品或者服务的虚假广告,造成消费者损害的,其广告经营者、广告发布者、广告代言人应当与广告主承担连带责任。前款规定以外的商品或者服务的虚假广告,造成消费者损害的,其广告经营者、广告发布者、广告代言人,明知或者应知广告虚假仍设计、制作、代理、发布或者作推荐、证明的,应当与广告主承担连带责任。”因此,本条没有再规定具体的法律责任,而是依照有关法律法规的规定给予处罚。

2. 构成犯罪的,依法追究刑事责任

如果违法行为情节严重构成犯罪的,由司法机关依法追究其刑事责任。违反本条规定构成犯罪的,主要涉及《刑法》中非法吸收公众存款罪、擅自发行股票、公司、企业债券罪、集资诈骗罪和虚假广告罪等罪名。

一是非法吸收公众存款罪。《刑法》第 176 条规定“非法吸收公众存款或者变相吸收公众存款,扰乱金融秩序的,处三年以下有期徒刑或者拘役,并处或者单处二万元以上二十万元以下罚金;数额巨大或者有其他严重情节的,处三年以上十年以下有期徒刑,并处五万元以上五十万元以下罚金。单位犯前款罪的,对单位判处罚金,并对其直接负责的主管人员和其他直接责任人员,依照前款的规定处罚”。

《最高人民法院关于审理非法集资刑事案件具体应用法律若干问题的解释》第 2 条规定,实施下列行为之一,符合该解释第 1 条第 1 款规定的条件的,应当依照《刑法》第 176 条的规定,以非法吸收公众存款罪定罪处罚:

（1）不具有房产销售的真实内容或者不以房产销售为主要目的，以返本销售、售后包租、约定回购、销售房产份额等方式非法吸收资金的；

（2）以转让林权并代为管护等方式非法吸收资金的；

（3）以代种植（养殖）、租种植（养殖）、联合种植（养殖）等方式非法吸收资金的；

（4）不具有销售商品、提供服务的真实内容或者不以销售商品、提供服务为主要目的，以商品回购、寄存代售等方式非法吸收资金的；

（5）不具有发行股票、债券的真实内容，以虚假转让股权、发售虚构债券等方式非法吸收资金的；

（6）不具有募集基金的真实内容，以假借境外基金、发售虚构基金等方式非法吸收资金的；

（7）不具有销售保险的真实内容，以假冒保险公司、伪造保险单据等方式非法吸收资金的；

（8）以投资入股的方式非法吸收资金的；

（9）以委托理财的方式非法吸收资金的；

（10）利用民间"会""社"等组织非法吸收资金的；

（11）其他非法吸收资金的行为。

二是擅自发行股票、公司、企业债券罪。《刑法》第179条规定："未经国家有关主管部门批准，擅自发行股票或者公司、企业债券，数额巨大、后果严重或者有其他严重情节的，处五年以下有期徒刑或者拘役，并处或者单处非法募集资金金额百分之一以上百分之五以下罚金。单位犯前款罪的，对单位判处罚金，并对其直接负责的主管人员和其他直接责任人员，处五年以下有期徒刑或者拘役。"

三是集资诈骗罪。《刑法》第192条规定："以非法占有为目的，使用诈骗方法非法集资，数额较大的，处五年以下有期徒刑或者拘役，并处二万元以上二十万元以下罚金；数额巨大或者有其他严重情节的，处五年以上十年以下有期徒刑，并处五万元以上五十万元以下罚金；数额特别巨大或者有其他特别严重情节的，处十年以上有期徒刑或者无期徒刑，并处五万元以上五十万元以下罚金或者没收财产。"

四是虚假广告罪。《刑法》第222条规定："广告主、广告经营者、广告发布者违反国家规定，利用广告对商品或者服务作虚假宣传，情节严重的，处二年以下有期徒刑或者拘役，并处或者单处罚金。”

第四十四条　依照本条例规定对地方金融组织给予行政处罚的，根据具体情形，省人民政府地方金融主管部门可以同时对负有直接责任的股东、董事、监事、高级管理人员和其他直接责任人员给予警告，并处五万元以上二十万元以下的罚款；情节严重的，并处二十万元以上五十万元以下的罚款；构成犯罪的，依法追究刑事责任。

【释义】本条是关于“双罚制”有关内容的规定。

一、承担法律责任的主体是对违反本条例规定的地方金融组织负有直接责任的股东、董事、监事、高级管理人员和其他直接责任人员

负有直接责任的股东、董事、监事、高级管理人员，一般在其中起着决定、批准、纵容、指挥等作用。其他直接责任人员，是指在地方金融组织违法过程中起较大作用的人员，既可以是地方金融组织的经营管理人员，也可以是地方金融组织的职工。地方金融组织违反法律、行政法规以及本条例有关规定，负直接责任的股东、董事、监事、高级管理人员和其他直接责任人员也负有不可推卸的责任。很明显，如果负直接责任的股东、董事、监事、高级管理人员和其他直接责任人员严格按照法律、行政法规和本条例的规定经营和决策，那么地方金融组织出现违法情形的概率比较小。为了强化负有直接责任的股东、董事、监事、高级管理人员和其他直接责任人员的守法意识，有效从源头上遏制地方金融组织违法行为的发生，《条例》除了对地方金融组织给予相应的处罚外，对负有直接责任的股东、董事、监事、高级管理人员和其他直接责任人员，依据情节轻重，也规定相应的处罚措施。前提是已经对地方金融组织这个“单位”予以了处罚，再对其“高管”和“直接责任人员”等“个人”予以相应处罚。

《融资担保公司监督管理条例》也规定了“双罚制”的内容，其中第 43 条规定：依照本条例规定对融资担保公司处以罚款的，根据具体情形，可以同时对负有直接责任的董事、监事、高级管理人员处 5 万元以下的罚款。融资担保公司违反本条例规定，情节严重的，监督管理部门对负有直接责任的董事、监事、高级管理人员，可以禁止其在一定期限内担任或者终身禁止其担任融资担保公司的董事、监事、高级管理人员。

相比于《融资担保公司监督管理条例》，本条例未作对相关违法人员禁止其在一定期限内担任或者终身禁止其担任地方金融组织的董事、监事、高级管理人员的规定。

二、法律责任

该条规定的法律责任包括：

1. 对负有直接责任的股东、董事、监事、高级管理人员和其他直接责任人员给予警告，并处5万元以上20万元以下的罚款。警告，是指行政机关对违法情节轻微的相对人，通过告诫和谴责其行为违法性的一种处罚方式，警告只具有精神上的制裁作用；罚款是最常见的、应用最广泛的行政处罚形式，罚款是行政机关对违法相对人强制收取一定数量金钱，剥夺一定财产权利的制裁方法。需要注意的是，这里的警告和罚款是并行的，即便是对相关责任人员给予警告后，仍要给予5万元以上20万元以下罚款的处罚。

2. 情节严重的，并处20万元以上50万元以下的罚款。负有直接责任的股东、董事、监事、高级管理人员和其他直接责任人员违法情况严重的，将由省人民政府地方金融主管部门处以20万元以上50万元以下的罚款。根据本条规定，省人民政府地方金融主管部门给予5万元以上20万元以下还是20万元以上50万元以下罚款的处罚，关键在于是否“情节严重”。这里所讲的“情节严重”，包括违法行为持续时间较长，警告后仍未改正或者态度恶劣，造成严重的社会后果或者社会影响恶劣等情形。实践中违法行为的情况比较复杂，是否属于“情节严重”，将由行政执法机关根据个案的具体情况进行判断。

3. 构成犯罪的，依法追究刑事责任。如果违法行为情节严重，构成犯罪的，由司法机关依法追究其刑事责任。

第六章　附　　则

第四十五条　本条例自2019年7月1日起施行。

【释义】本条是关于《条例》施行日期的规定。

《条例》的施行日期即《条例》的生效日期。《条例》于 2019 年 3 月 28 日经四川省第十三届人民代表大会常务委员会第十次会议通过,自 2019 年 7 月 1 日起施行。

一、法的公布和实施

法的公布是指立法机关将已经正式通过的法律、法规、规章,以一定的形式正式公告社会。只有正式公布的法律、法规、规章,才具有法律效力,才能在社会生活中发挥作用。根据《立法法》和《四川省人民代表大会常务委员会关于制定地方性法规程序的规定》的规定,省人民代表大会常务委员会制定或者批准的地方性法规、自治条例和单行条例在常务委员会《公报》上予以公布,省的地方性法规和自治条例及其公告,应于通过后七日内在《四川日报》上全文刊登。

目前,我国立法上规定法的生效日期主要有两种:一种是公布之日起生效,另一种是延后生效,即公布之日起一段时间后生效。第二种是目前通常采用的方式,目的是在法律公布后,为法的宣传留出充足时间,以便加深社会公众对法的了解,从而为法的实施作出充分的准备。《条例》于 2019 年 3 月 28 日通过,自 2019 年 7 月 1 日起施行,也就是采用的这种方式。

二、《条例》的溯及力

法律的溯及力是指法律溯及既往的效力。法的溯及力问题则是指新法颁布后对其生效以前所发生的事件和行为是否适用的问题。就现代法治而言,法律一般只能适用生效后发生的事件和行为,不适用生效前的事件和行为,即采取法不溯及既往的原则。除刑法外,我国法律对法的溯及力问题并未作出明确规定,但一般认为没有溯及力。本条规定《条例》自 2019 年 7 月 1 日起施行,即 2019 年 7 月 1 日后,在本省行政区域内从事地方金融服务、金融发展和金融监管活动的地方金融组织、地方金融监管部门以及相关单位、个人,应当遵守《条例》的规定;在此以前的相关活动不适用《条例》,即《条例》无溯及力,不溯及既往。

第二部分

相关法律、法规、规章

本部分收录了部分与地方金融监管密切相关的法律、法规、部门规章，包括《中华人民共和国公司法》等民事法律，《中华人民共和国行政许可法》、《中华人民共和国行政强制法》、《中华人民共和国行政处罚法》、《中华人民共和国行政复议法》、《中华人民共和国行政诉讼法》等公共行政法律，《融资担保公司监督管理条例》、《山东省地方金融条例》和《河北省地方金融监督管理条例》、《天津市地方金融监督管理条例》等金融法规，《区域性股权市场监督管理试行办法》、《典当管理办法》等部门规章。

中华人民共和国公司法

（1993年12月29日第八届全国人民代表大会常务委员会第五次会议通过　根据1999年12月25日第九届全国人民代表大会常务委员会第十三次会议《关于修改〈中华人民共和国公司法〉的决定》第一次修正　根据2004年8月28日第十届全国人民代表大会常务委员会第十一次会议《关于修改〈中华人民共和国公司法〉的决定》第二次修正　2005年10月27日第十届全国人民代表大会常务委员会第十八次会议修订　根据2013年12月28日第十二届全国人民代表大会常务委员会第六次会议《关于修改〈中华人民共和国海洋环境保护法〉等七部法律的决定》第三次修正　根据2018年10月26日第十三届全国人民代表大会常务委员会第六次会议《关于修改〈中华人民共和国公司法〉的决定》第四次修正）

目　　录

第一章　总　　则

第一条　为了规范公司的组织和行为，保护公司、股东和债权人的合法权益，维护社会经济秩序，促进社会主义市场经济的发展，制定本法。

第二条　本法所称公司是指依照本法在中国境内设立的有限责任公司和股份有限公司。

第三条　公司是企业法人，有独立的法人财产，享有法人财产权。公司以其全部财产对公司的债务承担责任。

有限责任公司的股东以其认缴的出资额为限对公司承担责任；股份有限公司的股东以其认购的股份为限对公司承担责任。

第四条　公司股东依法享有资产收益、参与重大决策和选择管理者等权利。

第五条　公司从事经营活动，必须遵守法律、行政法规，遵守社会公德、商业道德，诚实守信，接受政府和社会公众的监督，承担社会责任。

公司的合法权益受法律保护，不受侵犯。

第六条 设立公司，应当依法向公司登记机关申请设立登记。符合本法规定的设立条件的，由公司登记机关分别登记为有限责任公司或者股份有限公司；不符合本法规定的设立条件的，不得登记为有限责任公司或者股份有限公司。

法律、行政法规规定设立公司必须报经批准的，应当在公司登记前依法办理批准手续。

公众可以向公司登记机关申请查询公司登记事项，公司登记机关应当提供查询服务。

第七条 依法设立的公司，由公司登记机关发给公司营业执照。公司营业执照签发日期为公司成立日期。

公司营业执照应当载明公司的名称、住所、注册资本、经营范围、法定代表人姓名等事项。

公司营业执照记载的事项发生变更的，公司应当依法办理变更登记，由公司登记机关换发营业执照。

第八条 依照本法设立的有限责任公司，必须在公司名称中标明有限责任公司或者有限公司字样。

依照本法设立的股份有限公司，必须在公司名称中标明股份有限公司或者股份公司字样。

第九条 有限责任公司变更为股份有限公司，应当符合本法规定的股份有限公司的条件。股份有限公司变更为有限责任公司，应当符合本法规定的有限责任公司的条件。

有限责任公司变更为股份有限公司的，或者股份有限公司变更为有限责任公司的，公司变更前的债权、债务由变更后的公司承继。

第十条 公司以其主要办事机构所在地为住所。

第十一条 设立公司必须依法制定公司章程。公司章程对公司、股东、董事、监事、高级管理人员具有约束力。

第十二条 公司的经营范围由公司章程规定，并依法登记。公司可以修改公司章程，改变经营范围，但是应当办理变更登记。

公司的经营范围中属于法律、行政法规规定须经批准的项目，应当依法经过批准。

第十三条 公司法定代表人依照公司章程的规定，由董事长、执行董事或者经理担任，并依法登记。公司法定代表人变更，应当办理变更登记。

第十四条 公司可以设立分公司。设立分公司，应当向公司登记机关申请登记，领取营业执照。分公司不具有法人资格，其民事责任由公司承担。

公司可以设立子公司，子公司具有法人资格，依法独立承担民事责任。

第十五条 公司可以向其他企业投资；但是，除法律另有规定外，不得成为对所投资企业的债务承担连带责任的出资人。

第十六条 公司向其他企业投资或者为他人提供担保，依照公司章程的规定，由董事会或者股东会、股东大会决议；公司章程对投资或者担保的总额及单项投资或者担保的数额有限额规定的，不得超过规定的限额。

公司为公司股东或者实际控制人提供担保的，必须经股东会或者股东大会决议。

前款规定的股东或者受前款规定的实际控制人支配的股东，不得参加前款规定事项的表决。该项表决由出席会议的其他股东所持表决权的过半数通过。

第十七条 公司必须保护职工的合法权益，依法与职工签订劳动合同，参加社会保险，加强劳动保护，实现安全生产。

公司应当采用多种形式，加强公司职工的职业教育和岗位培训，提高职工素质。

第十八条 公司职工依照《中华人民共和国工会法》组织工会，开展工会活动，维护职工合法权益。公司应当为本公司工会提供必要的活动条件。公司工会代表职工就职工的劳动报酬、工作时间、福利、保险和劳动安全卫生等事项依法与公司签订集体合同。

公司依照宪法和有关法律的规定，通过职工代表大会或者其他形式，实行民主管理。

公司研究决定改制以及经营方面的重大问题、制定重要的规章制度时，应当听取公司工会的意见，并通过职工代表大会或者其他形式听取职工的意见和建议。

第十九条 在公司中,根据中国共产党章程的规定,设立中国共产党的组织,开展党的活动。公司应当为党组织的活动提供必要条件。

第二十条 公司股东应当遵守法律、行政法规和公司章程,依法行使股东权利,不得滥用股东权利损害公司或者其他股东的利益;不得滥用公司法人独立地位和股东有限责任损害公司债权人的利益。

公司股东滥用股东权利给公司或者其他股东造成损失的,应当依法承担赔偿责任。

公司股东滥用公司法人独立地位和股东有限责任,逃避债务,严重损害公司债权人利益的,应当对公司债务承担连带责任。

第二十一条 公司的控股股东、实际控制人、董事、监事、高级管理人员不得利用其关联关系损害公司利益。

违反前款规定,给公司造成损失的,应当承担赔偿责任。

第二十二条 公司股东会或者股东大会、董事会的决议内容违反法律、行政法规的无效。

股东会或者股东大会、董事会的会议召集程序、表决方式违反法律、行政法规或者公司章程,或者决议内容违反公司章程的,股东可以自决议作出之日起六十日内,请求人民法院撤销。

股东依照前款规定提起诉讼的,人民法院可以应公司的请求,要求股东提供相应担保。

公司根据股东会或者股东大会、董事会决议已办理变更登记的,人民法院宣告该决议无效或者撤销该决议后,公司应当向公司登记机关申请撤销变更登记。

第二章 有限责任公司的设立和组织机构

第一节 设 立

第二十三条 设立有限责任公司,应当具备下列条件:

(一)股东符合法定人数;

（二）有符合公司章程规定的全体股东认缴的出资额；

（三）股东共同制定公司章程；

（四）有公司名称，建立符合有限责任公司要求的组织机构；

（五）有公司住所。

第二十四条 有限责任公司由五十个以下股东出资设立。

第二十五条 有限责任公司章程应当载明下列事项：

（一）公司名称和住所；

（二）公司经营范围；

（三）公司注册资本；

（四）股东的姓名或者名称；

（五）股东的出资方式、出资额和出资时间；

（六）公司的机构及其产生办法、职权、议事规则；

（七）公司法定代表人；

（八）股东会会议认为需要规定的其他事项。

股东应当在公司章程上签名、盖章。

第二十六条 有限责任公司的注册资本为在公司登记机关登记的全体股东认缴的出资额。

法律、行政法规以及国务院决定对有限责任公司注册资本实缴、注册资本最低限额另有规定的，从其规定。

第二十七条 股东可以用货币出资，也可以用实物、知识产权、土地使用权等可以用货币估价并可以依法转让的非货币财产作价出资；但是，法律、行政法规规定不得作为出资的财产除外。

对作为出资的非货币财产应当评估作价，核实财产，不得高估或者低估作价。法律、行政法规对评估作价有规定的，从其规定。

第二十八条 股东应当按期足额缴纳公司章程中规定的各自所认缴的出资额。股东以货币出资的，应当将货币出资足额存入有限责任公司在银行开设的账户；以非货币财产出资的，应当依法办理其财产权的转移手续。

股东不按照前款规定缴纳出资的，除应当向公司足额缴纳外，还应当向已按期足额缴纳出资的股东承担违约责任。

第二十九条 股东认足公司章程规定的出资后,由全体股东指定的代表或者共同委托的代理人向公司登记机关报送公司登记申请书、公司章程等文件,申请设立登记。

第三十条 有限责任公司成立后,发现作为设立公司出资的非货币财产的实际价额显著低于公司章程所定价额的,应当由交付该出资的股东补足其差额;公司设立时的其他股东承担连带责任。

第三十一条 有限责任公司成立后,应当向股东签发出资证明书。

出资证明书应当载明下列事项:

(一)公司名称;

(二)公司成立日期;

(三)公司注册资本;

(四)股东的姓名或者名称、缴纳的出资额和出资日期;

(五)出资证明书的编号和核发日期。

出资证明书由公司盖章。

第三十二条 有限责任公司应当置备股东名册,记载下列事项:

(一)股东的姓名或者名称及住所;

(二)股东的出资额;

(三)出资证明书编号。

记载于股东名册的股东,可以依股东名册主张行使股东权利。

公司应当将股东的姓名或者名称向公司登记机关登记;登记事项发生变更的,应当办理变更登记。未经登记或者变更登记的,不得对抗第三人。

第三十三条 股东有权查阅、复制公司章程、股东会会议记录、董事会会议决议、监事会会议决议和财务会计报告。

股东可以要求查阅公司会计账簿。股东要求查阅公司会计账簿的,应当向公司提出书面请求,说明目的。公司有合理根据认为股东查阅会计账簿有不正当目的,可能损害公司合法利益的,可以拒绝提供查阅,并应当自股东提出书面请求之日起十五日内书面答复股东并说明理由。公司拒绝提供查阅的,股东可以请求人民法院要求公司提供查阅。

第三十四条 股东按照实缴的出资比例分取红利;公司新增资本时,股东有权优先按照实缴的出资比例认缴出资。但是,全体股东约定不按照出资比例分取红利或者不按照出资比例优先认缴出资的除外。

第三十五条 公司成立后,股东不得抽逃出资。

第二节 组织机构

第三十六条 有限责任公司股东会由全体股东组成。股东会是公司的权力机构,依照本法行使职权。

第三十七条 股东会行使下列职权:

(一)决定公司的经营方针和投资计划;

(二)选举和更换非由职工代表担任的董事、监事,决定有关董事、监事的报酬事项;

(三)审议批准董事会的报告;

(四)审议批准监事会或者监事的报告;

(五)审议批准公司的年度财务预算方案、决算方案;

(六)审议批准公司的利润分配方案和弥补亏损方案;

(七)对公司增加或者减少注册资本作出决议;

(八)对发行公司债券作出决议;

(九)对公司合并、分立、解散、清算或者变更公司形式作出决议;

(十)修改公司章程;

(十一)公司章程规定的其他职权。

对前款所列事项股东以书面形式一致表示同意的,可以不召开股东会会议,直接作出决定,并由全体股东在决定文件上签名、盖章。

第三十八条 首次股东会会议由出资最多的股东召集和主持,依照本法规定行使职权。

第三十九条 股东会会议分为定期会议和临时会议。

定期会议应当依照公司章程的规定按时召开。代表十分之一以上表决权的股东,三分之一以上的董事,监事会或者不设监事会的公司的监事提议召开临时会议的,应当召开临时会议。

第四十条 有限责任公司设立董事会的,股东会会议由董事会召集,董事长主持;董事长不能履行职务或者不履行职务的,由副董事长主持;副董事长不能履行职务或者不履行职务的,由半数以上董事共同推举一名董事主持。

有限责任公司不设董事会的,股东会会议由执行董事召集和主持。

董事会或者执行董事不能履行或者不履行召集股东会会议职责的,由监事会或者不设监事会的公司的监事召集和主持;监事会或者监事不召集和主持的,代表十分之一以上表决权的股东可以自行召集和主持。

第四十一条 召开股东会会议,应当于会议召开十五日前通知全体股东;但是,公司章程另有规定或者全体股东另有约定的除外。

股东会应当对所议事项的决定作成会议记录,出席会议的股东应当在会议记录上签名。

第四十二条 股东会会议由股东按照出资比例行使表决权;但是,公司章程另有规定的除外。

第四十三条 股东会的议事方式和表决程序,除本法有规定的外,由公司章程规定。

股东会会议作出修改公司章程、增加或者减少注册资本的决议,以及公司合并、分立、解散或者变更公司形式的决议,必须经代表三分之二以上表决权的股东通过。

第四十四条 有限责任公司设董事会,其成员为三人至十三人;但是,本法第五十条另有规定的除外。

两个以上的国有企业或者两个以上的其他国有投资主体投资设立的有限责任公司,其董事会成员中应当有公司职工代表;其他有限责任公司董事会成员中可以有公司职工代表。董事会中的职工代表由公司职工通过职工代表大会、职工大会或者其他形式民主选举产生。

董事会设董事长一人,可以设副董事长。董事长、副董事长的产生办法由公司章程规定。

第四十五条 董事任期由公司章程规定,但每届任期不得超过三年。董事任期届满,连选可以连任。

董事任期届满未及时改选,或者董事在任期内辞职导致董事会成员低于法定人数的,在改选出的董事就任前,原董事仍应当依照法律、行政法规和公司章程的规定，履行董事职务。

第四十六条　董事会对股东会负责，行使下列职权：

（一）召集股东会会议，并向股东会报告工作；

（二）执行股东会的决议；

（三）决定公司的经营计划和投资方案；

（四）制订公司的年度财务预算方案、决算方案；

（五）制订公司的利润分配方案和弥补亏损方案；

（六）制订公司增加或者减少注册资本以及发行公司债券的方案；

（七）制订公司合并、分立、解散或者变更公司形式的方案；

（八）决定公司内部管理机构的设置；

（九）决定聘任或者解聘公司经理及其报酬事项，并根据经理的提名决定聘任或者解聘公司副经理、财务负责人及其报酬事项；

（十）制定公司的基本管理制度；

（十一）公司章程规定的其他职权。

第四十七条　董事会会议由董事长召集和主持；董事长不能履行职务或者不履行职务的，由副董事长召集和主持；副董事长不能履行职务或者不履行职务的，由半数以上董事共同推举一名董事召集和主持。

第四十八条　董事会的议事方式和表决程序，除本法有规定的外，由公司章程规定。

董事会应当对所议事项的决定作成会议记录，出席会议的董事应当在会议记录上签名。

董事会决议的表决，实行一人一票。

第四十九条　有限责任公司可以设经理，由董事会决定聘任或者解聘。经理对董事会负责，行使下列职权：

（一）主持公司的生产经营管理工作，组织实施董事会决议；

（二）组织实施公司年度经营计划和投资方案；

（三）拟订公司内部管理机构设置方案；

（四）拟订公司的基本管理制度；

（五）制定公司的具体规章；

（六）提请聘任或者解聘公司副经理、财务负责人；

（七）决定聘任或者解聘除应由董事会决定聘任或者解聘以外的负责管理人员；

（八）董事会授予的其他职权。

公司章程对经理职权另有规定的，从其规定。

经理列席董事会会议。

第五十条 股东人数较少或者规模较小的有限责任公司，可以设一名执行董事，不设董事会。执行董事可以兼任公司经理。

执行董事的职权由公司章程规定。

第五十一条 有限责任公司设监事会，其成员不得少于三人。股东人数较少或者规模较小的有限责任公司，可以设一至二名监事，不设监事会。

监事会应当包括股东代表和适当比例的公司职工代表，其中职工代表的比例不得低于三分之一，具体比例由公司章程规定。监事会中的职工代表由公司职工通过职工代表大会、职工大会或者其他形式民主选举产生。

监事会设主席一人，由全体监事过半数选举产生。监事会主席召集和主持监事会会议；监事会主席不能履行职务或者不履行职务的，由半数以上监事共同推举一名监事召集和主持监事会会议。

董事、高级管理人员不得兼任监事。

第五十二条 监事的任期每届为三年。监事任期届满，连选可以连任。

监事任期届满未及时改选，或者监事在任期内辞职导致监事会成员低于法定人数的，在改选出的监事就任前，原监事仍应当依照法律、行政法规和公司章程的规定，履行监事职务。

第五十三条 监事会、不设监事会的公司的监事行使下列职权：

（一）检查公司财务；

（二）对董事、高级管理人员执行公司职务的行为进行监督，对违反法律、行政法规、公司章程或者股东会决议的董事、高级管理人员提出罢免的建议；

（三）当董事、高级管理人员的行为损害公司的利益时，要求董事、高级管理人员予以纠正；

（四）提议召开临时股东会会议，在董事会不履行本法规定的召集和主持股东会会议职责时召集和主持股东会会议；

（五）向股东会会议提出提案；

（六）依照本法第一百五十一条的规定，对董事、高级管理人员提起诉讼；

（七）公司章程规定的其他职权。

第五十四条 监事可以列席董事会会议，并对董事会决议事项提出质询或者建议。

监事会、不设监事会的公司的监事发现公司经营情况异常，可以进行调查；必要时，可以聘请会计师事务所等协助其工作，费用由公司承担。

第五十五条 监事会每年度至少召开一次会议，监事可以提议召开临时监事会会议。

监事会的议事方式和表决程序，除本法有规定的外，由公司章程规定。

监事会决议应当经半数以上监事通过。

监事会应当对所议事项的决定作成会议记录，出席会议的监事应当在会议记录上签名。

第五十六条 监事会、不设监事会的公司的监事行使职权所必需的费用，由公司承担。

第三节 一人有限责任公司的特别规定

第五十七条 一人有限责任公司的设立和组织机构，适用本节规定；本节没有规定的，适用本章第一节、第二节的规定。

本法所称一人有限责任公司，是指只有一个自然人股东或者一个法人股东的有限责任公司。

第五十八条 一个自然人只能投资设立一个一人有限责任公司。该一人有限责任公司不能投资设立新的一人有限责任公司。

第五十九条 一人有限责任公司应当在公司登记中注明自然人独资或者法人独资，并在公司营业执照中载明。

第六十条 一人有限责任公司章程由股东制定。

第六十一条 一人有限责任公司不设股东会。股东作出本法第三十七条第一款所列决定时，应当采用书面形式，并由股东签名后置备于公司。

第六十二条 一人有限责任公司应当在每一会计年度终了时编制财务会计报告,并经会计师事务所审计。

第六十三条 一人有限责任公司的股东不能证明公司财产独立于股东自己的财产的,应当对公司债务承担连带责任。

第四节 国有独资公司的特别规定

第六十四条 国有独资公司的设立和组织机构,适用本节规定;本节没有规定的,适用本章第一节、第二节的规定。

本法所称国有独资公司,是指国家单独出资、由国务院或者地方人民政府授权本级人民政府国有资产监督管理机构履行出资人职责的有限责任公司。

第六十五条 国有独资公司章程由国有资产监督管理机构制定,或者由董事会制订报国有资产监督管理机构批准。

第六十六条 国有独资公司不设股东会,由国有资产监督管理机构行使股东会职权。国有资产监督管理机构可以授权公司董事会行使股东会的部分职权,决定公司的重大事项,但公司的合并、分立、解散、增加或者减少注册资本和发行公司债券,必须由国有资产监督管理机构决定;其中,重要的国有独资公司合并、分立、解散、申请破产的,应当由国有资产监督管理机构审核后,报本级人民政府批准。

前款所称重要的国有独资公司,按照国务院的规定确定。

第六十七条 国有独资公司设董事会,依照本法第四十六条、第六十六条的规定行使职权。董事每届任期不得超过三年。董事会成员中应当有公司职工代表。

董事会成员由国有资产监督管理机构委派;但是,董事会成员中的职工代表由公司职工代表大会选举产生。

董事会设董事长一人,可以设副董事长。董事长、副董事长由国有资产监督管理机构从董事会成员中指定。

第六十八条 国有独资公司设经理,由董事会聘任或者解聘。经理依照本法第四十九条规定行使职权。

经国有资产监督管理机构同意,董事会成员可以兼任经理。

第六十九条 国有独资公司的董事长、副董事长、董事、高级管理人员，未经国有资产监督管理机构同意，不得在其他有限责任公司、股份有限公司或者其他经济组织兼职。

第七十条 国有独资公司监事会成员不得少于五人，其中职工代表的比例不得低于三分之一，具体比例由公司章程规定。

监事会成员由国有资产监督管理机构委派；但是，监事会成员中的职工代表由公司职工代表大会选举产生。监事会主席由国有资产监督管理机构从监事会成员中指定。

监事会行使本法第五十三条第（一）项至第（三）项规定的职权和国务院规定的其他职权。

第三章 有限责任公司的股权转让

第七十一条 有限责任公司的股东之间可以相互转让其全部或者部分股权。

股东向股东以外的人转让股权，应当经其他股东过半数同意。股东应就其股权转让事项书面通知其他股东征求同意，其他股东自接到书面通知之日起满三十日未答复的，视为同意转让。其他股东半数以上不同意转让的，不同意的股东应当购买该转让的股权；不购买的，视为同意转让。

经股东同意转让的股权，在同等条件下，其他股东有优先购买权。两个以上股东主张行使优先购买权的，协商确定各自的购买比例；协商不成的，按照转让时各自的出资比例行使优先购买权。

公司章程对股权转让另有规定的，从其规定。

第七十二条 人民法院依照法律规定的强制执行程序转让股东的股权时，应当通知公司及全体股东，其他股东在同等条件下有优先购买权。其他股东自人民法院通知之日起满二十日不行使优先购买权的，视为放弃优先购买权。

第七十三条 依照本法第七十一条、第七十二条转让股权后，公司应当注销原股东的出资证明书，向新股东签发出资证明书，并相应修改公司章程和股东名册中有关股东及其出资额的记载。对公司章程的该项修改不需再由股东会表决。

第七十四条 有下列情形之一的,对股东会该项决议投反对票的股东可以请求公司按照合理的价格收购其股权:

(一)公司连续五年不向股东分配利润,而公司该五年连续盈利,并且符合本法规定的分配利润条件的;

(二)公司合并、分立、转让主要财产的;

(三)公司章程规定的营业期限届满或者章程规定的其他解散事由出现,股东会会议通过决议修改章程使公司存续的。

自股东会会议决议通过之日起六十日内,股东与公司不能达成股权收购协议的,股东可以自股东会会议决议通过之日起九十日内向人民法院提起诉讼。

第七十五条 自然人股东死亡后,其合法继承人可以继承股东资格;但是,公司章程另有规定的除外。

第四章 股份有限公司的设立和组织机构

第一节 设 立

第七十六条 设立股份有限公司,应当具备下列条件:

(一)发起人符合法定人数;

(二)有符合公司章程规定的全体发起人认购的股本总额或者募集的实收股本总额;

(三)股份发行、筹办事项符合法律规定;

(四)发起人制订公司章程,采用募集方式设立的经创立大会通过;

(五)有公司名称,建立符合股份有限公司要求的组织机构;

(六)有公司住所。

第七十七条 股份有限公司的设立,可以采取发起设立或者募集设立的方式。

发起设立,是指由发起人认购公司应发行的全部股份而设立公司。

募集设立,是指由发起人认购公司应发行股份的一部分,其余股份向社会公开募集或者向特定对象募集而设立公司。

第七十八条 设立股份有限公司,应当有二人以上二百人以下为发起人,其中须有半数以上的发起人在中国境内有住所。

第七十九条　股份有限公司发起人承担公司筹办事务。

发起人应当签订发起人协议,明确各自在公司设立过程中的权利和义务。

第八十条　股份有限公司采取发起设立方式设立的,注册资本为在公司登记机关登记的全体发起人认购的股本总额。在发起人认购的股份缴足前,不得向他人募集股份。

股份有限公司采取募集方式设立的,注册资本为在公司登记机关登记的实收股本总额。

法律、行政法规以及国务院决定对股份有限公司注册资本实缴、注册资本最低限额另有规定的,从其规定。

第八十一条　股份有限公司章程应当载明下列事项:

(一)公司名称和住所;

(二)公司经营范围;

(三)公司设立方式;

(四)公司股份总数、每股金额和注册资本;

(五)发起人的姓名或者名称、认购的股份数、出资方式和出资时间;

(六)董事会的组成、职权和议事规则;

(七)公司法定代表人;

(八)监事会的组成、职权和议事规则;

(九)公司利润分配办法;

(十)公司的解散事由与清算办法;

(十一)公司的通知和公告办法;

(十二)股东大会会议认为需要规定的其他事项。

第八十二条　发起人的出资方式,适用本法第二十七条的规定。

第八十三条　以发起设立方式设立股份有限公司的,发起人应当书面认足公司章程规定其认购的股份,并按照公司章程规定缴纳出资。以非货币财产出资的,应当依法办理其财产权的转移手续。

发起人不依照前款规定缴纳出资的,应当按照发起人协议承担违约责任。

发起人认足公司章程规定的出资后,应当选举董事会和监事会,由董事会向公司登记机关报送公司章程以及法律、行政法规规定的其他文件，申请设立登记。

第八十四条 以募集设立方式设立股份有限公司的，发起人认购的股份不得少于公司股份总数的百分之三十五；但是，法律、行政法规另有规定的，从其规定。

第八十五条 发起人向社会公开募集股份，必须公告招股说明书，并制作认股书。认股书应当载明本法第八十六条所列事项，由认股人填写认购股数、金额、住所，并签名、盖章。认股人按照所认购股数缴纳股款。

第八十六条 招股说明书应当附有发起人制订的公司章程，并载明下列事项：

（一）发起人认购的股份数；

（二）每股的票面金额和发行价格；

（三）无记名股票的发行总数；

（四）募集资金的用途；

（五）认股人的权利、义务；

（六）本次募股的起止期限及逾期未募足时认股人可以撤回所认股份的说明。

第八十七条 发起人向社会公开募集股份，应当由依法设立的证券公司承销，签订承销协议。

第八十八条 发起人向社会公开募集股份，应当同银行签订代收股款协议。

代收股款的银行应当按照协议代收和保存股款，向缴纳股款的认股人出具收款单据，并负有向有关部门出具收款证明的义务。

第八十九条 发行股份的股款缴足后，必须经依法设立的验资机构验资并出具证明。发起人应当自股款缴足之日起三十日内主持召开公司创立大会。创立大会由发起人、认股人组成。

发行的股份超过招股说明书规定的截止期限尚未募足的，或者发行股份的股款缴足后，发起人在三十日内未召开创立大会的，认股人可以按照所缴股款并加算银行同期存款利息，要求发起人返还。

第九十条 发起人应当在创立大会召开十五日前将会议日期通知各认股人或者予以公告。创立大会应有代表股份总数过半数的发起人、认股人出席,方可举行。

创立大会行使下列职权:

(一)审议发起人关于公司筹办情况的报告;

(二)通过公司章程;

(三)选举董事会成员;

(四)选举监事会成员;

(五)对公司的设立费用进行审核;

(六)对发起人用于抵作股款的财产的作价进行审核;

(七)发生不可抗力或者经营条件发生重大变化直接影响公司设立的,可以作出不设立公司的决议。

创立大会对前款所列事项作出决议,必须经出席会议的认股人所持表决权过半数通过。

第九十一条 发起人、认股人缴纳股款或者交付抵作股款的出资后,除未按期募足股份、发起人未按期召开创立大会或者创立大会决议不设立公司的情形外,不得抽回其股本。

第九十二条 董事会应于创立大会结束后三十日内,向公司登记机关报送下列文件,申请设立登记:

(一)公司登记申请书;

(二)创立大会的会议记录;

(三)公司章程;

(四)验资证明;

(五)法定代表人、董事、监事的任职文件及其身份证明;

(六)发起人的法人资格证明或者自然人身份证明;

(七)公司住所证明。

以募集方式设立股份有限公司公开发行股票的,还应当向公司登记机关报送国务院证券监督管理机构的核准文件。

第九十三条 股份有限公司成立后,发起人未按照公司章程的规定缴足出资的,应当补缴;其他发起人承担连带责任。

股份有限公司成立后,发现作为设立公司出资的非货币财产的实际价额显著低于公司章程所定价额的,应当由交付该出资的发起人补足其差额;其他发起人承担连带责任。

第九十四条 股份有限公司的发起人应当承担下列责任:

(一)公司不能成立时,对设立行为所产生的债务和费用负连带责任;

(二)公司不能成立时,对认股人已缴纳的股款,负返还股款并加算银行同期存款利息的连带责任;

(三)在公司设立过程中,由于发起人的过失致使公司利益受到损害的,应当对公司承担赔偿责任。

第九十五条 有限责任公司变更为股份有限公司时,折合的实收股本总额不得高于公司净资产额。有限责任公司变更为股份有限公司,为增加资本公开发行股份时,应当依法办理。

第九十六条 股份有限公司应当将公司章程、股东名册、公司债券存根、股东大会会议记录、董事会会议记录、监事会会议记录、财务会计报告置备于本公司。

第九十七条 股东有权查阅公司章程、股东名册、公司债券存根、股东大会会议记录、董事会会议决议、监事会会议决议、财务会计报告,对公司的经营提出建议或者质询。

第二节 股 东 大 会

第九十八条 股份有限公司股东大会由全体股东组成。股东大会是公司的权力机构,依照本法行使职权。

第九十九条 本法第三十七条第一款关于有限责任公司股东会职权的规定,适用于股份有限公司股东大会。

第一百条 股东大会应当每年召开一次年会。有下列情形之一的,应当在两个月内召开临时股东大会:

(一)董事人数不足本法规定人数或者公司章程所定人数的三分之二时;

(二)公司未弥补的亏损达实收股本总额三分之一时;

（三）单独或者合计持有公司百分之十以上股份的股东请求时；

（四）董事会认为必要时；

（五）监事会提议召开时；

（六）公司章程规定的其他情形。

第一百零一条 股东大会会议由董事会召集，董事长主持；董事长不能履行职务或者不履行职务的，由副董事长主持；副董事长不能履行职务或者不履行职务的，由半数以上董事共同推举一名董事主持。

董事会不能履行或者不履行召集股东大会会议职责的，监事会应当及时召集和主持；监事会不召集和主持的，连续九十日以上单独或者合计持有公司百分之十以上股份的股东可以自行召集和主持。

第一百零二条 召开股东大会会议，应当将会议召开的时间、地点和审议的事项于会议召开二十日前通知各股东；临时股东大会应当于会议召开十五日前通知各股东；发行无记名股票的，应当于会议召开三十日前公告会议召开的时间、地点和审议事项。

单独或者合计持有公司百分之三以上股份的股东，可以在股东大会召开十日前提出临时提案并书面提交董事会；董事会应当在收到提案后二日内通知其他股东，并将该临时提案提交股东大会审议。临时提案的内容应当属于股东大会职权范围，并有明确议题和具体决议事项。

股东大会不得对前两款通知中未列明的事项作出决议。

无记名股票持有人出席股东大会会议的，应当于会议召开五日前至股东大会闭会时将股票交存于公司。

第一百零三条 股东出席股东大会会议，所持每一股份有一表决权。但是，公司持有的本公司股份没有表决权。

股东大会作出决议，必须经出席会议的股东所持表决权过半数通过。但是，股东大会作出修改公司章程、增加或者减少注册资本的决议，以及公司合并、分立、解散或者变更公司形式的决议，必须经出席会议的股东所持表决权的三分之二以上通过。

第一百零四条 本法和公司章程规定公司转让、受让重大资产或者对外提供担保等事项必须经股东大会作出决议的，董事会应当及时召集股东大会会议，由股东大会就上述事项进行表决。

第一百零五条 股东大会选举董事、监事，可以依照公司章程的规定或者股东大会的决议，实行累积投票制。

本法所称累积投票制，是指股东大会选举董事或者监事时，每一股份拥有与应选董事或者监事人数相同的表决权，股东拥有的表决权可以集中使用。

第一百零六条 股东可以委托代理人出席股东大会会议，代理人应当向公司提交股东授权委托书，并在授权范围内行使表决权。

第一百零七条 股东大会应当对所议事项的决定作成会议记录，主持人、出席会议的董事应当在会议记录上签名。会议记录应当与出席股东的签名册及代理出席的委托书一并保存。

第三节 董事会、经理

第一百零八条 股份有限公司设董事会，其成员为五人至十九人。

董事会成员中可以有公司职工代表。董事会中的职工代表由公司职工通过职工代表大会、职工大会或者其他形式民主选举产生。

本法第四十五条关于有限责任公司董事任期的规定，适用于股份有限公司董事。

本法第四十六条关于有限责任公司董事会职权的规定，适用于股份有限公司董事会。

第一百零九条 董事会设董事长一人，可以设副董事长。董事长和副董事长由董事会以全体董事的过半数选举产生。

董事长召集和主持董事会会议，检查董事会决议的实施情况。副董事长协助董事长工作，董事长不能履行职务或者不履行职务的，由副董事长履行职务；副董事长不能履行职务或者不履行职务的，由半数以上董事共同推举一名董事履行职务。

第一百一十条 董事会每年度至少召开两次会议，每次会议应当于会议召开十日前通知全体董事和监事。

代表十分之一以上表决权的股东、三分之一以上董事或者监事会，可以提议召开董事会临时会议。董事长应当自接到提议后十日内，召集和主持董事会会议。

董事会召开临时会议,可以另定召集董事会的通知方式和通知时限。

第一百一十一条　董事会会议应有过半数的董事出席方可举行。董事会作出决议,必须经全体董事的过半数通过。

董事会决议的表决,实行一人一票。

第一百一十二条　董事会会议,应由董事本人出席;董事因故不能出席,可以书面委托其他董事代为出席,委托书中应载明授权范围。

董事会应当对会议所议事项的决定作成会议记录,出席会议的董事应当在会议记录上签名。

董事应当对董事会的决议承担责任。董事会的决议违反法律、行政法规或者公司章程、股东大会决议,致使公司遭受严重损失的,参与决议的董事对公司负赔偿责任。但经证明在表决时曾表明异议并记载于会议记录的,该董事可以免除责任。

第一百一十三条　股份有限公司设经理,由董事会决定聘任或者解聘。

本法第四十九条关于有限责任公司经理职权的规定,适用于股份有限公司经理。

第一百一十四条　公司董事会可以决定由董事会成员兼任经理。

第一百一十五条　公司不得直接或者通过子公司向董事、监事、高级管理人员提供借款。

第一百一十六条　公司应当定期向股东披露董事、监事、高级管理人员从公司获得报酬的情况。

第四节　监　事　会

第一百一十七条　股份有限公司设监事会,其成员不得少于三人。

监事会应当包括股东代表和适当比例的公司职工代表,其中职工代表的比例不得低于三分之一,具体比例由公司章程规定。监事会中的职工代表由公司职工通过职工代表大会、职工大会或者其他形式民主选举产生。

监事会设主席一人,可以设副主席。监事会主席和副主席由全体监事过半数选举产生。监事会主席召集和主持监事会会议;监事会主席不能履行职务或者不履行职务的，由监事会副主席召集和主持监事会会议；监事会副主席不能履行职务或者不履行职务的，由半数以上监事共同推举一名监事召集和主持监事会会议。

董事、高级管理人员不得兼任监事。

本法第五十二条关于有限责任公司监事任期的规定，适用于股份有限公司监事。

第一百一十八条 本法第五十三条、第五十四条关于有限责任公司监事会职权的规定，适用于股份有限公司监事会。

监事会行使职权所必需的费用，由公司承担。

第一百一十九条 监事会每六个月至少召开一次会议。监事可以提议召开临时监事会会议。

监事会的议事方式和表决程序，除本法有规定的外，由公司章程规定。

监事会决议应当经半数以上监事通过。

监事会应当对所议事项的决定作成会议记录，出席会议的监事应当在会议记录上签名。

第五节 上市公司组织机构的特别规定

第一百二十条 本法所称上市公司，是指其股票在证券交易所上市交易的股份有限公司。

第一百二十一条 上市公司在一年内购买、出售重大资产或者担保金额超过公司资产总额百分之三十的，应当由股东大会作出决议，并经出席会议的股东所持表决权的三分之二以上通过。

第一百二十二条 上市公司设独立董事，具体办法由国务院规定。

第一百二十三条 上市公司设董事会秘书，负责公司股东大会和董事会会议的筹备、文件保管以及公司股东资料的管理，办理信息披露事务等事宜。

第一百二十四条 上市公司董事与董事会会议决议事项所涉及的企业有关联关系的，不得对该项决议行使表决权，也不得代理其他董事行使表决权。该董事会会议由过半数的无关联关系董事出席即可举行，董事会会议所作决议须经无关联关系董事过半数通过。出席董事会的无关联关系董事人数不足三人的,应将该事项提交上市公司股东大会审议。

第五章　股份有限公司的股份发行和转让

第一节　股 份 发 行

第一百二十五条　股份有限公司的资本划分为股份,每一股的金额相等。

公司的股份采取股票的形式。股票是公司签发的证明股东所持股份的凭证。

第一百二十六条　股份的发行,实行公平、公正的原则,同种类的每一股份应当具有同等权利。

同次发行的同种类股票,每股的发行条件和价格应当相同;任何单位或者个人所认购的股份,每股应当支付相同价额。

第一百二十七条　股票发行价格可以按票面金额,也可以超过票面金额,但不得低于票面金额。

第一百二十八条　股票采用纸面形式或者国务院证券监督管理机构规定的其他形式。

股票应当载明下列主要事项:

(一)公司名称;

(二)公司成立日期;

(三)股票种类、票面金额及代表的股份数;

(四)股票的编号。

股票由法定代表人签名,公司盖章。

发起人的股票,应当标明发起人股票字样。

第一百二十九条　公司发行的股票,可以为记名股票,也可以为无记名股票。

公司向发起人、法人发行的股票,应当为记名股票,并应当记载该发起人、法人的名称或者姓名,不得另立户名或者以代表人姓名记名。

第一百三十条　公司发行记名股票的,应当置备股东名册,记载下列事项:

(一)股东的姓名或者名称及住所;

(二)各股东所持股份数;

(三)各股东所持股票的编号;

(四)各股东取得股份的日期。

发行无记名股票的,公司应当记载其股票数量、编号及发行日期。

第一百三十一条 国务院可以对公司发行本法规定以外的其他种类的股份,另行作出规定。

第一百三十二条 股份有限公司成立后,即向股东正式交付股票。公司成立前不得向股东交付股票。

第一百三十三条 公司发行新股,股东大会应当对下列事项作出决议:

(一)新股种类及数额;

(二)新股发行价格;

(三)新股发行的起止日期;

(四)向原有股东发行新股的种类及数额。

第一百三十四条 公司经国务院证券监督管理机构核准公开发行新股时,必须公告新股招股说明书和财务会计报告,并制作认股书。

本法第八十七条、第八十八条的规定适用于公司公开发行新股。

第一百三十五条 公司发行新股,可以根据公司经营情况和财务状况,确定其作价方案。

第一百三十六条 公司发行新股募足股款后,必须向公司登记机关办理变更登记,并公告。

第二节 股份转让

第一百三十七条 股东持有的股份可以依法转让。

第一百三十八条 股东转让其股份,应当在依法设立的证券交易场所进行或者按照国务院规定的其他方式进行。

第一百三十九条 记名股票,由股东以背书方式或者法律、行政法规规定的其他方式转让;转让后由公司将受让人的姓名或者名称及住所记载于股东名册。

股东大会召开前二十日内或者公司决定分配股利的基准日前五日内,不得进行前款规定的股东名册的变更登记。但是,法律对上市公司股东名册变更登记另有规定的,从其规定。

第一百四十条 无记名股票的转让,由股东将该股票交付给受让人后即发生转让的效力。

第一百四十一条 发起人持有的本公司股份,自公司成立之日起一年内不得转让。公司公开发行股份前已发行的股份,自公司股票在证券交易所上市交易之日起一年内不得转让。

公司董事、监事、高级管理人员应当向公司申报所持有的本公司的股份及其变动情况,在任职期间每年转让的股份不得超过其所持有本公司股份总数的百分之二十五;所持本公司股份自公司股票上市交易之日起一年内不得转让。上述人员离职后半年内,不得转让其所持有的本公司股份。公司章程可以对公司董事、监事、高级管理人员转让其所持有的本公司股份作出其他限制性规定。

第一百四十二条 公司不得收购本公司股份。但是,有下列情形之一的除外:

(一)减少公司注册资本;

(二)与持有本公司股份的其他公司合并;

(三)将股份用于员工持股计划或者股权激励;

(四)股东因对股东大会作出的公司合并、分立决议持异议,要求公司收购其股份;

(五)将股份用于转换上市公司发行的可转换为股票的公司债券;

(六)上市公司为维护公司价值及股东权益所必需。

公司因前款第(一)项、第(二)项规定的情形收购本公司股份的,应当经股东大会决议;公司因前款第(三)项、第(五)项、第(六)项规定的情形收购本公司股份的,可以依照公司章程的规定或者股东大会的授权,经三分之二以上董事出席的董事会会议决议。

公司依照本条第一款规定收购本公司股份后,属于第(一)项情形的,应当自收购之日起十日内注销;属于第(二)项、第(四)项情形的,应当在六个月内转让或者注销;属于第(三)项、第(五)项、第(六)项情形的,公司合计持有的本公司股份数不得超过本公司已发行股份总额的百分之十,并应当在三年内转让或者注销。

上市公司收购本公司股份的，应当依照《中华人民共和国证券法》的规定履行信息披露义务。上市公司因本条第一款第（三）项、第（五）项、第（六）项规定的情形收购本公司股份的，应当通过公开的集中交易方式进行。

公司不得接受本公司的股票作为质押权的标的。

第一百四十三条 记名股票被盗、遗失或者灭失，股东可以依照《中华人民共和国民事诉讼法》规定的公示催告程序，请求人民法院宣告该股票失效。人民法院宣告该股票失效后，股东可以向公司申请补发股票。

第一百四十四条 上市公司的股票，依照有关法律、行政法规及证券交易所交易规则上市交易。

第一百四十五条 上市公司必须依照法律、行政法规的规定，公开其财务状况、经营情况及重大诉讼，在每会计年度内半年公布一次财务会计报告。

第六章 公司董事、监事、高级管理人员的资格和义务

第一百四十六条 有下列情形之一的，不得担任公司的董事、监事、高级管理人员：

（一）无民事行为能力或者限制民事行为能力；

（二）因贪污、贿赂、侵占财产、挪用财产或者破坏社会主义市场经济秩序，被判处刑罚，执行期满未逾五年，或者因犯罪被剥夺政治权利，执行期满未逾五年；

（三）担任破产清算的公司、企业的董事或者厂长、经理，对该公司、企业的破产负有个人责任的，自该公司、企业破产清算完结之日起未逾三年；

（四）担任因违法被吊销营业执照、责令关闭的公司、企业的法定代表人，并负有个人责任的，自该公司、企业被吊销营业执照之日起未逾三年；

（五）个人所负数额较大的债务到期未清偿。

公司违反前款规定选举、委派董事、监事或者聘任高级管理人员的，该选举、委派或者聘任无效。

董事、监事、高级管理人员在任职期间出现本条第一款所列情形的，公司应当解除其职务。

第一百四十七条　董事、监事、高级管理人员应当遵守法律、行政法规和公司章程,对公司负有忠实义务和勤勉义务。

董事、监事、高级管理人员不得利用职权收受贿赂或者其他非法收入,不得侵占公司的财产。

第一百四十八条　董事、高级管理人员不得有下列行为:

(一)挪用公司资金;

(二)将公司资金以其个人名义或者以其他个人名义开立账户存储;

(三)违反公司章程的规定,未经股东会、股东大会或者董事会同意,将公司资金借贷给他人或者以公司财产为他人提供担保;

(四)违反公司章程的规定或者未经股东会、股东大会同意,与本公司订立合同或者进行交易;

(五)未经股东会或者股东大会同意,利用职务便利为自己或者他人谋取属于公司的商业机会,自营或者为他人经营与所任职公司同类的业务;

(六)接受他人与公司交易的佣金归为己有;

(七)擅自披露公司秘密;

(八)违反对公司忠实义务的其他行为。

董事、高级管理人员违反前款规定所得的收入应当归公司所有。

第一百四十九条　董事、监事、高级管理人员执行公司职务时违反法律、行政法规或者公司章程的规定,给公司造成损失的,应当承担赔偿责任。

第一百五十条　股东会或者股东大会要求董事、监事、高级管理人员列席会议的,董事、监事、高级管理人员应当列席并接受股东的质询。

董事、高级管理人员应当如实向监事会或者不设监事会的有限责任公司的监事提供有关情况和资料,不得妨碍监事会或者监事行使职权。

第一百五十一条　董事、高级管理人员有本法第一百四十九条规定的情形的,有限责任公司的股东、股份有限公司连续一百八十日以上单独或者合计持有公司百分之一以上股份的股东,可以书面请求监事会或者不设监事会的有限责任公司的监事向人民法院提起诉讼;监事有本法第一百四十九条规定的情形的,前述股东可以书面请求董事会或者不设董事会的有限责任公司的执行董事向人民法院提起诉讼。

监事会、不设监事会的有限责任公司的监事，或者董事会、执行董事收到前款规定的股东书面请求后拒绝提起诉讼，或者自收到请求之日起三十日内未提起诉讼，或者情况紧急、不立即提起诉讼将会使公司利益受到难以弥补的损害的，前款规定的股东有权为了公司的利益以自己的名义直接向人民法院提起诉讼。

他人侵犯公司合法权益，给公司造成损失的，本条第一款规定的股东可以依照前两款的规定向人民法院提起诉讼。

第一百五十二条 董事、高级管理人员违反法律、行政法规或者公司章程的规定，损害股东利益的，股东可以向人民法院提起诉讼。

第七章 公司债券

第一百五十三条 本法所称公司债券，是指公司依照法定程序发行、约定在一定期限还本付息的有价证券。

公司发行公司债券应当符合《中华人民共和国证券法》规定的发行条件。

第一百五十四条 发行公司债券的申请经国务院授权的部门核准后，应当公告公司债券募集办法。

公司债券募集办法中应当载明下列主要事项：

(一)公司名称；

(二)债券募集资金的用途；

(三)债券总额和债券的票面金额；

(四)债券利率的确定方式；

(五)还本付息的期限和方式；

(六)债券担保情况；

(七)债券的发行价格、发行的起止日期；

(八)公司净资产额；

(九)已发行的尚未到期的公司债券总额；

(十)公司债券的承销机构。

第一百五十五条 公司以实物券方式发行公司债券的，必须在债券上载明公司名称、债券票面金额、利率、偿还期限等事项，并由法定代表人签名，公司盖章。

第一百五十六条 公司债券,可以为记名债券,也可以为无记名债券。

第一百五十七条 公司发行公司债券应当置备公司债券存根簿。

发行记名公司债券的,应当在公司债券存根簿上载明下列事项:

(一)债券持有人的姓名或者名称及住所;

(二)债券持有人取得债券的日期及债券的编号;

(三)债券总额,债券的票面金额、利率、还本付息的期限和方式;

(四)债券的发行日期。

发行无记名公司债券的,应当在公司债券存根簿上载明债券总额、利率、偿还期限和方式、发行日期及债券的编号。

第一百五十八条 记名公司债券的登记结算机构应当建立债券登记、存管、付息、兑付等相关制度。

第一百五十九条 公司债券可以转让,转让价格由转让人与受让人约定。

公司债券在证券交易所上市交易的,按照证券交易所的交易规则转让。

第一百六十条 记名公司债券,由债券持有人以背书方式或者法律、行政法规规定的其他方式转让;转让后由公司将受让人的姓名或者名称及住所记载于公司债券存根簿。

无记名公司债券的转让,由债券持有人将该债券交付给受让人后即发生转让的效力。

第一百六十一条 上市公司经股东大会决议可以发行可转换为股票的公司债券,并在公司债券募集办法中规定具体的转换办法。上市公司发行可转换为股票的公司债券,应当报国务院证券监督管理机构核准。

发行可转换为股票的公司债券,应当在债券上标明可转换公司债券字样,并在公司债券存根簿上载明可转换公司债券的数额。

第一百六十二条 发行可转换为股票的公司债券的,公司应当按照其转换办法向债券持有人换发股票,但债券持有人对转换股票或者不转换股票有选择权。

第八章 公司财务、会计

第一百六十三条 公司应当依照法律、行政法规和国务院财政部门的规定建立本公司的财务、会计制度。

第一百六十四条 公司应当在每一会计年度终了时编制财务会计报告，并依法经会计师事务所审计。

财务会计报告应当依照法律、行政法规和国务院财政部门的规定制作。

第一百六十五条 有限责任公司应当依照公司章程规定的期限将财务会计报告送交各股东。

股份有限公司的财务会计报告应当在召开股东大会年会的二十日前置备于本公司，供股东查阅；公开发行股票的股份有限公司必须公告其财务会计报告。

第一百六十六条 公司分配当年税后利润时，应当提取利润的百分之十列入公司法定公积金。公司法定公积金累计额为公司注册资本的百分之五十以上的，可以不再提取。

公司的法定公积金不足以弥补以前年度亏损的，在依照前款规定提取法定公积金之前，应当先用当年利润弥补亏损。

公司从税后利润中提取法定公积金后，经股东会或者股东大会决议，还可以从税后利润中提取任意公积金。

公司弥补亏损和提取公积金后所余税后利润，有限责任公司依照本法第三十四条的规定分配；股份有限公司按照股东持有的股份比例分配，但股份有限公司章程规定不按持股比例分配的除外。

股东会、股东大会或者董事会违反前款规定，在公司弥补亏损和提取法定公积金之前向股东分配利润的，股东必须将违反规定分配的利润退还公司。

公司持有的本公司股份不得分配利润。

第一百六十七条 股份有限公司以超过股票票面金额的发行价格发行股份所得的溢价款以及国务院财政部门规定列入资本公积金的其他收入，应当列为公司资本公积金。

第一百六十八条 公司的公积金用于弥补公司的亏损、扩大公司生产经营或者转为增加公司资本。但是，资本公积金不得用于弥补公司的亏损。

法定公积金转为资本时，所留存的该项公积金不得少于转增前公司注册资本的百分之二十五。

第一百六十九条 公司聘用、解聘承办公司审计业务的会计师事务所，依照公司章程的规定，由股东会、股东大会或者董事会决定。

公司股东会、股东大会或者董事会就解聘会计师事务所进行表决时，应当允许会计师事务所陈述意见。

第一百七十条 公司应当向聘用的会计师事务所提供真实、完整的会计凭证、会计账簿、财务会计报告及其他会计资料，不得拒绝、隐匿、谎报。

第一百七十一条 公司除法定的会计账簿外，不得另立会计账簿。

对公司资产，不得以任何个人名义开立账户存储。

第九章 公司合并、分立、增资、减资

第一百七十二条 公司合并可以采取吸收合并或者新设合并。

一个公司吸收其他公司为吸收合并，被吸收的公司解散。两个以上公司合并设立一个新的公司为新设合并，合并各方解散。

第一百七十三条 公司合并，应当由合并各方签订合并协议，并编制资产负债表及财产清单。公司应当自作出合并决议之日起十日内通知债权人，并于三十日内在报纸上公告。债权人自接到通知书之日起三十日内，未接到通知书的自公告之日起四十五日内，可以要求公司清偿债务或者提供相应的担保。

第一百七十四条 公司合并时，合并各方的债权、债务，应当由合并后存续的公司或者新设的公司承继。

第一百七十五条 公司分立，其财产作相应的分割。

公司分立，应当编制资产负债表及财产清单。公司应当自作出分立决议之日起十日内通知债权人，并于三十日内在报纸上公告。

第一百七十六条 公司分立前的债务由分立后的公司承担连带责任。但是，公司在分立前与债权人就债务清偿达成的书面协议另有约定的除外。

第一百七十七条 公司需要减少注册资本时，必须编制资产负债表及财产清单。

公司应当自作出减少注册资本决议之日起十日内通知债权人，并于三十日内在报纸上公告。债权人自接到通知书之日起三十日内，未接到通知书的自公告之日起四十五日内，有权要求公司清偿债务或者提供相应的担保。

第一百七十八条 有限责任公司增加注册资本时,股东认缴新增资本的出资,依照本法设立有限责任公司缴纳出资的有关规定执行。

股份有限公司为增加注册资本发行新股时,股东认购新股,依照本法设立股份有限公司缴纳股款的有关规定执行。

第一百七十九条 公司合并或者分立,登记事项发生变更的,应当依法向公司登记机关办理变更登记;公司解散的,应当依法办理公司注销登记;设立新公司的,应当依法办理公司设立登记。

公司增加或者减少注册资本,应当依法向公司登记机关办理变更登记。

第十章 公司解散和清算

第一百八十条 公司因下列原因解散:

(一)公司章程规定的营业期限届满或者公司章程规定的其他解散事由出现;

(二)股东会或者股东大会决议解散;

(三)因公司合并或者分立需要解散;

(四)依法被吊销营业执照、责令关闭或者被撤销;

(五)人民法院依照本法第一百八十二条的规定予以解散。

第一百八十一条 公司有本法第一百八十条第(一)项情形的,可以通过修改公司章程而存续。

依照前款规定修改公司章程,有限责任公司须经持有三分之二以上表决权的股东通过,股份有限公司须经出席股东大会会议的股东所持表决权的三分之二以上通过。

第一百八十二条 公司经营管理发生严重困难,继续存续会使股东利益受到重大损失,通过其他途径不能解决的,持有公司全部股东表决权百分之十以上的股东,可以请求人民法院解散公司。

第一百八十三条 公司因本法第一百八十条第(一)项、第(二)项、第(四)项、第(五)项规定而解散的,应当在解散事由出现之日起十五日内成立清算组,开始清算。有限责任公司的清算组由股东组成,股份有限公司的清算组由董事或者股东大会确定的人员组成。逾期不成立清算组进行清算的,债权人可以申请人民法院指定有关人员组成清算组进行清算。人民法院应当受理该申请,并及时组织清算组进行清算。

第一百八十四条 清算组在清算期间行使下列职权:

(一)清理公司财产,分别编制资产负债表和财产清单;

(二)通知、公告债权人;

(三)处理与清算有关的公司未了结的业务;

(四)清缴所欠税款以及清算过程中产生的税款;

(五)清理债权、债务;

(六)处理公司清偿债务后的剩余财产;

(七)代表公司参与民事诉讼活动。

第一百八十五条 清算组应当自成立之日起十日内通知债权人,并于六十日内在报纸上公告。债权人应当自接到通知书之日起三十日内,未接到通知书的自公告之日起四十五日内,向清算组申报其债权。

债权人申报债权,应当说明债权的有关事项,并提供证明材料。清算组应当对债权进行登记。

在申报债权期间,清算组不得对债权人进行清偿。

第一百八十六条 清算组在清理公司财产、编制资产负债表和财产清单后,应当制定清算方案,并报股东会、股东大会或者人民法院确认。

公司财产在分别支付清算费用、职工的工资、社会保险费用和法定补偿金,缴纳所欠税款,清偿公司债务后的剩余财产,有限责任公司按照股东的出资比例分配,股份有限公司按照股东持有的股份比例分配。

清算期间,公司存续,但不得开展与清算无关的经营活动。公司财产在未依照前款规定清偿前,不得分配给股东。

第一百八十七条 清算组在清理公司财产、编制资产负债表和财产清单后,发现公司财产不足清偿债务的,应当依法向人民法院申请宣告破产。

公司经人民法院裁定宣告破产后,清算组应当将清算事务移交给人民法院。

第一百八十八条 公司清算结束后,清算组应当制作清算报告,报股东会、股东大会或者人民法院确认,并报送公司登记机关,申请注销公司登记,公告公司终止。

第一百八十九条 清算组成员应当忠于职守,依法履行清算义务。

清算组成员不得利用职权收受贿赂或者其他非法收入,不得侵占公司财产。

清算组成员因故意或者重大过失给公司或者债权人造成损失的,应当承担赔偿责任。

第一百九十条 公司被依法宣告破产的,依照有关企业破产的法律实施破产清算。

第十一章 外国公司的分支机构

第一百九十一条 本法所称外国公司是指依照外国法律在中国境外设立的公司。

第一百九十二条 外国公司在中国境内设立分支机构,必须向中国主管机关提出申请,并提交其公司章程、所属国的公司登记证书等有关文件,经批准后,向公司登记机关依法办理登记,领取营业执照。

外国公司分支机构的审批办法由国务院另行规定。

第一百九十三条 外国公司在中国境内设立分支机构,必须在中国境内指定负责该分支机构的代表人或者代理人,并向该分支机构拨付与其所从事的经营活动相适应的资金。

对外国公司分支机构的经营资金需要规定最低限额的,由国务院另行规定。

第一百九十四条 外国公司的分支机构应当在其名称中标明该外国公司的国籍及责任形式。

外国公司的分支机构应当在本机构中置备该外国公司章程。

第一百九十五条 外国公司在中国境内设立的分支机构不具有中国法人资格。

外国公司对其分支机构在中国境内进行经营活动承担民事责任。

第一百九十六条 经批准设立的外国公司分支机构,在中国境内从事业务活动,必须遵守中国的法律,不得损害中国的社会公共利益,其合法权益受中国法律保护。

第一百九十七条 外国公司撤销其在中国境内的分支机构时，必须依法清偿债务，依照本法有关公司清算程序的规定进行清算。未清偿债务之前，不得将其分支机构的财产移至中国境外。

第十二章 法律责任

第一百九十八条 违反本法规定，虚报注册资本、提交虚假材料或者采取其他欺诈手段隐瞒重要事实取得公司登记的，由公司登记机关责令改正，对虚报注册资本的公司，处以虚报注册资本金额百分之五以上百分之十五以下的罚款；对提交虚假材料或者采取其他欺诈手段隐瞒重要事实的公司，处以五万元以上五十万元以下的罚款；情节严重的，撤销公司登记或者吊销营业执照。

第一百九十九条 公司的发起人、股东虚假出资，未交付或者未按期交付作为出资的货币或者非货币财产的，由公司登记机关责令改正，处以虚假出资金额百分之五以上百分之十五以下的罚款。

第二百条 公司的发起人、股东在公司成立后，抽逃其出资的，由公司登记机关责令改正，处以所抽逃出资金额百分之五以上百分之十五以下的罚款。

第二百零一条 公司违反本法规定，在法定的会计账簿以外另立会计账簿的，由县级以上人民政府财政部门责令改正，处以五万元以上五十万元以下的罚款。

第二百零二条 公司在依法向有关主管部门提供的财务会计报告等材料上作虚假记载或者隐瞒重要事实的，由有关主管部门对直接负责的主管人员和其他直接责任人员处以三万元以上三十万元以下的罚款。

第二百零三条 公司不依照本法规定提取法定公积金的，由县级以上人民政府财政部门责令如数补足应当提取的金额，可以对公司处以二十万元以下的罚款。

第二百零四条 公司在合并、分立、减少注册资本或者进行清算时，不依照本法规定通知或者公告债权人的，由公司登记机关责令改正，对公司处以一万元以上十万元以下的罚款。

公司在进行清算时，隐匿财产，对资产负债表或者财产清单作虚假记载或者在未清偿债务前分配公司财产的，由公司登记机关责令改正，对公司处以隐匿财产或者未清偿债务前分配公司财产金额百分之五以上百分之十以下的罚款；对直接负责的主管人员和其他直接责任人员处以一万元以上十万元以下的罚款。

第二百零五条 公司在清算期间开展与清算无关的经营活动的，由公司登记机关予以警告，没收违法所得。

第二百零六条 清算组不依照本法规定向公司登记机关报送清算报告，或者报送清算报告隐瞒重要事实或者有重大遗漏的，由公司登记机关责令改正。

清算组成员利用职权徇私舞弊、谋取非法收入或者侵占公司财产的，由公司登记机关责令退还公司财产，没收违法所得，并可以处以违法所得一倍以上五倍以下的罚款。

第二百零七条 承担资产评估、验资或者验证的机构提供虚假材料的，由公司登记机关没收违法所得，处以违法所得一倍以上五倍以下的罚款，并可以由有关主管部门依法责令该机构停业、吊销直接责任人员的资格证书，吊销营业执照。

承担资产评估、验资或者验证的机构因过失提供有重大遗漏的报告的，由公司登记机关责令改正，情节较重的，处以所得收入一倍以上五倍以下的罚款，并可以由有关主管部门依法责令该机构停业、吊销直接责任人员的资格证书，吊销营业执照。

承担资产评估、验资或者验证的机构因其出具的评估结果、验资或者验证证明不实，给公司债权人造成损失的，除能够证明自己没有过错的外，在其评估或者证明不实的金额范围内承担赔偿责任。

第二百零八条 公司登记机关对不符合本法规定条件的登记申请予以登记，或者对符合本法规定条件的登记申请不予登记的，对直接负责的主管人员和其他直接责任人员，依法给予行政处分。

第二百零九条 公司登记机关的上级部门强令公司登记机关对不符合本法规定条件的登记申请予以登记，或者对符合本法规定条件的登记申请不予登记的，或者对违法登记进行包庇的，对直接负责的主管人员和其他直接责任人员依法给予行政处分。

第二百一十条 未依法登记为有限责任公司或者股份有限公司,而冒用有限责任公司或者股份有限公司名义的,或者未依法登记为有限责任公司或者股份有限公司的分公司,而冒用有限责任公司或者股份有限公司的分公司名义的,由公司登记机关责令改正或者予以取缔,可以并处十万元以下的罚款。

第二百一十一条 公司成立后无正当理由超过六个月未开业的,或者开业后自行停业连续六个月以上的,可以由公司登记机关吊销营业执照。

公司登记事项发生变更时,未依照本法规定办理有关变更登记的,由公司登记机关责令限期登记;逾期不登记的,处以一万元以上十万元以下的罚款。

第二百一十二条 外国公司违反本法规定,擅自在中国境内设立分支机构的,由公司登记机关责令改正或者关闭,可以并处五万元以上二十万元以下的罚款。

第二百一十三条 利用公司名义从事危害国家安全、社会公共利益的严重违法行为的,吊销营业执照。

第二百一十四条 公司违反本法规定,应当承担民事赔偿责任和缴纳罚款、罚金的,其财产不足以支付时,先承担民事赔偿责任。

第二百一十五条 违反本法规定,构成犯罪的,依法追究刑事责任。

第十三章 附 则

第二百一十六条 本法下列用语的含义:

(一)高级管理人员,是指公司的经理、副经理、财务负责人,上市公司董事会秘书和公司章程规定的其他人员。

(二)控股股东,是指其出资额占有限责任公司资本总额百分之五十以上或者其持有的股份占股份有限公司股本总额百分之五十以上的股东;出资额或者持有股份的比例虽然不足百分之五十,但依其出资额或者持有的股份所享有的表决权已足以对股东会、股东大会的决议产生重大影响的股东。

(三)实际控制人,是指虽不是公司的股东,但通过投资关系、协议或者其他安排,能够实际支配公司行为的人。

(四)关联关系,是指公司控股股东、实际控制人、董事、监事、高级管理人员与其直接或者间接控制的企业之间的关系,以及可能导致公司利益转移的其他关系。但是,国家控股的企业之间不仅因为同受国家控股而具有关联关系。

第二百一十七条 外商投资的有限责任公司和股份有限公司适用本法;有关外商投资的法律另有规定的,适用其规定。

第二百一十八条 本法自 2006 年 1 月 1 日起施行。

中华人民共和国行政许可法

(2003年8月27日第十届全国人民代表大会常务委员会第四次会议通过　根据2019年4月23日第十三届全国人民代表大会常务委员会第十次会议《关于修改〈中华人民共和国建筑法〉等八部法律的决定》修正)

目　录

第一章　总　　则

第一条　为了规范行政许可的设定和实施,保护公民、法人和其他组织的合法权益,维护公共利益和社会秩序,保障和监督行政机关有效实施行政管理,根据宪法,制定本法。

第二条 本法所称行政许可,是指行政机关根据公民、法人或者其他组织的申请,经依法审查,准予其从事特定活动的行为。

第三条 行政许可的设定和实施,适用本法。

有关行政机关对其他机关或者对其直接管理的事业单位的人事、财务、外事等事项的审批,不适用本法。

第四条 设定和实施行政许可,应当依照法定的权限、范围、条件和程序。

第五条 设定和实施行政许可,应当遵循公开、公平、公正、非歧视的原则。

有关行政许可的规定应当公布;未经公布的,不得作为实施行政许可的依据。行政许可的实施和结果,除涉及国家秘密、商业秘密或者个人隐私的外,应当公开。未经申请人同意,行政机关及其工作人员、参与专家评审等的人员不得披露申请人提交的商业秘密、未披露信息或者保密商务信息,法律另有规定或者涉及国家安全、重大社会公共利益的除外;行政机关依法公开申请人前述信息的,允许申请人在合理期限内提出异议。

符合法定条件、标准的,申请人有依法取得行政许可的平等权利,行政机关不得歧视任何人。

第六条 实施行政许可,应当遵循便民的原则,提高办事效率,提供优质服务。

第七条 公民、法人或者其他组织对行政机关实施行政许可,享有陈述权、申辩权;有权依法申请行政复议或者提起行政诉讼;其合法权益因行政机关违法实施行政许可受到损害的,有权依法要求赔偿。

第八条 公民、法人或者其他组织依法取得的行政许可受法律保护,行政机关不得擅自改变已经生效的行政许可。

行政许可所依据的法律、法规、规章修改或者废止,或者准予行政许可所依据的客观情况发生重大变化的,为了公共利益的需要,行政机关可以依法变更或者撤回已经生效的行政许可。由此给公民、法人或者其他组织造成财产损失的,行政机关应当依法给予补偿。

第九条 依法取得的行政许可,除法律、法规规定依照法定条件和程序可以转让的外，不得转让。

第十条　县级以上人民政府应当建立健全对行政机关实施行政许可的监督制度，加强对行政机关实施行政许可的监督检查。

行政机关应当对公民、法人或者其他组织从事行政许可事项的活动实施有效监督。

第二章　行政许可的设定

第十一条　设定行政许可，应当遵循经济和社会发展规律，有利于发挥公民、法人或者其他组织的积极性、主动性，维护公共利益和社会秩序，促进经济、社会和生态环境协调发展。

第十二条　下列事项可以设定行政许可：

（一）直接涉及国家安全、公共安全、经济宏观调控、生态环境保护以及直接关系人身健康、生命财产安全等特定活动，需要按照法定条件予以批准的事项；

（二）有限自然资源开发利用、公共资源配置以及直接关系公共利益的特定行业的市场准入等，需要赋予特定权利的事项；

（三）提供公众服务并且直接关系公共利益的职业、行业，需要确定具备特殊信誉、特殊条件或者特殊技能等资格、资质的事项；

（四）直接关系公共安全、人身健康、生命财产安全的重要设备、设施、产品、物品，需要按照技术标准、技术规范，通过检验、检测、检疫等方式进行审定的事项；

（五）企业或者其他组织的设立等，需要确定主体资格的事项；

（六）法律、行政法规规定可以设定行政许可的其他事项。

第十三条　本法第十二条所列事项，通过下列方式能够予以规范的，可以不设行政许可：

（一）公民、法人或者其他组织能够自主决定的；

（二）市场竞争机制能够有效调节的；

（三）行业组织或者中介机构能够自律管理的；

（四）行政机关采用事后监督等其他行政管理方式能够解决的。

第十四条　本法第十二条所列事项，法律可以设定行政许可。尚未制定法律的,行政法规可以设定行政许可。

必要时,国务院可以采用发布决定的方式设定行政许可。实施后,除临时性行政许可事项外,国务院应当及时提请全国人民代表大会及其常务委员会制定法律,或者自行制定行政法规。

第十五条 本法第十二条所列事项,尚未制定法律、行政法规的,地方性法规可以设定行政许可;尚未制定法律、行政法规和地方性法规的,因行政管理的需要,确需立即实施行政许可的,省、自治区、直辖市人民政府规章可以设定临时性的行政许可。临时性的行政许可实施满一年需要继续实施的,应当提请本级人民代表大会及其常务委员会制定地方性法规。

地方性法规和省、自治区、直辖市人民政府规章,不得设定应当由国家统一确定的公民、法人或者其他组织的资格、资质的行政许可;不得设定企业或者其他组织的设立登记及其前置性行政许可。其设定的行政许可,不得限制其他地区的个人或者企业到本地区从事生产经营和提供服务,不得限制其他地区的商品进入本地区市场。

第十六条 行政法规可以在法律设定的行政许可事项范围内,对实施该行政许可作出具体规定。

地方性法规可以在法律、行政法规设定的行政许可事项范围内,对实施该行政许可作出具体规定。

规章可以在上位法设定的行政许可事项范围内,对实施该行政许可作出具体规定。

法规、规章对实施上位法设定的行政许可作出的具体规定,不得增设行政许可;对行政许可条件作出的具体规定,不得增设违反上位法的其他条件。

第十七条 除本法第十四条、第十五条规定的外,其他规范性文件一律不得设定行政许可。

第十八条 设定行政许可,应当规定行政许可的实施机关、条件、程序、期限。

第十九条 起草法律草案、法规草案和省、自治区、直辖市人民政府规章草案,拟设定行政许可的,起草单位应当采取听证会、论证会等形式听取意见,并向制定机关说明设定该行政许可的必要性、对经济和社会可能产生的影响以及听取和采纳意见的情况。

第二十条 行政许可的设定机关应当定期对其设定的行政许可进行评价；对已设定的行政许可，认为通过本法第十三条所列方式能够解决的，应当对设定该行政许可的规定及时予以修改或者废止。

行政许可的实施机关可以对已设定的行政许可的实施情况及存在的必要性适时进行评价，并将意见报告该行政许可的设定机关。

公民、法人或者其他组织可以向行政许可的设定机关和实施机关就行政许可的设定和实施提出意见和建议。

第二十一条 省、自治区、直辖市人民政府对行政法规设定的有关经济事务的行政许可，根据本行政区域经济和社会发展情况，认为通过本法第十三条所列方式能够解决的，报国务院批准后，可以在本行政区域内停止实施该行政许可。

第三章 行政许可的实施机关

第二十二条 行政许可由具有行政许可权的行政机关在其法定职权范围内实施。

第二十三条 法律、法规授权的具有管理公共事务职能的组织，在法定授权范围内，以自己的名义实施行政许可。被授权的组织适用本法有关行政机关的规定。

第二十四条 行政机关在其法定职权范围内，依照法律、法规、规章的规定，可以委托其他行政机关实施行政许可。委托机关应当将受委托行政机关和受委托实施行政许可的内容予以公告。

委托行政机关对受委托行政机关实施行政许可的行为应当负责监督，并对该行为的后果承担法律责任。

受委托行政机关在委托范围内，以委托行政机关名义实施行政许可；不得再委托其他组织或者个人实施行政许可。

第二十五条 经国务院批准，省、自治区、直辖市人民政府根据精简、统一、效能的原则，可以决定一个行政机关行使有关行政机关的行政许可权。

第二十六条 行政许可需要行政机关内设的多个机构办理的，该行政机关应当确定一个机构统一受理行政许可申请,统一送达行政许可决定。

行政许可依法由地方人民政府两个以上部门分别实施的,本级人民政府可以确定一个部门受理行政许可申请并转告有关部门分别提出意见后统一办理,或者组织有关部门联合办理、集中办理。

第二十七条 行政机关实施行政许可,不得向申请人提出购买指定商品、接受有偿服务等不正当要求。

行政机关工作人员办理行政许可,不得索取或者收受申请人的财物,不得谋取其他利益。

第二十八条 对直接关系公共安全、人身健康、生命财产安全的设备、设施、产品、物品的检验、检测、检疫,除法律、行政法规规定由行政机关实施的外,应当逐步由符合法定条件的专业技术组织实施。专业技术组织及其有关人员对所实施的检验、检测、检疫结论承担法律责任。

第四章 行政许可的实施程序

第一节 申请与受理

第二十九条 公民、法人或者其他组织从事特定活动,依法需要取得行政许可的,应当向行政机关提出申请。申请书需要采用格式文本的,行政机关应当向申请人提供行政许可申请书格式文本。申请书格式文本中不得包含与申请行政许可事项没有直接关系的内容。

申请人可以委托代理人提出行政许可申请。但是,依法应当由申请人到行政机关办公场所提出行政许可申请的除外。

行政许可申请可以通过信函、电报、电传、传真、电子数据交换和电子邮件等方式提出。

第三十条 行政机关应当将法律、法规、规章规定的有关行政许可的事项、依据、条件、数量、程序、期限以及需要提交的全部材料的目录和申请书示范文本等在办公场所公示。

申请人要求行政机关对公示内容予以说明、解释的,行政机关应当说明、解释,提供准确、可靠的信息。

第三十一条 申请人申请行政许可,应当如实向行政机关提交有关材料和反映真实情况,并对其申请材料实质内容的真实性负责。行政机关不得要求申请人提交与其申请的行政许可事项无关的技术资料和其他材料。

行政机关及其工作人员不得以转让技术作为取得行政许可的条件;不得在实施行政许可的过程中,直接或者间接地要求转让技术。

第三十二条 行政机关对申请人提出的行政许可申请,应当根据下列情况分别作出处理:

(一)申请事项依法不需要取得行政许可的,应当即时告知申请人不受理;

(二)申请事项依法不属于本行政机关职权范围的,应当即时作出不予受理的决定,并告知申请人向有关行政机关申请;

(三)申请材料存在可以当场更正的错误的,应当允许申请人当场更正;

(四)申请材料不齐全或者不符合法定形式的,应当当场或者在五日内一次告知申请人需要补正的全部内容,逾期不告知的,自收到申请材料之日起即为受理;

(五)申请事项属于本行政机关职权范围,申请材料齐全、符合法定形式,或者申请人按照本行政机关的要求提交全部补正申请材料的,应当受理行政许可申请。

行政机关受理或者不予受理行政许可申请,应当出具加盖本行政机关专用印章和注明日期的书面凭证。

第三十三条 行政机关应当建立和完善有关制度,推行电子政务,在行政机关的网站上公布行政许可事项,方便申请人采取数据电文等方式提出行政许可申请;应当与其他行政机关共享有关行政许可信息,提高办事效率。

第二节　审查与决定

第三十四条 行政机关应当对申请人提交的申请材料进行审查。

申请人提交的申请材料齐全、符合法定形式,行政机关能够当场作出决定的,应当当场作出书面的行政许可决定。

根据法定条件和程序,需要对申请材料的实质内容进行核实的,行政机关应当指派两名以上工作人员进行核查。

第三十五条 依法应当先经下级行政机关审查后报上级行政机关决定的行政许可，下级行政机关应当在法定期限内将初步审查意见和全部申请材料直接报送上级行政机关。上级行政机关不得要求申请人重复提供申请材料。

第三十六条 行政机关对行政许可申请进行审查时，发现行政许可事项直接关系他人重大利益的，应当告知该利害关系人。申请人、利害关系人有权进行陈述和申辩。行政机关应当听取申请人、利害关系人的意见。

第三十七条 行政机关对行政许可申请进行审查后，除当场作出行政许可决定的外，应当在法定期限内按照规定程序作出行政许可决定。

第三十八条 申请人的申请符合法定条件、标准的，行政机关应当依法作出准予行政许可的书面决定。

行政机关依法作出不予行政许可的书面决定的，应当说明理由，并告知申请人享有依法申请行政复议或者提起行政诉讼的权利。

第三十九条 行政机关作出准予行政许可的决定，需要颁发行政许可证件的，应当向申请人颁发加盖本行政机关印章的下列行政许可证件：

（一）许可证、执照或者其他许可证书；

（二）资格证、资质证或者其他合格证书；

（三）行政机关的批准文件或者证明文件；

（四）法律、法规规定的其他行政许可证件。

行政机关实施检验、检测、检疫的，可以在检验、检测、检疫合格的设备、设施、产品、物品上加贴标签或者加盖检验、检测、检疫印章。

第四十条 行政机关作出的准予行政许可决定，应当予以公开，公众有权查阅。

第四十一条 法律、行政法规设定的行政许可，其适用范围没有地域限制的，申请人取得的行政许可在全国范围内有效。

第三节 期　　限

第四十二条 除可以当场作出行政许可决定的外，行政机关应当自受理行政许可申请之日起二十日内作出行政许可决定。二十日内不能作出决定的，经本行政机关负责人批准，可以延长十日，并应当将延长期限的理由告知申请人。

但是，法律、法规另有规定的，依照其规定。

依照本法第二十六条的规定，行政许可采取统一办理或者联合办理、集中办理的，办理的时间不得超过四十五日；四十五日内不能办结的，经本级人民政府负责人批准，可以延长十五日，并应当将延长期限的理由告知申请人。

第四十三条 依法应当先经下级行政机关审查后报上级行政机关决定的行政许可，下级行政机关应当自其受理行政许可申请之日起二十日内审查完毕。但是，法律、法规另有规定的，依照其规定。

第四十四条 行政机关作出准予行政许可的决定，应当自作出决定之日起十日内向申请人颁发、送达行政许可证件，或者加贴标签、加盖检验、检测、检疫印章。

第四十五条 行政机关作出行政许可决定，依法需要听证、招标、拍卖、检验、检测、检疫、鉴定和专家评审的，所需时间不计算在本节规定的期限内。行政机关应当将所需时间书面告知申请人。

第四节 听　　证

第四十六条 法律、法规、规章规定实施行政许可应当听证的事项，或者行政机关认为需要听证的其他涉及公共利益的重大行政许可事项，行政机关应当向社会公告，并举行听证。

第四十七条 行政许可直接涉及申请人与他人之间重大利益关系的，行政机关在作出行政许可决定前，应当告知申请人、利害关系人享有要求听证的权利；申请人、利害关系人在被告知听证权利之日起五日内提出听证申请的，行政机关应当在二十日内组织听证。

申请人、利害关系人不承担行政机关组织听证的费用。

第四十八条 听证按照下列程序进行：

（一）行政机关应当于举行听证的七日前将举行听证的时间、地点通知申请人、利害关系人，必要时予以公告；

（二）听证应当公开举行；

（三）行政机关应当指定审查该行政许可申请的工作人员以外的人员为听证主持人，申请人、利害关系人认为主持人与该行政许可事项有直接利害关系的，有权申请回避；

（四）举行听证时，审查该行政许可申请的工作人员应当提供审查意见的证据、理由，申请人、利害关系人可以提出证据，并进行申辩和质证；

（五）听证应当制作笔录，听证笔录应当交听证参加人确认无误后签字或者盖章。

行政机关应当根据听证笔录，作出行政许可决定。

第五节　变更与延续

第四十九条　被许可人要求变更行政许可事项的，应当向作出行政许可决定的行政机关提出申请；符合法定条件、标准的，行政机关应当依法办理变更手续。

第五十条　被许可人需要延续依法取得的行政许可的有效期的，应当在该行政许可有效期届满三十日前向作出行政许可决定的行政机关提出申请。但是，法律、法规、规章另有规定的，依照其规定。

行政机关应当根据被许可人的申请，在该行政许可有效期届满前作出是否准予延续的决定；逾期未作决定的，视为准予延续。

第六节　特别规定

第五十一条　实施行政许可的程序，本节有规定的，适用本节规定；本节没有规定的，适用本章其他有关规定。

第五十二条　国务院实施行政许可的程序，适用有关法律、行政法规的规定。

第五十三条　实施本法第十二条第二项所列事项的行政许可的，行政机关应当通过招标、拍卖等公平竞争的方式作出决定。但是，法律、行政法规另有规定的，依照其规定。

行政机关通过招标、拍卖等方式作出行政许可决定的具体程序，依照有关法律、行政法规的规定。

行政机关按照招标、拍卖程序确定中标人、买受人后，应当作出准予行政许可的决定，并依法向中标人、买受人颁发行政许可证件。

行政机关违反本条规定,不采用招标、拍卖方式,或者违反招标、拍卖程序,损害申请人合法权益的,申请人可以依法申请行政复议或者提起行政诉讼。

第五十四条 实施本法第十二条第三项所列事项的行政许可,赋予公民特定资格,依法应当举行国家考试的,行政机关根据考试成绩和其他法定条件作出行政许可决定;赋予法人或者其他组织特定的资格、资质的,行政机关根据申请人的专业人员构成、技术条件、经营业绩和管理水平等的考核结果作出行政许可决定。但是,法律、行政法规另有规定的,依照其规定。

公民特定资格的考试依法由行政机关或者行业组织实施,公开举行。行政机关或者行业组织应当事先公布资格考试的报名条件、报考办法、考试科目以及考试大纲。但是,不得组织强制性的资格考试的考前培训,不得指定教材或者其他助考材料。

第五十五条 实施本法第十二条第四项所列事项的行政许可的,应当按照技术标准、技术规范依法进行检验、检测、检疫,行政机关根据检验、检测、检疫的结果作出行政许可决定。

行政机关实施检验、检测、检疫,应当自受理申请之日起五日内指派两名以上工作人员按照技术标准、技术规范进行检验、检测、检疫。不需要对检验、检测、检疫结果作进一步技术分析即可认定设备、设施、产品、物品是否符合技术标准、技术规范的,行政机关应当当场作出行政许可决定。

行政机关根据检验、检测、检疫结果,作出不予行政许可决定的,应当书面说明不予行政许可所依据的技术标准、技术规范。

第五十六条 实施本法第十二条第五项所列事项的行政许可,申请人提交的申请材料齐全、符合法定形式的,行政机关应当当场予以登记。需要对申请材料的实质内容进行核实的,行政机关依照本法第三十四条第三款的规定办理。

第五十七条 有数量限制的行政许可,两个或者两个以上申请人的申请均符合法定条件、标准的,行政机关应当根据受理行政许可申请的先后顺序作出准予行政许可的决定。但是,法律、行政法规另有规定的,依照其规定。

第五章 行政许可的费用

第五十八条 行政机关实施行政许可和对行政许可事项进行监督检查,不得收取任何费用。但是,法律、行政法规另有规定的,依照其规定。

行政机关提供行政许可申请书格式文本,不得收费。

行政机关实施行政许可所需经费应当列入本行政机关的预算,由本级财政予以保障,按照批准的预算予以核拨。

第五十九条 行政机关实施行政许可,依照法律、行政法规收取费用的,应当按照公布的法定项目和标准收费;所收取的费用必须全部上缴国库,任何机关或者个人不得以任何形式截留、挪用、私分或者变相私分。财政部门不得以任何形式向行政机关返还或者变相返还实施行政许可所收取的费用。

第六章 监督检查

第六十条 上级行政机关应当加强对下级行政机关实施行政许可的监督检查,及时纠正行政许可实施中的违法行为。

第六十一条 行政机关应当建立健全监督制度,通过核查反映被许可人从事行政许可事项活动情况的有关材料,履行监督责任。

行政机关依法对被许可人从事行政许可事项的活动进行监督检查时,应当将监督检查的情况和处理结果予以记录,由监督检查人员签字后归档。公众有权查阅行政机关监督检查记录。

行政机关应当创造条件,实现与被许可人、其他有关行政机关的计算机档案系统互联,核查被许可人从事行政许可事项活动情况。

第六十二条 行政机关可以对被许可人生产经营的产品依法进行抽样检查、检验、检测,对其生产经营场所依法进行实地检查。检查时,行政机关可以依法查阅或者要求被许可人报送有关材料;被许可人应当如实提供有关情况和材料。

行政机关根据法律、行政法规的规定,对直接关系公共安全、人身健康、生命财产安全的重要设备、设施进行定期检验。对检验合格的,行政机关应当发给相应的证明文件。

第六十三条 行政机关实施监督检查,不得妨碍被许可人正常的生产经营活动,不得索取或者收受被许可人的财物,不得谋取其他利益。

第六十四条 被许可人在作出行政许可决定的行政机关管辖区域外违法

从事行政许可事项活动的，违法行为发生地的行政机关应当依法将被许可人的违法事实、处理结果抄告作出行政许可决定的行政机关。

第六十五条 个人和组织发现违法从事行政许可事项的活动，有权向行政机关举报，行政机关应当及时核实、处理。

第六十六条 被许可人未依法履行开发利用自然资源义务或者未依法履行利用公共资源义务的，行政机关应当责令限期改正；被许可人在规定期限内不改正的，行政机关应当依照有关法律、行政法规的规定予以处理。

第六十七条 取得直接关系公共利益的特定行业的市场准入行政许可的被许可人，应当按照国家规定的服务标准、资费标准和行政机关依法规定的条件，向用户提供安全、方便、稳定和价格合理的服务，并履行普遍服务的义务；未经作出行政许可决定的行政机关批准，不得擅自停业、歇业。

被许可人不履行前款规定的义务的，行政机关应当责令限期改正，或者依法采取有效措施督促其履行义务。

第六十八条 对直接关系公共安全、人身健康、生命财产安全的重要设备、设施，行政机关应当督促设计、建造、安装和使用单位建立相应的自检制度。

行政机关在监督检查时，发现直接关系公共安全、人身健康、生命财产安全的重要设备、设施存在安全隐患的，应当责令停止建造、安装和使用，并责令设计、建造、安装和使用单位立即改正。

第六十九条 有下列情形之一的，作出行政许可决定的行政机关或者其上级行政机关，根据利害关系人的请求或者依据职权，可以撤销行政许可：

（一）行政机关工作人员滥用职权、玩忽职守作出准予行政许可决定的；

（二）超越法定职权作出准予行政许可决定的；

（三）违反法定程序作出准予行政许可决定的；

（四）对不具备申请资格或者不符合法定条件的申请人准予行政许可的；

（五）依法可以撤销行政许可的其他情形。

被许可人以欺骗、贿赂等不正当手段取得行政许可的，应当予以撤销。

依照前两款的规定撤销行政许可，可能对公共利益造成重大损害的，不予撤销。

依照本条第一款的规定撤销行政许可，被许可人的合法权益受到损害的，行政机关应当依法给予赔偿。依照本条第二款的规定撤销行政许可的，被许可人基于行政许可取得的利益不受保护。

第七十条 有下列情形之一的，行政机关应当依法办理有关行政许可的注销手续：

(　)行政许可有效期届满未延续的；

(二)赋予公民特定资格的行政许可，该公民死亡或者丧失行为能力的；

(三)法人或者其他组织依法终止的；

(四)行政许可依法被撤销、撤回，或者行政许可证件依法被吊销的；

(五)因不可抗力导致行政许可事项无法实施的；

(六)法律、法规规定的应当注销行政许可的其他情形。

第七章 法律责任

第七十一条 违反本法第十七条规定设定的行政许可，有关机关应当责令设定该行政许可的机关改正，或者依法予以撤销。

第七十二条 行政机关及其工作人员违反本法的规定，有下列情形之一的，由其上级行政机关或者监察机关责令改正；情节严重的，对直接负责的主管人员和其他直接责任人员依法给予行政处分：

(一)对符合法定条件的行政许可申请不予受理的；

(二)不在办公场所公示依法应当公示的材料的；

(三)在受理、审查、决定行政许可过程中，未向申请人、利害关系人履行法定告知义务的；

(四)申请人提交的申请材料不齐全、不符合法定形式，不一次告知申请人必须补正的全部内容的；

(五)违法披露申请人提交的商业秘密、未披露信息或者保密商务信息的；

(六)以转让技术作为取得行政许可的条件，或者在实施行政许可的过程中直接或者间接地要求转让技术的；

(七)未依法说明不受理行政许可申请或者不予行政许可的理由的；

(八)依法应当举行听证而不举行听证的。

第七十三条 行政机关工作人员办理行政许可、实施监督检查，索取或者收受他人财物或者谋取其他利益，构成犯罪的，依法追究刑事责任；尚不构成犯罪的，依法给予行政处分。

第七十四条 行政机关实施行政许可，有下列情形之一的，由其上级行政机关或者监察机关责令改正，对直接负责的主管人员和其他直接责任人员依法给予行政处分；构成犯罪的，依法追究刑事责任：

（一）对不符合法定条件的申请人准予行政许可或者超越法定职权作出准予行政许可决定的；

（二）对符合法定条件的申请人不予行政许可或者不在法定期限内作出准予行政许可决定的；

（三）依法应当根据招标、拍卖结果或者考试成绩择优作出准予行政许可决定，未经招标、拍卖或者考试，或者不根据招标、拍卖结果或者考试成绩择优作出准予行政许可决定的。

第七十五条 行政机关实施行政许可，擅自收费或者不按照法定项目和标准收费的，由其上级行政机关或者监察机关责令退还非法收取的费用；对直接负责的主管人员和其他直接责任人员依法给予行政处分。

截留、挪用、私分或者变相私分实施行政许可依法收取的费用的，予以追缴；对直接负责的主管人员和其他直接责任人员依法给予行政处分；构成犯罪的，依法追究刑事责任。

第七十六条 行政机关违法实施行政许可，给当事人的合法权益造成损害的，应当依照国家赔偿法的规定给予赔偿。

第七十七条 行政机关不依法履行监督职责或者监督不力，造成严重后果的，由其上级行政机关或者监察机关责令改正，对直接负责的主管人员和其他直接责任人员依法给予行政处分；构成犯罪的，依法追究刑事责任。

第七十八条 行政许可申请人隐瞒有关情况或者提供虚假材料申请行政许可的，行政机关不予受理或者不予行政许可，并给予警告；行政许可申请属于直接关系公共安全、人身健康、生命财产安全事项的，申请人在一年内不得再次申请该行政许可。

第七十九条 被许可人以欺骗、贿赂等不正当手段取得行政许可的，行政机关应当依法给予行政处罚；取得的行政许可属于直接关系公共安全、人身健康、生命财产安全事项的，申请人在三年内不得再次申请该行政许可；构成犯罪的，依法追究刑事责任。

第八十条 被许可人有下列行为之一的，行政机关应当依法给予行政处罚；构成犯罪的，依法追究刑事责任：

（一）涂改、倒卖、出租、出借行政许可证件，或者以其他形式非法转让行政许可的；

（二）超越行政许可范围进行活动的；

（三）向负责监督检查的行政机关隐瞒有关情况、提供虚假材料或者拒绝提供反映其活动情况的真实材料的；

（四）法律、法规、规章规定的其他违法行为。

第八十一条 公民、法人或者其他组织未经行政许可，擅自从事依法应当取得行政许可的活动的，行政机关应当依法采取措施予以制止，并依法给予行政处罚；构成犯罪的，依法追究刑事责任。

第八章 附 则

第八十二条 本法规定的行政机关实施行政许可的期限以工作日计算，不含法定节假日。

第八十三条 本法自 2004 年 7 月 1 日起施行。

本法施行前有关行政许可的规定，制定机关应当依照本法规定予以清理；不符合本法规定的，自本法施行之日起停止执行。

中华人民共和国行政强制法

(2011年6月30日第十一届全国人民代表大会常务委员会第二十一次会议通过)

目　录

第一章　总　　则

第一条　为了规范行政强制的设定和实施，保障和监督行政机关依法履行职责，维护公共利益和社会秩序，保护公民、法人和其他组织的合法权益，根据宪法，制定本法。

第二条　本法所称行政强制，包括行政强制措施和行政强制执行。

行政强制措施，是指行政机关在行政管理过程中，为制止违法行为、防止证据损毁、避免危害发生、控制危险扩大等情形，依法对公民的人身自由实施暂时性限制，或者对公民、法人或者其他组织的财物实施暂时性控制的行为。

行政强制执行，是指行政机关或者行政机关申请人民法院，对不履行行政决定的公民、法人或者其他组织，依法强制履行义务的行为。

第三条 行政强制的设定和实施，适用本法。

发生或者即将发生自然灾害、事故灾难、公共卫生事件或者社会安全事件等突发事件，行政机关采取应急措施或者临时措施，依照有关法律、行政法规的规定执行。

行政机关采取金融业审慎监管措施、进出境货物强制性技术监控措施，依照有关法律、行政法规的规定执行。

第四条 行政强制的设定和实施，应当依照法定的权限、范围、条件和程序。

第五条 行政强制的设定和实施，应当适当。采用非强制手段可以达到行政管理目的的，不得设定和实施行政强制。

第六条 实施行政强制，应当坚持教育与强制相结合。

第七条 行政机关及其工作人员不得利用行政强制权为单位或者个人谋取利益。

第八条 公民、法人或者其他组织对行政机关实施行政强制，享有陈述权、申辩权；有权依法申请行政复议或者提起行政诉讼；因行政机关违法实施行政强制受到损害的，有权依法要求赔偿。

公民、法人或者其他组织因人民法院在强制执行中有违法行为或者扩大强制执行范围受到损害的，有权依法要求赔偿。

第二章 行政强制的种类和设定

第九条 行政强制措施的种类：

（一）限制公民人身自由；

（二）查封场所、设施或者财物；

（三）扣押财物；

（四）冻结存款、汇款；

（五）其他行政强制措施。

第十条 行政强制措施由法律设定。

尚未制定法律，且属于国务院行政管理职权事项的，行政法规可以设定除本法第九条第一项、第四项和应当由法律规定的行政强制措施以外的其他行政强制措施。

尚未制定法律、行政法规，且属于地方性事务的，地方性法规可以设定本法第九条第二项、第三项的行政强制措施。

法律、法规以外的其他规范性文件不得设定行政强制措施。

第十一条 法律对行政强制措施的对象、条件、种类作了规定的，行政法规、地方性法规不得作出扩大规定。

法律中未设定行政强制措施的，行政法规、地方性法规不得设定行政强制措施。但是，法律规定特定事项由行政法规规定具体管理措施的，行政法规可以设定除本法第九条第一项、第四项和应当由法律规定的行政强制措施以外的其他行政强制措施。

第十二条 行政强制执行的方式：

（一）加处罚款或者滞纳金；

（二）划拨存款、汇款；

（三）拍卖或者依法处理查封、扣押的场所、设施或者财物；

（四）排除妨碍、恢复原状；

（五）代履行；

（六）其他强制执行方式。

第十三条 行政强制执行由法律设定。

法律没有规定行政机关强制执行的，作出行政决定的行政机关应当申请人民法院强制执行。

第十四条 起草法律草案、法规草案，拟设定行政强制的，起草单位应当采取听证会、论证会等形式听取意见，并向制定机关说明设定该行政强制的必要性、可能产生的影响以及听取和采纳意见的情况。

第十五条 行政强制的设定机关应当定期对其设定的行政强制进行评价，

并对不适当的行政强制及时予以修改或者废止。

行政强制的实施机关可以对已设定的行政强制的实施情况及存在的必要性适时进行评价，并将意见报告该行政强制的设定机关。

公民、法人或者其他组织可以向行政强制的设定机关和实施机关就行政强制的设定和实施提出意见和建议。有关机关应当认真研究论证，并以适当方式予以反馈。

第三章 行政强制措施实施程序

第一节 一般规定

第十六条 行政机关履行行政管理职责，依照法律、法规的规定，实施行政强制措施。

违法行为情节显著轻微或者没有明显社会危害的，可以不采取行政强制措施。

第十七条 行政强制措施由法律、法规规定的行政机关在法定职权范围内实施。行政强制措施权不得委托。

依据《中华人民共和国行政处罚法》的规定行使相对集中行政处罚权的行政机关，可以实施法律、法规规定的与行政处罚权有关的行政强制措施。

行政强制措施应当由行政机关具备资格的行政执法人员实施，其他人员不得实施。

第十八条 行政机关实施行政强制措施应当遵守下列规定：

(一)实施前须向行政机关负责人报告并经批准；

(二)由两名以上行政执法人员实施；

(三)出示执法身份证件；

(四)通知当事人到场；

(五)当场告知当事人采取行政强制措施的理由、依据以及当事人依法享有的权利、救济途径；

(六)听取当事人的陈述和申辩；

(七)制作现场笔录；

（八）现场笔录由当事人和行政执法人员签名或者盖章，当事人拒绝的，在笔录中予以注明；

（九）当事人不到场的，邀请见证人到场，由见证人和行政执法人员在现场笔录上签名或者盖章；

（十）法律、法规规定的其他程序。

第十九条 情况紧急，需要当场实施行政强制措施的，行政执法人员应当在二十四小时内向行政机关负责人报告，并补办批准手续。行政机关负责人认为不应当采取行政强制措施的，应当立即解除。

第二十条 依照法律规定实施限制公民人身自由的行政强制措施，除应当履行本法第十八条规定的程序外，还应当遵守下列规定：

（一）当场告知或者实施行政强制措施后立即通知当事人家属实施行政强制措施的行政机关、地点和期限；

（二）在紧急情况下当场实施行政强制措施的，在返回行政机关后，立即向行政机关负责人报告并补办批准手续；

（三）法律规定的其他程序。

实施限制人身自由的行政强制措施不得超过法定期限。实施行政强制措施的目的已经达到或者条件已经消失，应当立即解除。

第二十一条 违法行为涉嫌犯罪应当移送司法机关的，行政机关应当将查封、扣押、冻结的财物一并移送，并书面告知当事人。

第二节 查封、扣押

第二十二条 查封、扣押应当由法律、法规规定的行政机关实施，其他任何行政机关或者组织不得实施。

第二十三条 查封、扣押限于涉案的场所、设施或者财物，不得查封、扣押与违法行为无关的场所、设施或者财物；不得查封、扣押公民个人及其所扶养家属的生活必需品。

当事人的场所、设施或者财物已被其他国家机关依法查封的，不得重复查封。

第二十四条 行政机关决定实施查封、扣押的，应当履行本法第十八条规定的程序,制作并当场交付查封、扣押决定书和清单。

查封、扣押决定书应当载明下列事项:

(一)当事人的姓名或者名称、地址;

(二)查封、扣押的理由、依据和期限;

(三)查封、扣押场所、设施或者财物的名称、数量等;

(四)申请行政复议或者提起行政诉讼的途径和期限;

(五)行政机关的名称、印章和日期。

查封、扣押清单一式二份,由当事人和行政机关分别保存。

第二十五条 查封、扣押的期限不得超过三十日;情况复杂的,经行政机关负责人批准,可以延长,但是延长期限不得超过三十日。法律、行政法规另有规定的除外。

延长查封、扣押的决定应当及时书面告知当事人,并说明理由。

对物品需要进行检测、检验、检疫或者技术鉴定的,查封、扣押的期间不包括检测、检验、检疫或者技术鉴定的期间。检测、检验、检疫或者技术鉴定的期间应当明确,并书面告知当事人。检测、检验、检疫或者技术鉴定的费用由行政机关承担。

第二十六条 对查封、扣押的场所、设施或者财物,行政机关应当妥善保管,不得使用或者损毁;造成损失的,应当承担赔偿责任。

对查封的场所、设施或者财物,行政机关可以委托第三人保管,第三人不得损毁或者擅自转移、处置。因第三人的原因造成的损失,行政机关先行赔付后,有权向第三人追偿。

因查封、扣押发生的保管费用由行政机关承担。

第二十七条 行政机关采取查封、扣押措施后,应当及时查清事实,在本法第二十五条规定的期限内作出处理决定。对违法事实清楚,依法应当没收的非法财物予以没收;法律、行政法规规定应当销毁的,依法销毁;应当解除查封、扣押的,作出解除查封、扣押的决定。

第二十八条 有下列情形之一的,行政机关应当及时作出解除查封、扣押决定:

(一)当事人没有违法行为;

(二)查封、扣押的场所、设施或者财物与违法行为无关;

(三)行政机关对违法行为已经作出处理决定,不再需要查封、扣押;

(四)查封、扣押期限已经届满;

(五)其他不再需要采取查封、扣押措施的情形。

解除查封、扣押应当立即退还财物;已将鲜活物品或者其他不易保管的财物拍卖或者变卖的,退还拍卖或者变卖所得款项。变卖价格明显低于市场价格,给当事人造成损失的,应当给予补偿。

第三节 冻　　结

第二十九条 冻结存款、汇款应当由法律规定的行政机关实施,不得委托给其他行政机关或者组织;其他任何行政机关或者组织不得冻结存款、汇款。

冻结存款、汇款的数额应当与违法行为涉及的金额相当;已被其他国家机关依法冻结的,不得重复冻结。

第三十条 行政机关依照法律规定决定实施冻结存款、汇款的,应当履行本法第十八条第一项、第二项、第三项、第七项规定的程序,并向金融机构交付冻结通知书。

金融机构接到行政机关依法作出的冻结通知书后,应当立即予以冻结,不得拖延,不得在冻结前向当事人泄露信息。

法律规定以外的行政机关或者组织要求冻结当事人存款、汇款的,金融机构应当拒绝。

第三十一条 依照法律规定冻结存款、汇款的,作出决定的行政机关应当在三日内向当事人交付冻结决定书。冻结决定书应当载明下列事项:

(一)当事人的姓名或者名称、地址;

(二)冻结的理由、依据和期限;

(三)冻结的账号和数额;

(四)申请行政复议或者提起行政诉讼的途径和期限;

(五)行政机关的名称、印章和日期。

第三十二条 自冻结存款、汇款之日起三十日内,行政机关应当作出处理决定或者作出解除冻结决定;情况复杂的,经行政机关负责人批准,可以延长,但是延长期限不得超过三十日。法律另有规定的除外。

延长冻结的决定应当及时书面告知当事人,并说明理由。

第三十三条 有下列情形之一的,行政机关应当及时作出解除冻结决定:

(一)当事人没有违法行为;

(二)冻结的存款、汇款与违法行为无关;

(三)行政机关对违法行为已经作出处理决定,不再需要冻结;

(四)冻结期限已经届满;

(五)其他不再需要采取冻结措施的情形。

行政机关作出解除冻结决定的,应当及时通知金融机构和当事人。金融机构接到通知后,应当立即解除冻结。

行政机关逾期未作出处理决定或者解除冻结决定的,金融机构应当自冻结期满之日起解除冻结。

第四章 行政机关强制执行程序

第一节 一般规定

第三十四条 行政机关依法作出行政决定后,当事人在行政机关决定的期限内不履行义务的,具有行政强制执行权的行政机关依照本章规定强制执行。

第三十五条 行政机关作出强制执行决定前,应当事先催告当事人履行义务。催告应当以书面形式作出,并载明下列事项:

(一)履行义务的期限;

(二)履行义务的方式;

(三)涉及金钱给付的,应当有明确的金额和给付方式;

(四)当事人依法享有的陈述权和申辩权。

第三十六条 当事人收到催告书后有权进行陈述和申辩。行政机关应当充分听取当事人的意见,对当事人提出的事实、理由和证据,应当进行记录、复核。当事人提出的事实、理由或者证据成立的,行政机关应当采纳。

第三十七条 经催告,当事人逾期仍不履行行政决定,且无正当理由的,行政机关可以作出强制执行决定。

强制执行决定应当以书面形式作出,并载明下列事项:

(一)当事人的姓名或者名称、地址;

(二)强制执行的理由和依据;

(三)强制执行的方式和时间;

(四)申请行政复议或者提起行政诉讼的途径和期限;

(五)行政机关的名称、印章和日期。

在催告期间,对有证据证明有转移或者隐匿财物迹象的,行政机关可以作出立即强制执行决定。

第三十八条 催告书、行政强制执行决定书应当直接送达当事人。当事人拒绝接收或者无法直接送达当事人的,应当依照《中华人民共和国民事诉讼法》的有关规定送达。

第三十九条 有下列情形之一的,中止执行:

(一)当事人履行行政决定确有困难或者暂无履行能力的;

(二)第三人对执行标的主张权利,确有理由的;

(三)执行可能造成难以弥补的损失,且中止执行不损害公共利益的;

(四)行政机关认为需要中止执行的其他情形。

中止执行的情形消失后,行政机关应当恢复执行。对没有明显社会危害,当事人确无能力履行,中止执行满三年未恢复执行的,行政机关不再执行。

第四十条 有下列情形之一的,终结执行:

(一)公民死亡,无遗产可供执行,又无义务承受人的;

(二)法人或者其他组织终止,无财产可供执行,又无义务承受人的;

(三)执行标的灭失的;

(四)据以执行的行政决定被撤销的;

(五)行政机关认为需要终结执行的其他情形。

第四十一条 在执行中或者执行完毕后,据以执行的行政决定被撤销、变更,或者执行错误的,应当恢复原状或者退还财物;不能恢复原状或者退还财物的,依法给予赔偿。

第四十二条 实施行政强制执行,行政机关可以在不损害公共利益和他人合法权益的情况下,与当事人达成执行协议。执行协议可以约定分阶段履行;

当事人采取补救措施的,可以减免加处的罚款或者滞纳金。

执行协议应当履行。当事人不履行执行协议的,行政机关应当恢复强制执行。

第四十三条 行政机关不得在夜间或者法定节假日实施行政强制执行。但是,情况紧急的除外。

行政机关不得对居民生活采取停止供水、供电、供热、供燃气等方式迫使当事人履行相关行政决定。

第四十四条 对违法的建筑物、构筑物、设施等需要强制拆除的,应当由行政机关予以公告,限期当事人自行拆除。当事人在法定期限内不申请行政复议或者提起行政诉讼,又不拆除的,行政机关可以依法强制拆除。

第二节 金钱给付义务的执行

第四十五条 行政机关依法作出金钱给付义务的行政决定,当事人逾期不履行的,行政机关可以依法加处罚款或者滞纳金。加处罚款或者滞纳金的标准应当告知当事人。

加处罚款或者滞纳金的数额不得超出金钱给付义务的数额。

第四十六条 行政机关依照本法第四十五条规定实施加处罚款或者滞纳金超过三十日,经催告当事人仍不履行的,具有行政强制执行权的行政机关可以强制执行。

行政机关实施强制执行前,需要采取查封、扣押、冻结措施的,依照本法第三章规定办理。

没有行政强制执行权的行政机关应当申请人民法院强制执行。但是,当事人在法定期限内不申请行政复议或者提起行政诉讼,经催告仍不履行的,在实施行政管理过程中已经采取查封、扣押措施的行政机关,可以将查封、扣押的财物依法拍卖抵缴罚款。

第四十七条 划拨存款、汇款应当由法律规定的行政机关决定,并书面通知金融机构。金融机构接到行政机关依法作出划拨存款、汇款的决定后,应当立即划拨。

法律规定以外的行政机关或者组织要求划拨当事人存款、汇款的,金融机构应当拒绝。

第四十八条 依法拍卖财物，由行政机关委托拍卖机构依照《中华人民共和国拍卖法》的规定办理。

第四十九条 划拨的存款、汇款以及拍卖和依法处理所得的款项应当上缴国库或者划入财政专户。任何行政机关或者个人不得以任何形式截留、私分或者变相私分。

第三节 代 履 行

第五十条 行政机关依法作出要求当事人履行排除妨碍、恢复原状等义务的行政决定，当事人逾期不履行，经催告仍不履行，其后果已经或者将危害交通安全、造成环境污染或者破坏自然资源的，行政机关可以代履行，或者委托没有利害关系的第三人代履行。

第五十一条 代履行应当遵守下列规定：

（一）代履行前送达决定书，代履行决定书应当载明当事人的姓名或者名称、地址，代履行的理由和依据、方式和时间、标的、费用预算以及代履行人；

（二）代履行三日前，催告当事人履行，当事人履行的，停止代履行；

（三）代履行时，作出决定的行政机关应当派员到场监督；

（四）代履行完毕，行政机关到场监督的工作人员、代履行人和当事人或者见证人应当在执行文书上签名或者盖章。

代履行的费用按照成本合理确定，由当事人承担。但是，法律另有规定的除外。

代履行不得采用暴力、胁迫以及其他非法方式。

第五十二条 需要立即清除道路、河道、航道或者公共场所的遗洒物、障碍物或者污染物，当事人不能清除的，行政机关可以决定立即实施代履行；当事人不在场的，行政机关应当在事后立即通知当事人，并依法作出处理。

第五章 申请人民法院强制执行

第五十三条 当事人在法定期限内不申请行政复议或者提起行政诉讼，又不履行行政决定的，没有行政强制执行权的行政机关可以自期限届满之日起三个月内，依照本章规定申请人民法院强制执行。

第五十四条 行政机关申请人民法院强制执行前，应当催告当事人履行义务。催告书送达十日后当事人仍未履行义务的，行政机关可以向所在地有管辖权的人民法院申请强制执行；执行对象是不动产的，向不动产所在地有管辖权的人民法院申请强制执行。

第五十五条 行政机关向人民法院申请强制执行，应当提供下列材料：

（一）强制执行申请书；

（二）行政决定书及作出决定的事实、理由和依据；

（三）当事人的意见及行政机关催告情况；

（四）申请强制执行标的情况；

（五）法律、行政法规规定的其他材料。

强制执行申请书应当由行政机关负责人签名，加盖行政机关的印章，并注明日期。

第五十六条 人民法院接到行政机关强制执行的申请，应当在五日内受理。

行政机关对人民法院不予受理的裁定有异议的，可以在十五日内向上一级人民法院申请复议，上一级人民法院应当自收到复议申请之日起十五日内作出是否受理的裁定。

第五十七条 人民法院对行政机关强制执行的申请进行书面审查，对符合本法第五十五条规定，且行政决定具备法定执行效力的，除本法第五十八条规定的情形外，人民法院应当自受理之日起七日内作出执行裁定。

第五十八条 人民法院发现有下列情形之一的，在作出裁定前可以听取被执行人和行政机关的意见：

（一）明显缺乏事实根据的；

（二）明显缺乏法律、法规依据的；

（三）其他明显违法并损害被执行人合法权益的。

人民法院应当自受理之日起三十日内作出是否执行的裁定。裁定不予执行的，应当说明理由，并在五日内将不予执行的裁定送达行政机关。

行政机关对人民法院不予执行的裁定有异议的，可以自收到裁定之日起十五日内向上一级人民法院申请复议,上一级人民法院应当自收到复议申请之日起三十日内作出是否执行的裁定。

第五十九条 因情况紧急,为保障公共安全,行政机关可以申请人民法院立即执行。经人民法院院长批准,人民法院应当自作出执行裁定之日起五日内执行。

第六十条 行政机关申请人民法院强制执行,不缴纳申请费。强制执行的费用由被执行人承担。

人民法院以划拨、拍卖方式强制执行的,可以在划拨、拍卖后将强制执行的费用扣除。

依法拍卖财物,由人民法院委托拍卖机构依照《中华人民共和国拍卖法》的规定办理。

划拨的存款、汇款以及拍卖和依法处理所得的款项应当上缴国库或者划入财政专户,不得以任何形式截留、私分或者变相私分。

第六章 法律责任

第六十一条 行政机关实施行政强制,有下列情形之一的,由上级行政机关或者有关部门责令改正,对直接负责的主管人员和其他直接责任人员依法给予处分:

(一)没有法律、法规依据的;

(二)改变行政强制对象、条件、方式的;

(三)违反法定程序实施行政强制的;

(四)违反本法规定,在夜间或者法定节假日实施行政强制执行的;

(五)对居民生活采取停止供水、供电、供热、供燃气等方式迫使当事人履行相关行政决定的;

(六)有其他违法实施行政强制情形的。

第六十二条 违反本法规定,行政机关有下列情形之一的,由上级行政机关或者有关部门责令改正,对直接负责的主管人员和其他直接责任人员依法给予处分:

(一)扩大查封、扣押、冻结范围的;

（二）使用或者损毁查封、扣押场所、设施或者财物的；

（三）在查封、扣押法定期间不作出处理决定或者未依法及时解除查封、扣押的；

（四）在冻结存款、汇款法定期间不作出处理决定或者未依法及时解除冻结的。

第六十三条 行政机关将查封、扣押的财物或者划拨的存款、汇款以及拍卖和依法处理所得的款项，截留、私分或者变相私分的，由财政部门或者有关部门予以追缴；对直接负责的主管人员和其他直接责任人员依法给予记大过、降级、撤职或者开除的处分。

行政机关工作人员利用职务上的便利，将查封、扣押的场所、设施或者财物据为己有的，由上级行政机关或者有关部门责令改正，依法给予记大过、降级、撤职或者开除的处分。

第六十四条 行政机关及其工作人员利用行政强制权为单位或者个人谋取利益的，由上级行政机关或者有关部门责令改正，对直接负责的主管人员和其他直接责任人员依法给予处分。

第六十五条 违反本法规定，金融机构有下列行为之一的，由金融业监督管理机构责令改正，对直接负责的主管人员和其他直接责任人员依法给予处分：

（一）在冻结前向当事人泄露信息的；

（二）对应当立即冻结、划拨的存款、汇款不冻结或者不划拨，致使存款、汇款转移的；

（三）将不应当冻结、划拨的存款、汇款予以冻结或者划拨的；

（四）未及时解除冻结存款、汇款的。

第六十六条 违反本法规定，金融机构将款项划入国库或者财政专户以外的其他账户的，由金融业监督管理机构责令改正，并处以违法划拨款项二倍的罚款；对直接负责的主管人员和其他直接责任人员依法给予处分。

违反本法规定，行政机关、人民法院指令金融机构将款项划入国库或者财政专户以外的其他账户的，对直接负责的主管人员和其他直接责任人员依法给予处分。

第六十七条　人民法院及其工作人员在强制执行中有违法行为或者扩大强制执行范围的，对直接负责的主管人员和其他直接责任人员依法给予处分。

第六十八条　违反本法规定，给公民、法人或者其他组织造成损失的，依法给予赔偿。

违反本法规定，构成犯罪的，依法追究刑事责任。

第七章　附　　则

第六十九条　本法中十日以内期限的规定是指工作日，不含法定节假日。

第七十条　法律、行政法规授权的具有管理公共事务职能的组织在法定授权范围内，以自己的名义实施行政强制，适用本法有关行政机关的规定。

第七十一条　本法自 2012 年 1 月 1 日起施行。

中华人民共和国行政处罚法

（1996年3月17日第八届全国人民代表大会第四次会议通过　根据2009年8月27日第十一届全国人民代表大会常务委员会第十次会议《关于修改部分法律的决定》第一次修正　根据2017年9月1日第十二届全国人民代表大会常务委员会第二十九次会议《关于修改〈中华人民共和国法官法〉等八部法律的决定》第二次修正）

目　　录

第一章　总　　则

第一条　为了规范行政处罚的设定和实施，保障和监督行政机关有效实施行政管理，维护公共利益和社会秩序，保护公民、法人或者其他组织的合法权益，根据宪法，制定本法。

第二条 行政处罚的设定和实施，适用本法。

第三条 公民、法人或者其他组织违反行政管理秩序的行为，应当给予行政处罚的，依照本法由法律、法规或者规章规定，并由行政机关依照本法规定的程序实施。

没有法定依据或者不遵守法定程序的，行政处罚无效。

第四条 行政处罚遵循公正、公开的原则。

设定和实施行政处罚必须以事实为依据，与违法行为的事实、性质、情节以及社会危害程度相当。

对违法行为给予行政处罚的规定必须公布；未经公布的，不得作为行政处罚的依据。

第五条 实施行政处罚，纠正违法行为，应当坚持处罚与教育相结合，教育公民、法人或者其他组织自觉守法。

第六条 公民、法人或者其他组织对行政机关所给予的行政处罚，享有陈述权、申辩权；对行政处罚不服的，有权依法申请行政复议或者提起行政诉讼。

公民、法人或者其他组织因行政机关违法给予行政处罚受到损害的，有权依法提出赔偿要求。

第七条 公民、法人或者其他组织因违法受到行政处罚，其违法行为对他人造成损害的，应当依法承担民事责任。

违法行为构成犯罪，应当依法追究刑事责任，不得以行政处罚代替刑事处罚。

第二章 行政处罚的种类和设定

第八条 行政处罚的种类：

（一）警告；

（二）罚款；

（三）没收违法所得、没收非法财物；

（四）责令停产停业；

（五）暂扣或者吊销许可证、暂扣或者吊销执照；

（六）行政拘留；

（七）法律、行政法规规定的其他行政处罚。

第九条 法律可以设定各种行政处罚。

限制人身自由的行政处罚，只能由法律设定。

第十条 行政法规可以设定除限制人身自由以外的行政处罚。

法律对违法行为已经作出行政处罚规定，行政法规需要作出具体规定的，必须在法律规定的给予行政处罚的行为、种类和幅度的范围内规定。

第十一条 地方性法规可以设定除限制人身自由、吊销企业营业执照以外的行政处罚。

法律、行政法规对违法行为已经作出行政处罚规定，地方性法规需要作出具体规定的，必须在法律、行政法规规定的给予行政处罚的行为、种类和幅度的范围内规定。

第十二条 国务院部、委员会制定的规章可以在法律、行政法规规定的给予行政处罚的行为、种类和幅度的范围内作出具体规定。

尚未制定法律、行政法规的，前款规定的国务院部、委员会制定的规章对违反行政管理秩序的行为，可以设定警告或者一定数量罚款的行政处罚。罚款的限额由国务院规定。

国务院可以授权具有行政处罚权的直属机构依照本条第一款、第二款的规定，规定行政处罚。

第十三条 省、自治区、直辖市人民政府和省、自治区人民政府所在地的市人民政府以及经国务院批准的较大的市人民政府制定的规章可以在法律、法规规定的给予行政处罚的行为、种类和幅度的范围内作出具体规定。

尚未制定法律、法规的，前款规定的人民政府制定的规章对违反行政管理秩序的行为，可以设定警告或者一定数量罚款的行政处罚。罚款的限额由省、自治区、直辖市人民代表大会常务委员会规定。

第十四条 除本法第九条、第十条、第十一条、第十二条以及第十三条的规定外，其他规范性文件不得设定行政处罚。

第三章 行政处罚的实施机关

第十五条 行政处罚由具有行政处罚权的行政机关在法定职权范围内

实施。

第十六条 国务院或者经国务院授权的省、自治区、直辖市人民政府可以决定一个行政机关行使有关行政机关的行政处罚权，但限制人身自由的行政处罚权只能由公安机关行使。

第十七条 法律、法规授权的具有管理公共事务职能的组织可以在法定授权范围内实施行政处罚。

第十八条 行政机关依照法律、法规或者规章的规定，可以在其法定权限内委托符合本法第十九条规定条件的组织实施行政处罚。行政机关不得委托其他组织或者个人实施行政处罚。

委托行政机关对受委托的组织实施行政处罚的行为应当负责监督，并对该行为的后果承担法律责任。

受委托组织在委托范围内，以委托行政机关名义实施行政处罚；不得再委托其他任何组织或者个人实施行政处罚。

第十九条 受委托组织必须符合以下条件：

（一）依法成立的管理公共事务的事业组织；

（二）具有熟悉有关法律、法规、规章和业务的工作人员；

（三）对违法行为需要进行技术检查或者技术鉴定的，应当有条件组织进行相应的技术检查或者技术鉴定。

第四章　行政处罚的管辖和适用

第二十条 行政处罚由违法行为发生地的县级以上地方人民政府具有行政处罚权的行政机关管辖。法律、行政法规另有规定的除外。

第二十一条 对管辖发生争议的，报请共同的上一级行政机关指定管辖。

第二十二条 违法行为构成犯罪的，行政机关必须将案件移送司法机关，依法追究刑事责任。

第二十三条 行政机关实施行政处罚时，应当责令当事人改正或者限期改正违法行为。

第二十四条 对当事人的同一个违法行为，不得给予两次以上罚款的行政处罚。

第二十五条 不满十四周岁的人有违法行为的,不予行政处罚,责令监护人加以管教;已满十四周岁不满十八周岁的人有违法行为的,从轻或者减轻行政处罚。

第二十六条 精神病人在不能辨认或者不能控制自己行为时有违法行为的,不予行政处罚,但应当责令其监护人严加看管和治疗。间歇性精神病人在精神正常时有违法行为的,应当给予行政处罚。

第二十七条 当事人有下列情形之一的,应当依法从轻或者减轻行政处罚:

(一)主动消除或者减轻违法行为危害后果的;

(二)受他人胁迫有违法行为的;

(三)配合行政机关查处违法行为有立功表现的;

(四)其他依法从轻或者减轻行政处罚的。

违法行为轻微并及时纠正,没有造成危害后果的,不予行政处罚。

第二十八条 违法行为构成犯罪,人民法院判处拘役或者有期徒刑时,行政机关已经给予当事人行政拘留的,应当依法折抵相应刑期。

违法行为构成犯罪,人民法院判处罚金时,行政机关已经给予当事人罚款的,应当折抵相应罚金。

第二十九条 违法行为在二年内未被发现的,不再给予行政处罚。法律另有规定的除外。

前款规定的期限,从违法行为发生之日起计算;违法行为有连续或者继续状态的,从行为终了之日起计算。

第五章 行政处罚的决定

第三十条 公民、法人或者其他组织违反行政管理秩序的行为,依法应当给予行政处罚的,行政机关必须查明事实;违法事实不清的,不得给予行政处罚。

第三十一条 行政机关在作出行政处罚决定之前,应当告知当事人作出行政处罚决定的事实、理由及依据,并告知当事人依法享有的权利。

第三十二条 当事人有权进行陈述和申辩。行政机关必须充分听取当事人的意见,对当事人提出的事实、理由和证据,应当进行复核;当事人提出的事实、理由或者证据成立的,行政机关应当采纳。

行政机关不得因当事人申辩而加重处罚。

第一节 简易程序

第三十三条 违法事实确凿并有法定依据,对公民处以五十元以下、对法人或者其他组织处以一千元以下罚款或者警告的行政处罚的,可以当场作出行政处罚决定。当事人应当依照本法第四十六条、第四十七条、第四十八条的规定履行行政处罚决定。

第三十四条 执法人员当场作出行政处罚决定的,应当向当事人出示执法身份证件,填写预定格式、编有号码的行政处罚决定书。行政处罚决定书应当当场交付当事人。

前款规定的行政处罚决定书应当载明当事人的违法行为、行政处罚依据、罚款数额、时间、地点以及行政机关名称,并由执法人员签名或者盖章。

执法人员当场作出的行政处罚决定,必须报所属行政机关备案。

第三十五条 当事人对当场作出的行政处罚决定不服的,可以依法申请行政复议或者提起行政诉讼。

第二节 一般程序

第三十六条 除本法第三十三条规定的可以当场作出的行政处罚外,行政机关发现公民、法人或者其他组织有依法应当给予行政处罚的行为的,必须全面、客观、公正地调查,收集有关证据;必要时,依照法律、法规的规定,可以进行检查。

第三十七条 行政机关在调查或者进行检查时,执法人员不得少于两人,并应当向当事人或者有关人员出示证件。当事人或者有关人员应当如实回答询问,并协助调查或者检查,不得阻挠。询问或者检查应当制作笔录。

行政机关在收集证据时,可以采取抽样取证的方法;在证据可能灭失或者以后难以取得的情况下,经行政机关负责人批准,可以先行登记保存,并应当在七日内及时作出处理决定,在此期间,当事人或者有关人员不得销毁或者转移证据。

执法人员与当事人有直接利害关系的，应当回避。

第三十八条 调查终结，行政机关负责人应当对调查结果进行审查，根据不同情况，分别作出如下决定：

（一）确有应受行政处罚的违法行为的，根据情节轻重及具体情况，作出行政处罚决定；

（二）违法行为轻微，依法可以不予行政处罚的，不予行政处罚；

（三）违法事实不能成立的，不得给予行政处罚；

（四）违法行为已构成犯罪的，移送司法机关。

对情节复杂或者重大违法行为给予较重的行政处罚，行政机关的负责人应当集体讨论决定。

在行政机关负责人作出决定之前，应当由从事行政处罚决定审核的人员进行审核。行政机关中初次从事行政处罚决定审核的人员，应当通过国家统一法律职业资格考试取得法律职业资格。

第三十九条 行政机关依照本法第三十八条的规定给予行政处罚，应当制作行政处罚决定书。行政处罚决定书应当载明下列事项：

（一）当事人的姓名或者名称、地址；

（二）违反法律、法规或者规章的事实和证据；

（三）行政处罚的种类和依据；

（四）行政处罚的履行方式和期限；

（五）不服行政处罚决定，申请行政复议或者提起行政诉讼的途径和期限；

（六）作出行政处罚决定的行政机关名称和作出决定的日期。

行政处罚决定书必须盖有作出行政处罚决定的行政机关的印章。

第四十条 行政处罚决定书应当在宣告后当场交付当事人；当事人不在场的，行政机关应当在七日内依照民事诉讼法的有关规定，将行政处罚决定书送达当事人。

第四十一条 行政机关及其执法人员在作出行政处罚决定之前，不依照本法第三十一条、第三十二条的规定向当事人告知给予行政处罚的事实、理由和依据，或者拒绝听取当事人的陈述、申辩，行政处罚决定不能成立；当事人放弃陈述或者申辩权利的除外。

第三节　听 证 程 序

第四十二条　行政机关作出责令停产停业、吊销许可证或者执照、较大数额罚款等行政处罚决定之前，应当告知当事人有要求举行听证的权利；当事人要求听证的，行政机关应当组织听证。当事人不承担行政机关组织听证的费用。听证依照以下程序组织：

（一）当事人要求听证的，应当在行政机关告知后三日内提出；

（二）行政机关应当在听证的七日前，通知当事人举行听证的时间、地点；

（三）除涉及国家秘密、商业秘密或者个人隐私外，听证公开举行；

（四）听证由行政机关指定的非本案调查人员主持；当事人认为主持人与本案有直接利害关系的，有权申请回避；

（五）当事人可以亲自参加听证，也可以委托一至二人代理；

（六）举行听证时，调查人员提出当事人违法的事实、证据和行政处罚建议；当事人进行申辩和质证；

（七）听证应当制作笔录；笔录应当交当事人审核无误后签字或者盖章。

当事人对限制人身自由的行政处罚有异议的，依照治安管理处罚法有关规定执行。

第四十三条　听证结束后，行政机关依照本法第三十八条的规定，作出决定。

第六章　行政处罚的执行

第四十四条　行政处罚决定依法作出后，当事人应当在行政处罚决定的期限内，予以履行。

第四十五条　当事人对行政处罚决定不服申请行政复议或者提起行政诉讼的，行政处罚不停止执行，法律另有规定的除外。

第四十六条　作出罚款决定的行政机关应当与收缴罚款的机构分离。

除依照本法第四十七条、第四十八条的规定当场收缴的罚款外，作出行政处罚决定的行政机关及其执法人员不得自行收缴罚款。

当事人应当自收到行政处罚决定书之日起十五日内，到指定的银行缴纳罚款。银行应当收受罚款，并将罚款直接上缴国库。

第四十七条 依照本法第三十三条的规定当场作出行政处罚决定，有下列情形之一的，执法人员可以当场收缴罚款：

（一）依法给予二十元以下的罚款的；

（二）不当场收缴事后难以执行的。

第四十八条 在边远、水上、交通不便地区，行政机关及其执法人员依照本法第三十三条、第三十八条的规定作出罚款决定后，当事人向指定的银行缴纳罚款确有困难，经当事人提出，行政机关及其执法人员可以当场收缴罚款。

第四十九条 行政机关及其执法人员当场收缴罚款的，必须向当事人出具省、自治区、直辖市财政部门统一制发的罚款收据；不出具财政部门统一制发的罚款收据的，当事人有权拒绝缴纳罚款。

第五十条 执法人员当场收缴的罚款，应当自收缴罚款之日起二日内，交至行政机关；在水上当场收缴的罚款，应当自抵岸之日起二日内交至行政机关；行政机关应当在二日内将罚款缴付指定的银行。

第五十一条 当事人逾期不履行行政处罚决定的，作出行政处罚决定的行政机关可以采取下列措施：

（一）到期不缴纳罚款的，每日按罚款数额的百分之三加处罚款；

（二）根据法律规定，将查封、扣押的财物拍卖或者将冻结的存款划拨抵缴罚款；

（三）申请人民法院强制执行。

第五十二条 当事人确有经济困难，需要延期或者分期缴纳罚款的，经当事人申请和行政机关批准，可以暂缓或者分期缴纳。

第五十三条 除依法应当予以销毁的物品外，依法没收的非法财物必须按照国家规定公开拍卖或者按照国家有关规定处理。

罚款、没收违法所得或者没收非法财物拍卖的款项，必须全部上缴国库，任何行政机关或者个人不得以任何形式截留、私分或者变相私分；财政部门不得以任何形式向作出行政处罚决定的行政机关返还罚款、没收的违法所得或者返还没收非法财物的拍卖款项。

第五十四条 行政机关应当建立健全对行政处罚的监督制度。县级以上人民政府应当加强对行政处罚的监督检查。

公民、法人或者其他组织对行政机关作出的行政处罚,有权申诉或者检举;行政机关应当认真审查,发现行政处罚有错误的,应当主动改正。

第七章 法律责任

第五十五条 行政机关实施行政处罚,有下列情形之一的,由上级行政机关或者有关部门责令改正,可以对直接负责的主管人员和其他直接责任人员依法给予行政处分:

(一)没有法定的行政处罚依据的;

(二)擅自改变行政处罚种类、幅度的;

(三)违反法定的行政处罚程序的;

(四)违反本法第十八条关于委托处罚的规定的。

第五十六条 行政机关对当事人进行处罚不使用罚款、没收财物单据或者使用非法定部门制发的罚款、没收财物单据的,当事人有权拒绝处罚,并有权予以检举。上级行政机关或者有关部门对使用的非法单据予以收缴销毁,对直接负责的主管人员和其他直接责任人员依法给予行政处分。

第五十七条 行政机关违反本法第四十六条的规定自行收缴罚款的,财政部门违反本法第五十三条的规定向行政机关返还罚款或者拍卖款项的,由上级行政机关或者有关部门责令改正,对直接负责的主管人员和其他直接责任人员依法给予行政处分。

第五十八条 行政机关将罚款、没收的违法所得或者财物截留、私分或者变相私分的,由财政部门或者有关部门予以追缴,对直接负责的主管人员和其他直接责任人员依法给予行政处分;情节严重构成犯罪的,依法追究刑事责任。

执法人员利用职务上的便利,索取或者收受他人财物、收缴罚款据为己有,构成犯罪的,依法追究刑事责任;情节轻微不构成犯罪的,依法给予行政处分。

第五十九条 行政机关使用或者损毁扣押的财物,对当事人造成损失的,应当依法予以赔偿,对直接负责的主管人员和其他直接责任人员依法给予行政处分。

第六十条 行政机关违法实行检查措施或者执行措施，给公民人身或者财产造成损害、给法人或者其他组织造成损失的，应当依法予以赔偿，对直接负责的主管人员和其他直接责任人员依法给予行政处分；情节严重构成犯罪的，依法追究刑事责任。

第六十一条 行政机关为牟取本单位私利，对应当依法移交司法机关追究刑事责任的不移交，以行政处罚代替刑罚，由上级行政机关或者有关部门责令纠正；拒不纠正的，对直接负责的主管人员给予行政处分；徇私舞弊、包庇纵容违法行为的，依照刑法有关规定追究刑事责任。

第六十二条 执法人员玩忽职守，对应当予以制止和处罚的违法行为不予制止、处罚，致使公民、法人或者其他组织的合法权益、公共利益和社会秩序遭受损害的，对直接负责的主管人员和其他直接责任人员依法给予行政处分；情节严重构成犯罪的，依法追究刑事责任。

第八章　附　　则

第六十三条 本法第四十六条罚款决定与罚款收缴分离的规定，由国务院制定具体实施办法。

第六十四条 本法自 1996 年 10 月 1 日起施行。

本法公布前制定的法规和规章关于行政处罚的规定与本法不符合的，应当自本法公布之日起，依照本法规定予以修订，在 1997 年 12 月 31 日前修订完毕。

中华人民共和国行政复议法

（1999年4月29日第九届全国人民代表大会常务委员会第九次会议通过　根据2009年8月27日第十一届全国人民代表大会常务委员会第十次会议《关于修改部分法律的决定》修正　根据2017年9月1日主席令第76号《全国人大常委会关于修改〈中华人民共和国法官法〉等八部法律的决定》第一次修改）

目　　录

第一章　总　　则

第一条　为了防止和纠正违法的或者不当的具体行政行为，保护公民、法人和其他组织的合法权益，保障和监督行政机关依法行使职权，根据宪法，制定本法。

第二条　公民、法人或者其他组织认为具体行政行为侵犯其合法权益，向行政机关提出行政复议申请，行政机关受理行政复议申请、作出行政复议决定，适用本法。

第三条　依照本法履行行政复议职责的行政机关是行政复议机关。行政

复议机关负责法制工作的机构具体办理行政复议事项,履行下列职责:

(一)受理行政复议申请;

(二)向有关组织和人员调查取证,查阅文件和资料;

(三)审查申请行政复议的具体行政行为是否合法与适当,拟订行政复议决定;

(四)处理或者转送对本法第七条所列有关规定的审查申请;

(五)对行政机关违反本法规定的行为依照规定的权限和程序提出处理建议;

(六)办理因不服行政复议决定提起行政诉讼的应诉事项;

(七)法律、法规规定的其他职责。

行政机关中初次从事行政复议的人员,应当通过国家统一法律职业资格考试取得法律职业资格。

第四条 行政复议机关履行行政复议职责,应当遵循合法、公正、公开、及时、便民的原则,坚持有错必纠,保障法律、法规的正确实施。

第五条 公民、法人或者其他组织对行政复议决定不服的,可以依照行政诉讼法的规定向人民法院提起行政诉讼,但是法律规定行政复议决定为最终裁决的除外。

第二章 行政复议范围

第六条 有下列情形之一的,公民、法人或者其他组织可以依照本法申请行政复议:

(一)对行政机关作出的警告、罚款、没收违法所得、没收非法财物、责令停产停业、暂扣或者吊销许可证、暂扣或者吊销执照、行政拘留等行政处罚决定不服的;

(二)对行政机关作出的限制人身自由或者查封、扣押、冻结财产等行政强制措施决定不服的;

(三)对行政机关作出的有关许可证、执照、资质证、资格证等证书变更、中止、撤销的决定不服的;

(四)对行政机关作出的关于确认土地、矿藏、水流、森林、山岭、草原、荒地、滩涂、海域等自然资源的所有权或者使用权的决定不服的；

（五）认为行政机关侵犯合法的经营自主权的；

（六）认为行政机关变更或者废止农业承包合同，侵犯其合法权益的；

（七）认为行政机关违法集资、征收财物、摊派费用或者违法要求履行其他义务的；

（八）认为符合法定条件，申请行政机关颁发许可证、执照、资质证、资格证等证书，或者申请行政机关审批、登记有关事项，行政机关没有依法办理的；

（九）申请行政机关履行保护人身权利、财产权利、受教育权利的法定职责，行政机关没有依法履行的；

（十）申请行政机关依法发放抚恤金、社会保险金或者最低生活保障费，行政机关没有依法发放的；

（十一）认为行政机关的其他具体行政行为侵犯其合法权益的。

第七条 公民、法人或者其他组织认为行政机关的具体行政行为所依据的下列规定不合法，在对具体行政行为申请行政复议时，可以一并向行政复议机关提出对该规定的审查申请：

（一）国务院部门的规定；

（二）县级以上地方各级人民政府及其工作部门的规定；

（三）乡、镇人民政府的规定。

前款所列规定不含国务院部、委员会规章和地方人民政府规章。规章的审查依照法律、行政法规办理。

第八条 不服行政机关作出的行政处分或者其他人事处理决定的，依照有关法律、行政法规的规定提出申诉。

不服行政机关对民事纠纷作出的调解或者其他处理，依法申请仲裁或者向人民法院提起诉讼。

第三章 行政复议申请

第九条 公民、法人或者其他组织认为具体行政行为侵犯其合法权益的，可以自知道该具体行政行为之日起六十日内提出行政复议申请；但是法律规定的申请期限超过六十日的除外。

因不可抗力或者其他正当理由耽误法定申请期限的,申请期限自障碍消除之日起继续计算。

第十条 依照本法申请行政复议的公民、法人或者其他组织是申请人。

有权申请行政复议的公民死亡的,其近亲属可以申请行政复议。有权申请行政复议的公民为无民事行为能力人或者限制民事行为能力人的,其法定代理人可以代为申请行政复议。有权申请行政复议的法人或者其他组织终止的,承受其权利的法人或者其他组织可以申请行政复议。

同申请行政复议的具体行政行为有利害关系的其他公民、法人或者其他组织,可以作为第三人参加行政复议。

公民、法人或者其他组织对行政机关的具体行政行为不服申请行政复议的,作出具体行政行为的行政机关是被申请人。

申请人、第三人可以委托代理人代为参加行政复议。

第十一条 申请人申请行政复议,可以书面申请,也可以口头申请;口头申请的,行政复议机关应当当场记录申请人的基本情况、行政复议请求、申请行政复议的主要事实、理由和时间。

第十二条 对县级以上地方各级人民政府工作部门的具体行政行为不服的,由申请人选择,可以向该部门的本级人民政府申请行政复议,也可以向上一级主管部门申请行政复议。

对海关、金融、国税、外汇管理等实行垂直领导的行政机关和国家安全机关的具体行政行为不服的,向上一级主管部门申请行政复议。

第十三条 对地方各级人民政府的具体行政行为不服的,向上一级地方人民政府申请行政复议。

对省、自治区人民政府依法设立的派出机关所属的县级地方人民政府的具体行政行为不服的,向该派出机关申请行政复议。

第十四条 对国务院部门或者省、自治区、直辖市人民政府的具体行政行为不服的,向作出该具体行政行为的国务院部门或者省、自治区、直辖市人民政府申请行政复议。对行政复议决定不服的,可以向人民法院提起行政诉讼;也可以向国务院申请裁决,国务院依照本法的规定作出最终裁决。

第十五条 对本法第十二条、第十三条、第十四条规定以外的其他行政机关、组织的具体行政行为不服的，按照下列规定申请行政复议：

（一）对县级以上地方人民政府依法设立的派出机关的具体行政行为不服的，向设立该派出机关的人民政府申请行政复议；

（二）对政府工作部门依法设立的派出机构依照法律、法规或者规章规定，以自己的名义作出的具体行政行为不服的，向设立该派出机构的部门或者该部门的本级地方人民政府申请行政复议；

（三）对法律、法规授权的组织的具体行政行为不服的，分别向直接管理该组织的地方人民政府、地方人民政府工作部门或者国务院部门申请行政复议；

（四）对两个或者两个以上行政机关以共同的名义作出的具体行政行为不服的，向其共同上一级行政机关申请行政复议；

（五）对被撤销的行政机关在撤销前所作出的具体行政行为不服的，向继续行使其职权的行政机关的上一级行政机关申请行政复议。

有前款所列情形之一的，申请人也可以向具体行政行为发生地的县级地方人民政府提出行政复议申请，由接受申请的县级地方人民政府依照本法第十八条的规定办理。

第十六条 公民、法人或者其他组织申请行政复议，行政复议机关已经依法受理的，或者法律、法规规定应当先向行政复议机关申请行政复议、对行政复议决定不服再向人民法院提起行政诉讼的，在法定行政复议期限内不得向人民法院提起行政诉讼。

公民、法人或者其他组织向人民法院提起行政诉讼，人民法院已经依法受理的，不得申请行政复议。

第四章 行政复议受理

第十七条 行政复议机关收到行政复议申请后，应当在五日内进行审查，对不符合本法规定的行政复议申请，决定不予受理，并书面告知申请人；对符合本法规定，但是不属于本机关受理的行政复议申请，应当告知申请人向有关行政复议机关提出。

除前款规定外，行政复议申请自行政复议机关负责法制工作的机构收到之日起即为受理。

第十八条 依照本法第十五条第二款的规定接受行政复议申请的县级地方人民政府，对依照本法第十五条第一款的规定属于其他行政复议机关受理的行政复议申请，应当自接到该行政复议申请之日起七日内，转送有关行政复议机关，并告知申请人。接受转送的行政复议机关应当依照本法第十七条的规定办理。

第十九条 法律、法规规定应当先向行政复议机关申请行政复议、对行政复议决定不服再向人民法院提起行政诉讼的，行政复议机关决定不予受理或者受理后超过行政复议期限不作答复的，公民、法人或者其他组织可以自收到不予受理决定书之日起或者行政复议期满之日起十五日内，依法向人民法院提起行政诉讼。

第二十条 公民、法人或者其他组织依法提出行政复议申请，行政复议机关无正当理由不予受理的，上级行政机关应当责令其受理；必要时，上级行政机关也可以直接受理。

第二十一条 行政复议期间具体行政行为不停止执行；但是，有下列情形之一的，可以停止执行：

（一）被申请人认为需要停止执行的；

（二）行政复议机关认为需要停止执行的；

（三）申请人申请停止执行，行政复议机关认为其要求合理，决定停止执行的；

（四）法律规定停止执行的。

第五章 行政复议决定

第二十二条 行政复议原则上采取书面审查的办法，但是申请人提出要求或者行政复议机关负责法制工作的机构认为有必要时，可以向有关组织和人员调查情况，听取申请人、被申请人和第三人的意见。

第二十三条 行政复议机关负责法制工作的机构应当自行政复议申请受理之日起七日内，将行政复议申请书副本或者行政复议申请笔录复印件发送被申请人。被申请人应当自收到申请书副本或者申请笔录复印件之日起十日内，提出书面答复，并提交当初作出具体行政行为的证据、依据和其他有关材料。

申请人、第三人可以查阅被申请人提出的书面答复、作出具体行政行为的证据、依据和其他有关材料，除涉及国家秘密、商业秘密或者个人隐私外，行政复议机关不得拒绝。

第二十四条 在行政复议过程中，被申请人不得自行向申请人和其他有关组织或者个人收集证据。

第二十五条 行政复议决定作出前，申请人要求撤回行政复议申请的，经说明理由，可以撤回；撤回行政复议申请的，行政复议终止。

第二十六条 申请人在申请行政复议时，一并提出对本法第七条所列有关规定的审查申请的，行政复议机关对该规定有权处理的，应当在三十日内依法处理；无权处理的，应当在七日内按照法定程序转送有权处理的行政机关依法处理，有权处理的行政机关应当在六十日内依法处理。处理期间，中止对具体行政行为的审查。

第二十七条 行政复议机关在对被申请人作出的具体行政行为进行审查时，认为其依据不合法，本机关有权处理的，应当在三十日内依法处理；无权处理的，应当在七日内按照法定程序转送有权处理的国家机关依法处理。处理期间，中止对具体行政行为的审查。

第二十八条 行政复议机关负责法制工作的机构应当对被申请人作出的具体行政行为进行审查，提出意见，经行政复议机关的负责人同意或者集体讨论通过后，按照下列规定作出行政复议决定：

（一）具体行政行为认定事实清楚，证据确凿，适用依据正确，程序合法，内容适当的，决定维持；

（二）被申请人不履行法定职责的，决定其在一定期限内履行；

（三）具体行政行为有下列情形之一的，决定撤销、变更或者确认该具体行政行为违法；决定撤销或者确认该具体行政行为违法的，可以责令被申请人在一定期限内重新作出具体行政行为：

1. 主要事实不清、证据不足的；

2. 适用依据错误的；

3. 违反法定程序的；

4. 超越或者滥用职权的；

5. 具体行政行为明显不当的。

（四）被申请人不按照本法第二十三条的规定提出书面答复、提交当初作出具体行政行为的证据、依据和其他有关材料的，视为该具体行政行为没有证据、依据，决定撤销该具体行政行为。

行政复议机关责令被申请人重新作出具体行政行为的，被申请人不得以同一的事实和理由作出与原具体行政行为相同或者基本相同的具体行政行为。

第二十九条 申请人在申请行政复议时可以一并提出行政赔偿请求，行政复议机关对符合国家赔偿法的有关规定应当给予赔偿的，在决定撤销、变更具体行政行为或者确认具体行政行为违法时，应当同时决定被申请人依法给予赔偿。

申请人在申请行政复议时没有提出行政赔偿请求的，行政复议机关在依法决定撤销或者变更罚款，撤销违法集资、没收财物、征收财物、摊派费用以及对财产的查封、扣押、冻结等具体行政行为时，应当同时责令被申请人返还财产，解除对财产的查封、扣押、冻结措施，或者赔偿相应的价款。

第三十条 公民、法人或者其他组织认为行政机关的具体行政行为侵犯其已经依法取得的土地、矿藏、水流、森林、山岭、草原、荒地、滩涂、海域等自然资源的所有权或者使用权的，应当先申请行政复议；对行政复议决定不服的，可以依法向人民法院提起行政诉讼。

根据国务院或者省、自治区、直辖市人民政府对行政区划的勘定、调整或者征收土地的决定，省、自治区、直辖市人民政府确认土地、矿藏、水流、森林、山岭、草原、荒地、滩涂、海域等自然资源的所有权或者使用权的行政复议决定为最终裁决。

第三十一条 行政复议机关应当自受理申请之日起六十日内作出行政复议决定；但是法律规定的行政复议期限少于六十日的除外。情况复杂，不能在规定期限内作出行政复议决定的，经行政复议机关的负责人批准，可以适当延长，并告知申请人和被申请人；但是延长期限最多不超过三十日。

行政复议机关作出行政复议决定，应当制作行政复议决定书，并加盖印章。

行政复议决定书一经送达，即发生法律效力。

第三十二条 被申请人应当履行行政复议决定。

被申请人不履行或者无正当理由拖延履行行政复议决定的，行政复议机关或者有关上级行政机关应当责令其限期履行。

第三十三条 申请人逾期不起诉又不履行行政复议决定的，或者不履行最终裁决的行政复议决定的，按照下列规定分别处理：

（一）维持具体行政行为的行政复议决定，由作出具体行政行为的行政机关依法强制执行，或者申请人民法院强制执行；

（二）变更具体行政行为的行政复议决定，由行政复议机关依法强制执行，或者申请人民法院强制执行。

第六章 法律责任

第三十四条 行政复议机关违反本法规定，无正当理由不予受理依法提出的行政复议申请或者不按照规定转送行政复议申请的，或者在法定期限内不作出行政复议决定的，对直接负责的主管人员和其他直接责任人员依法给予警告、记过、记大过的行政处分；经责令受理仍不受理或者不按照规定转送行政复议申请，造成严重后果的，依法给予降级、撤职、开除的行政处分。

第三十五条 行政复议机关工作人员在行政复议活动中，徇私舞弊或者有其他渎职、失职行为的，依法给予警告、记过、记大过的行政处分；情节严重的，依法给予降级、撤职、开除的行政处分；构成犯罪的，依法追究刑事责任。

第三十六条 被申请人违反本法规定，不提出书面答复或者不提交作出具体行政行为的证据、依据和其他有关材料，或者阻挠、变相阻挠公民、法人或者其他组织依法申请行政复议的，对直接负责的主管人员和其他直接责任人员依法给予警告、记过、记大过的行政处分；进行报复陷害的，依法给予降级、撤职、开除的行政处分；构成犯罪的，依法追究刑事责任。

第三十七条 被申请人不履行或者无正当理由拖延履行行政复议决定的，对直接负责的主管人员和其他直接责任人员依法给予警告、记过、记大过的行政处分；经责令履行仍拒不履行的，依法给予降级、撤职、开除的行政处分。

第三十八条 行政复议机关负责法制工作的机构发现有无正当理由不予受理行政复议申请、不按照规定期限作出行政复议决定、徇私舞弊、对申请人打击报复或者不履行行政复议决定等情形的，应当向有关行政机关提出建议，有关行政机关应当依照本法和有关法律、行政法规的规定作出处理。

第七章 附 则

第三十九条 行政复议机关受理行政复议申请,不得向申请人收取任何费用。行政复议活动所需经费,应当列入本机关的行政经费,由本级财政予以保障。

第四十条 行政复议期间的计算和行政复议文书的送达,依照民事诉讼法关于期间、送达的规定执行。

本法关于行政复议期间有关"五日"、"七日"的规定是指工作日,不含节假日。

第四十一条 外国人、无国籍人、外国组织在中华人民共和国境内申请行政复议,适用本法。

第四十二条 本法施行前公布的法律有关行政复议的规定与本法的规定不一致的,以本法的规定为准。

第四十三条 本法自 1999 年 10 月 1 日起施行。1990 年 12 月 24 日国务院发布、1994 年 10 月 9 日国务院修订发布的《行政复议条例》同时废止。

中华人民共和国行政诉讼法

（1989年4月4日第七届全国人民代表大会第二次会议通过　根据2014年11月1日第十二届全国人民代表大会常务委员会第十一次会议《关于修改〈中华人民共和国行政诉讼法〉的决定》第一次修正　根据2017年6月27日第十二届全国人民代表大会常务委员会第二十八次会议《关于修改〈中华人民共和国民事诉讼法〉和〈中华人民共和国行政诉讼法〉的决定》第二次修正）

第一章　总　　则

第一条　为保证人民法院公正、及时审理行政案件，解决行政争议，保护公民、法人和其他组织的合法权益，监督行政机关依法行使职权，根据宪法，制定本法。

第二条　公民、法人或者其他组织认为行政机关和行政机关工作人员的行政行为侵犯其合法权益，有权依照本法向人民法院提起诉讼。前款所称行政行为，包括法律、法规、规章授权的组织作出的行政行为。

第三条　人民法院应当保障公民、法人和其他组织的起诉权利，对应当受理的行政案件依法受理。行政机关及其工作人员不得干预、阻碍人民法院受理行政案件。被诉行政机关负责人应当出庭应诉。不能出庭的，应当委托行政机关相应的工作人员出庭。

第四条　人民法院依法对行政案件独立行使审判权，不受行政机关、社会团体和个人的干涉。人民法院设行政审判庭，审理行政案件。

第五条　人民法院审理行政案件，以事实为根据，以法律为准绳。

第六条　人民法院审理行政案件，对行政行为是否合法进行审查。

第七条　人民法院审理行政案件，依法实行合议、回避、公开审判和两审终审制度。

第八条 当事人在行政诉讼中的法律地位平等。

第九条 各民族公民都有用本民族语言、文字进行行政诉讼的权利。在少数民族聚居或者多民族共同居住的地区,人民法院应当用当地民族通用的语言、文字进行审理和发布法律文书。人民法院应当对不通晓当地民族通用的语言、文字的诉讼参与人提供翻译。

第十条 当事人在行政诉讼中有权进行辩论。

第十一条 人民检察院有权对行政诉讼实行法律监督。

第二章 受案范围

第十二条 人民法院受理公民、法人或者其他组织提起的下列诉讼:

(一)对行政拘留、暂扣或者吊销许可证和执照、责令停产停业、没收违法所得、没收非法财物、罚款、警告等行政处罚不服的;

(二)对限制人身自由或者对财产的查封、扣押、冻结等行政强制措施和行政强制执行不服的;

(三)申请行政许可,行政机关拒绝或者在法定期限内不予答复,或者对行政机关作出的有关行政许可的其他决定不服的;

(四)对行政机关作出的关于确认土地、矿藏、水流、森林、山岭、草原、荒地、滩涂、海域等自然资源的所有权或者使用权的决定不服的;

(五)对征收、征用决定及其补偿决定不服的;

(六)申请行政机关履行保护人身权、财产权等合法权益的法定职责,行政机关拒绝履行或者不予答复的;

(七)认为行政机关侵犯其经营自主权或者农村土地承包经营权、农村土地经营权的;

(八)认为行政机关滥用行政权力排除或者限制竞争的;

(九)认为行政机关违法集资、摊派费用或者违法要求履行其他义务的;

(十)认为行政机关没有依法支付抚恤金、最低生活保障待遇或者社会保险待遇的;

(十一)认为行政机关不依法履行、未按照约定履行或者违法变更、解除政府特许经营协议、土地房屋征收补偿协议等协议的；

（十二）认为行政机关侵犯其他人身权、财产权等合法权益的。

除前款规定外，人民法院受理法律、法规规定可以提起诉讼的其他行政案件。

第十三条 人民法院不受理公民、法人或者其他组织对下列事项提起的诉讼：

（一）国防、外交等国家行为；

（二）行政法规、规章或者行政机关制定、发布的具有普遍约束力的决定、命令；

（三）行政机关对行政机关工作人员的奖惩、任免等决定；

（四）法律规定由行政机关最终裁决的行政行为。

第三章 管 辖

第十四条 基层人民法院管辖第一审行政案件。

第十五条 中级人民法院管辖下列第一审行政案件：

（一）对国务院部门或者县级以上地方人民政府所作的行政行为提起诉讼的案件；

（二）海关处理的案件；

（三）本辖区内重大、复杂的案件；

（四）其他法律规定由中级人民法院管辖的案件。

第十六条 高级人民法院管辖本辖区内重大、复杂的第一审行政案件。

第十七条 最高人民法院管辖全国范围内重大、复杂的第一审行政案件。

第十八条 行政案件由最初作出行政行为的行政机关所在地人民法院管辖。经复议的案件，也可以由复议机关所在地人民法院管辖。经最高人民法院批准，高级人民法院可以根据审判工作的实际情况，确定若干人民法院跨行政区域管辖行政案件。

第十九条 对限制人身自由的行政强制措施不服提起的诉讼，由被告所在地或者原告所在地人民法院管辖。

第二十条 因不动产提起的行政诉讼，由不动产所在地人民法院管辖。

第二十一条 两个以上人民法院都有管辖权的案件,原告可以选择其中一个人民法院提起诉讼。原告向两个以上有管辖权的人民法院提起诉讼的,由最先立案的人民法院管辖。

第二十二条 人民法院发现受理的案件不属于本院管辖的,应当移送有管辖权的人民法院,受移送的人民法院应当受理。受移送的人民法院认为受移送的案件按照规定不属于本院管辖的,应当报请上级人民法院指定管辖,不得再自行移送。

第二十三条 有管辖权的人民法院由于特殊原因不能行使管辖权的,由上级人民法院指定管辖。人民法院对管辖权发生争议,由争议双方协商解决。协商不成的,报它们的共同上级人民法院指定管辖。

第二十四条 上级人民法院有权审理下级人民法院管辖的第一审行政案件。下级人民法院对其管辖的第一审行政案件,认为需要由上级人民法院审理或者指定管辖的,可以报请上级人民法院决定。

第四章 诉讼参加人

第二十五条 行政行为的相对人以及其他与行政行为有利害关系的公民、法人或者其他组织,有权提起诉讼。有权提起诉讼的公民死亡,其近亲属可以提起诉讼。有权提起诉讼的法人或者其他组织终止,承受其权利的法人或者其他组织可以提起诉讼。人民检察院在履行职责中发现生态环境和资源保护、食品药品安全、国有财产保护、国有土地使用权出让等领域负有监督管理职责的行政机关违法行使职权或者不作为,致使国家利益或者社会公共利益受到侵害的,应当向行政机关提出检察建议,督促其依法履行职责。行政机关不依法履行职责的,人民检察院依法向人民法院提起诉讼。

第二十六条 公民、法人或者其他组织直接向人民法院提起诉讼的,作出行政行为的行政机关是被告。经复议的案件,复议机关决定维持原行政行为的,作出原行政行为的行政机关和复议机关是共同被告;复议机关改变原行政行为的,复议机关是被告。复议机关在法定期限内未作出复议决定,公民、法人或者其他组织起诉原行政行为的,作出原行政行为的行政机关是被告;起诉复议机关不作为的,复议机关是被告。两个以上行政机关作出同一行政行为的,共同作出行政行为的行政机关是共同被告。行政机关委托的组织所作的行政行为,委托的行政机关是被告。行政机关被撤销或者职权变更的,继续行使其职权的行政机关是被告。

第二十七条 当事人一方或者双方为二人以上,因同一行政行为发生的行政案件,或者因同类行政行为发生的行政案件、人民法院认为可以合并审理并经当事人同意的,为共同诉讼。

第二十八条 当事人一方人数众多的共同诉讼,可以由当事人推选代表人进行诉讼。代表人的诉讼行为对其所代表的当事人发生效力,但代表人变更、放弃诉讼请求或者承认对方当事人的诉讼请求,应当经被代表的当事人同意。

第二十九条 公民、法人或者其他组织同被诉行政行为有利害关系但没有提起诉讼,或者同案件处理结果有利害关系的,可以作为第三人申请参加诉讼,或者由人民法院通知参加诉讼。人民法院判决第三人承担义务或者减损第三人权益的,第三人有权依法提起上诉。

第三十条 没有诉讼行为能力的公民,由其法定代理人代为诉讼。法定代理人互相推诿代理责任的,由人民法院指定其中一人代为诉讼。

第三十一条 当事人、法定代理人,可以委托一至二人作为诉讼代理人。下列人员可以被委托为诉讼代理人:

(一)律师、基层法律服务工作者;

(二)当事人的近亲属或者工作人员;

(三)当事人所在社区、单位以及有关社会团体推荐的公民。

第三十二条 代理诉讼的律师,有权按照规定查阅、复制本案有关材料,有权向有关组织和公民调查,收集与本案有关的证据。对涉及国家秘密、商业秘密和个人隐私的材料,应当依照法律规定保密。当事人和其他诉讼代理人有权按照规定查阅、复制本案庭审材料,但涉及国家秘密、商业秘密和个人隐私的内容除外。

第五章 证 据

第三十三条 证据包括:

(一)书证;

（二）物证；

（三）视听资料；

（四）电子数据；

（五）证人证言；

（六）当事人的陈述；

（七）鉴定意见；

（八）勘验笔录、现场笔录。

以上证据经法庭审查属实，才能作为认定案件事实的根据。

第三十四条 被告对作出的行政行为负有举证责任，应当提供作出该行政行为的证据和所依据的规范性文件。被告不提供或者无正当理由逾期提供证据，视为没有相应证据。但是，被诉行政行为涉及第三人合法权益，第三人提供证据的除外。

第三十五条 在诉讼过程中，被告及其诉讼代理人不得自行向原告、第三人和证人收集证据。

第三十六条 被告在作出行政行为时已经收集了证据，但因不可抗力等正当事由不能提供的，经人民法院准许，可以延期提供。原告或者第三人提出了其在行政处理程序中没有提出的理由或者证据的，经人民法院准许，被告可以补充证据。

第三十七条 原告可以提供证明行政行为违法的证据。原告提供的证据不成立的，不免除被告的举证责任。

第三十八条 在起诉被告不履行法定职责的案件中，原告应当提供其向被告提出申请的证据。但有下列情形之一的除外：

（一）被告应当依职权主动履行法定职责的；

（二）原告因正当理由不能提供证据的。在行政赔偿、补偿的案件中，原告应当对行政行为造成的损害提供证据。因被告的原因导致原告无法举证的，由被告承担举证责任。

第三十九条 人民法院有权要求当事人提供或者补充证据。

第四十条 人民法院有权向有关行政机关以及其他组织、公民调取证据。但是，不得为证明行政行为的合法性调取被告作出行政行为时未收集的证据。

第四十一条　与本案有关的下列证据，原告或者第三人不能自行收集的，可以申请人民法院调取：

（一）由国家机关保存而须由人民法院调取的证据；

（二）涉及国家秘密、商业秘密和个人隐私的证据；

（三）确因客观原因不能自行收集的其他证据。

第四十二条　在证据可能灭失或者以后难以取得的情况下，诉讼参加人可以向人民法院申请保全证据，人民法院也可以主动采取保全措施。

第四十三条　证据应当在法庭上出示，并由当事人互相质证。对涉及国家秘密、商业秘密和个人隐私的证据，不得在公开开庭时出示。人民法院应当按照法定程序，全面、客观地审查核实证据。对未采纳的证据应当在裁判文书中说明理由。以非法手段取得的证据，不得作为认定案件事实的根据。

第六章　起诉和受理

第四十四条　对属于人民法院受案范围的行政案件，公民、法人或者其他组织可以先向行政机关申请复议，对复议决定不服的，再向人民法院提起诉讼；也可以直接向人民法院提起诉讼。法律、法规规定应当先向行政机关申请复议，对复议决定不服再向人民法院提起诉讼的，依照法律、法规的规定。

第四十五条　公民、法人或者其他组织不服复议决定的，可以在收到复议决定书之日起十五日内向人民法院提起诉讼。复议机关逾期不作决定的，申请人可以在复议期满之日起十五日内向人民法院提起诉讼。法律另有规定的除外。

第四十六条　公民、法人或者其他组织直接向人民法院提起诉讼的，应当自知道或者应当知道作出行政行为之日起六个月内提出。法律另有规定的除外。因不动产提起诉讼的案件自行政行为作出之日起超过二十年，其他案件自行政行为作出之日起超过五年提起诉讼的，人民法院不予受理。

第四十七条　公民、法人或者其他组织申请行政机关履行保护其人身权、财产权等合法权益的法定职责，行政机关在接到申请之日起两个月内不履行的，公民、法人或者其他组织可以向人民法院提起诉讼。法律、法规对行政机关履行职责的期限另有规定的，从其规定。公民、法人或者其他组织在紧急情况下请求行政机关履行保护其人身权、财产权等合法权益的法定职责，行政机关不履行的，提起诉讼不受前款规定期限的限制。

第四十八条 公民、法人或者其他组织因不可抗力或者其他不属于其自身的原因耽误起诉期限的，被耽误的时间不计算在起诉期限内。公民、法人或者其他组织因前款规定以外的其他特殊情况耽误起诉期限的，在障碍消除后十日内，可以申请延长期限，是否准许由人民法院决定。

第四十九条 提起诉讼应当符合下列条件：

（一）原告是符合本法第二十五条规定的公民、法人或者其他组织；

（二）有明确的被告；

（三）有具体的诉讼请求和事实根据；

（四）属于人民法院受案范围和受诉人民法院管辖。

第五十条 起诉应当向人民法院递交起诉状，并按照被告人数提出副本。书写起诉状确有困难的，可以口头起诉，由人民法院记入笔录，出具注明日期的书面凭证，并告知对方当事人。

第五十一条 人民法院在接到起诉状时对符合本法规定的起诉条件的，应当登记立案。对当场不能判定是否符合本法规定的起诉条件的，应当接收起诉状，出具注明收到日期的书面凭证，并在七日内决定是否立案。不符合起诉条件的，作出不予立案的裁定。裁定书应当载明不予立案的理由。原告对裁定不服的，可以提起上诉。起诉状内容欠缺或者有其他错误的，应当给予指导和释明，并一次性告知当事人需要补正的内容。不得未经指导和释明即以起诉不符合条件为由不接收起诉状。对于不接收起诉状、接收起诉状后不出具书面凭证，以及不一次性告知当事人需要补正的起诉状内容的，当事人可以向上级人民法院投诉，上级人民法院应当责令改正，并对直接负责的主管人员和其他直接责任人员依法给予处分。

第五十二条 人民法院既不立案，又不作出不予立案裁定的，当事人可以向上一级人民法院起诉。上一级人民法院认为符合起诉条件的，应当立案、审理，也可以指定其他下级人民法院立案、审理。

第五十三条 公民、法人或者其他组织认为行政行为所依据的国务院部门和地方人民政府及其部门制定的规范性文件不合法，在对行政行为提起诉讼时，可以一并请求对该规范性文件进行审查。前款规定的规范性文件不含规章。

第七章　审理和判决

第五十四条　人民法院公开审理行政案件，但涉及国家秘密、个人隐私和法律另有规定的除外。涉及商业秘密的案件，当事人申请不公开审理的，可以不公开审理。

第五十五条　当事人认为审判人员与本案有利害关系或者有其他关系可能影响公正审判，有权申请审判人员回避。审判人员认为自己与本案有利害关系或者有其他关系，应当申请回避。前两款规定，适用于书记员、翻译人员、鉴定人、勘验人。院长担任审判长时的回避，由审判委员会决定；审判人员的回避，由院长决定；其他人员的回避，由审判长决定。当事人对决定不服的，可以申请复议一次。

第五十六条　诉讼期间，不停止行政行为的执行。但有下列情形之一的，裁定停止执行：

（一）被告认为需要停止执行的；

（二）原告或者利害关系人申请停止执行，人民法院认为该行政行为的执行会造成难以弥补的损失，并且停止执行不损害国家利益、社会公共利益的；

（三）人民法院认为该行政行为的执行会给国家利益、社会公共利益造成重大损害的；

（四）法律、法规规定停止执行的。

当事人对停止执行或者不停止执行的裁定不服的，可以申请复议一次。

第五十七条　人民法院对起诉行政机关没有依法支付抚恤金、最低生活保障金和工伤、医疗社会保险金的案件，权利义务关系明确、不先予执行将严重影响原告生活的，可以根据原告的申请，裁定先予执行。当事人对先予执行裁定不服的，可以申请复议一次。复议期间不停止裁定的执行。

第五十八条　经人民法院传票传唤，原告无正当理由拒不到庭，或者未经法庭许可中途退庭的，可以按照撤诉处理；被告无正当理由拒不到庭，或者未经法庭许可中途退庭的，可以缺席判决。

第五十九条 诉讼参与人或者其他人有下列行为之一的，人民法院可以根据情节轻重，予以训诫、责令具结悔过或者处一万元以下的罚款、十五日以下的拘留；构成犯罪的，依法追究刑事责任：

（一）有义务协助调查、执行的人，对人民法院的协助调查决定、协助执行通知书，无故推拖、拒绝或者妨碍调查、执行的；

（二）伪造、隐藏、毁灭证据或者提供虚假证明材料，妨碍人民法院审理案件的；

（三）指使、贿买、胁迫他人作伪证或者威胁、阻止证人作证的；

（四）隐藏、转移、变卖、毁损已被查封、扣押、冻结的财产的；

（五）以欺骗、胁迫等非法手段使原告撤诉的；

（六）以暴力、威胁或者其他方法阻碍人民法院工作人员执行职务，或者以哄闹、冲击法庭等方法扰乱人民法院工作秩序的；

（七）对人民法院审判人员或者其他工作人员、诉讼参与人、协助调查和执行的人员恐吓、侮辱、诽谤、诬陷、殴打、围攻或者打击报复的。

人民法院对有前款规定的行为之一的单位，可以对其主要负责人或者直接责任人员依照前款规定予以罚款、拘留；构成犯罪的，依法追究刑事责任。罚款、拘留须经人民法院院长批准。当事人不服的，可以向上一级人民法院申请复议一次。复议期间不停止执行。

第六十条 人民法院审理行政案件，不适用调解。但是，行政赔偿、补偿以及行政机关行使法律、法规规定的自由裁量权的案件可以调解。调解应当遵循自愿、合法原则，不得损害国家利益、社会公共利益和他人合法权益。

第六十一条 在涉及行政许可、登记、征收、征用和行政机关对民事争议所作的裁决的行政诉讼中，当事人申请一并解决相关民事争议的，人民法院可以一并审理。在行政诉讼中，人民法院认为行政案件的审理需以民事诉讼的裁判为依据的，可以裁定中止行政诉讼。

第六十二条 人民法院对行政案件宣告判决或者裁定前，原告申请撤诉的，或者被告改变其所作的行政行为，原告同意并申请撤诉的，是否准许，由人民法院裁定。

第六十三条 人民法院审理行政案件，以法律和行政法规、地方性法规为依据。地方性法规适用于本行政区域内发生的行政案件。人民法院审理民族自治地方的行政案件,并以该民族自治地方的自治条例和单行条例为依据。人民法院审理行政案件,参照规章。

第六十四条 人民法院在审理行政案件中,经审查认为本法第五十三条规定的规范性文件不合法的,不作为认定行政行为合法的依据,并向制定机关提出处理建议。

第六十五条 人民法院应当公开发生法律效力的判决书、裁定书,供公众查阅,但涉及国家秘密、商业秘密和个人隐私的内容除外。

第六十六条 人民法院在审理行政案件中,认为行政机关的主管人员、直接责任人员违法违纪的,应当将有关材料移送监察机关、该行政机关或者其上一级行政机关;认为有犯罪行为的,应当将有关材料移送公安、检察机关。人民法院对被告经传票传唤无正当理由拒不到庭,或者未经法庭许可中途退庭的,可以将被告拒不到庭或者中途退庭的情况予以公告,并可以向监察机关或者被告的上一级行政机关提出依法给予其主要负责人或者直接责任人员处分的司法建议。

第六十七条 人民法院应当在立案之日起五日内,将起诉状副本发送被告。被告应当在收到起诉状副本之日起十五日内向人民法院提交作出行政行为的证据和所依据的规范性文件,并提出答辩状。人民法院应当在收到答辩状之日起五日内,将答辩状副本发送原告。被告不提出答辩状的,不影响人民法院审理。

第六十八条 人民法院审理行政案件,由审判员组成合议庭,或者由审判员、陪审员组成合议庭。合议庭的成员,应当是三人以上的单数。

第六十九条 行政行为证据确凿,适用法律、法规正确,符合法定程序的,或者原告申请被告履行法定职责或者给付义务理由不成立的,人民法院判决驳回原告的诉讼请求。

第七十条 行政行为有下列情形之一的,人民法院判决撤销或者部分撤销,并可以判决被告重新作出行政行为:

(一)主要证据不足的;

(二)适用法律、法规错误的;

（三）违反法定程序的；

（四）超越职权的；

（五）滥用职权的；

（六）明显不当的。

第七十一条 人民法院判决被告重新作出行政行为的，被告不得以同一的事实和理由作出与原行政行为基本相同的行政行为。

第七十二条 人民法院经过审理，查明被告不履行法定职责的，判决被告在一定期限内履行。

第七十三条 人民法院经过审理，查明被告依法负有给付义务的，判决被告履行给付义务。

第七十四条 行政行为有下列情形之一的，人民法院判决确认违法，但不撤销行政行为：

（一）行政行为依法应当撤销，但撤销会给国家利益、社会公共利益造成重大损害的；

（二）行政行为程序轻微违法，但对原告权利不产生实际影响的。

行政行为有下列情形之一，不需要撤销或者判决履行的，人民法院判决确认违法：

（一）行政行为违法，但不具有可撤销内容的；

（二）被告改变原违法行政行为，原告仍要求确认原行政行为违法的；

（三）被告不履行或者拖延履行法定职责，判决履行没有意义的。

第七十五条 行政行为有实施主体不具有行政主体资格或者没有依据等重大且明显违法情形，原告申请确认行政行为无效的，人民法院判决确认无效。

第七十六条 人民法院判决确认违法或者无效的，可以同时判决责令被告采取补救措施；给原告造成损失的，依法判决被告承担赔偿责任。

第七十七条 行政处罚明显不当，或者其他行政行为涉及对款额的确定、认定确有错误的，人民法院可以判决变更。人民法院判决变更，不得加重原告的义务或者减损原告的权益。但利害关系人同为原告，且诉讼请求相反的除外。

第七十八条 被告不依法履行、未按照约定履行或者违法变更、解除本法

第十二条第一款第十一项规定的协议的，人民法院判决被告承担继续履行、采取补救措施或者赔偿损失等责任。被告变更、解除本法第十二条第一款第十一项规定的协议合法，但未依法给予补偿的，人民法院判决给予补偿。

第七十九条 复议机关与作出原行政行为的行政机关为共同被告的案件，人民法院应当对复议决定和原行政行为一并作出裁判。

第八十条 人民法院对公开审理和不公开审理的案件，一律公开宣告判决。当庭宣判的，应当在十日内发送判决书；定期宣判的，宣判后立即发给判决书。宣告判决时，必须告知当事人上诉权利、上诉期限和上诉的人民法院。

第八十一条 人民法院应当在立案之日起六个月内作出第一审判决。有特殊情况需要延长的，由高级人民法院批准，高级人民法院审理第一审案件需要延长的，由最高人民法院批准。

第八十二条 人民法院审理下列第一审行政案件，认为事实清楚、权利义务关系明确、争议不大的，可以适用简易程序：

（一）被诉行政行为是依法当场作出的；

（二）案件涉及款额二千元以下的；

（三）属于政府信息公开案件的。

除前款规定以外的第一审行政案件，当事人各方同意适用简易程序的，可以适用简易程序。发回重审、按照审判监督程序再审的案件不适用简易程序。

第八十三条 适用简易程序审理的行政案件，由审判员一人独任审理，并应当在立案之日起四十五日内审结。

第八十四条 人民法院在审理过程中，发现案件不宜适用简易程序的，裁定转为普通程序。

第八十五条 当事人不服人民法院第一审判决的，有权在判决书送达之日起十五日内向上一级人民法院提起上诉。当事人不服人民法院第一审裁定的，有权在裁定书送达之日起十日内向上一级人民法院提起上诉。逾期不提起上诉的，人民法院的第一审判决或者裁定发生法律效力。

第八十六条 人民法院对上诉案件，应当组成合议庭，开庭审理。经过阅卷、调查和询问当事人，对没有提出新的事实、证据或者理由，合议庭认为不需要开庭审理的，也可以不开庭审理。

第八十七条 人民法院审理上诉案件,应当对原审人民法院的判决、裁定和被诉行政行为进行全面审查。

第八十八条 人民法院审理上诉案件,应当在收到上诉状之日起三个月内作出终审判决。有特殊情况需要延长的,由高级人民法院批准,高级人民法院审理上诉案件需要延长的,由最高人民法院批准。

第八十九条 人民法院审理上诉案件,按照下列情形,分别处理:

(一)原判决、裁定认定事实清楚,适用法律、法规正确的,判决或者裁定驳回上诉,维持原判决、裁定;

(二)原判决、裁定认定事实错误或者适用法律、法规错误的,依法改判、撤销或者变更;

(三)原判决认定基本事实不清、证据不足的,发回原审人民法院重审,或者查清事实后改判;

(四)原判决遗漏当事人或者违法缺席判决等严重违反法定程序的,裁定撤销原判决,发回原审人民法院重审。

原审人民法院对发回重审的案件作出判决后,当事人提起上诉的,第二审人民法院不得再次发回重审。人民法院审理上诉案件,需要改变原审判决的,应当同时对被诉行政行为作出判决。

第九十条 当事人对已经发生法律效力的判决、裁定,认为确有错误的,可以向上一级人民法院申请再审,但判决、裁定不停止执行。

第九十一条 当事人的申请符合下列情形之一的,人民法院应当再审:

(一)不予立案或者驳回起诉确有错误的;

(二)有新的证据,足以推翻原判决、裁定的;

(三)原判决、裁定认定事实的主要证据不足、未经质证或者系伪造的;

(四)原判决、裁定适用法律、法规确有错误的;

(五)违反法律规定的诉讼程序,可能影响公正审判的;

(六)原判决、裁定遗漏诉讼请求的;

(七)据以作出原判决、裁定的法律文书被撤销或者变更的;

(八)审判人员在审理该案件时有贪污受贿、徇私舞弊、枉法裁判行为的。

第九十二条 各级人民法院院长对本院已经发生法律效力的判决、裁定,发现有本法第九十一条规定情形之一，或者发现调解违反自愿原则或者调解书内容违法，认为需要再审的，应当提交审判委员会讨论决定。最高人民法院对地方各级人民法院已经发生法律效力的判决、裁定，上级人民法院对下级人民法院已经发生法律效力的判决、裁定，发现有本法第九十一条规定情形之一，或者发现调解违反自愿原则或者调解书内容违法的，有权提审或者指令下级人民法院再审。

第九十三条 最高人民检察院对各级人民法院已经发生法律效力的判决、裁定，上级人民检察院对下级人民法院已经发生法律效力的判决、裁定，发现有本法第九十一条规定情形之一，或者发现调解书损害国家利益、社会公共利益的，应当提出抗诉。地方各级人民检察院对同级人民法院已经发生法律效力的判决、裁定，发现有本法第九十一条规定情形之一，或者发现调解书损害国家利益、社会公共利益的，可以向同级人民法院提出检察建议，并报上级人民检察院备案；也可以提请上级人民检察院向同级人民法院提出抗诉。各级人民检察院对审判监督程序以外的其他审判程序中审判人员的违法行为，有权向同级人民法院提出检察建议。

第八章 执　　行

第九十四条 当事人必须履行人民法院发生法律效力的判决、裁定、调解书。

第九十五条 公民、法人或者其他组织拒绝履行判决、裁定、调解书的，行政机关或者第三人可以向第一审人民法院申请强制执行，或者由行政机关依法强制执行。

第九十六条 行政机关拒绝履行判决、裁定、调解书的，第一审人民法院可以采取下列措施：

（一）对应当归还的罚款或者应当给付的款额，通知银行从该行政机关的账户内划拨；

（二）在规定期限内不履行的，从期满之日起，对该行政机关负责人按日处五十元至一百元的罚款；

（三）将行政机关拒绝履行的情况予以公告；

（四）向监察机关或者该行政机关的上一级行政机关提出司法建议。接受司法建议的机关，根据有关规定进行处理，并将处理情况告知人民法院；

（五）拒不履行判决、裁定、调解书，社会影响恶劣的，可以对该行政机关直接负责的主管人员和其他直接责任人员予以拘留；情节严重，构成犯罪的，依法追究刑事责任。

第九十七条 公民、法人或者其他组织对行政行为在法定期限内不提起诉讼又不履行的，行政机关可以申请人民法院强制执行，或者依法强制执行。

第九章 涉外行政诉讼

第九十八条 外国人、无国籍人、外国组织在中华人民共和国进行行政诉讼，适用本法。法律另有规定的除外。

第九十九条 外国人、无国籍人、外国组织在中华人民共和国进行行政诉讼，同中华人民共和国公民、组织有同等的诉讼权利和义务。外国法院对中华人民共和国公民、组织的行政诉讼权利加以限制的，人民法院对该国公民、组织的行政诉讼权利，实行对等原则。

第一百条 外国人、无国籍人、外国组织在中华人民共和国进行行政诉讼，委托律师代理诉讼的，应当委托中华人民共和国律师机构的律师。

第十章 附 则

第一百零一条 人民法院审理行政案件，关于期间、送达、财产保全、开庭审理、调解、中止诉讼、终结诉讼、简易程序、执行等，以及人民检察院对行政案件受理、审理、裁判、执行的监督，本法没有规定的，适用《中华人民共和国民事诉讼法》的相关规定。

第一百零二条 人民法院审理行政案件，应当收取诉讼费用。诉讼费用由败诉方承担，双方都有责任的由双方分担。收取诉讼费用的具体办法另行规定。

第一百零三条 本法自 1990 年 10 月 1 日起施行。

融资担保公司监督管理条例

（2017年6月21日国务院第177次常务会议通过　2017年8月2日中华人民共和国国务院令第683号公布　自2017年10月1日起施行）

第一章　总　　则

第一条　为了支持普惠金融发展，促进资金融通，规范融资担保公司的行为，防范风险，制定本条例。

第二条　本条例所称融资担保，是指担保人为被担保人借款、发行债券等债务融资提供担保的行为；所称融资担保公司，是指依法设立、经营融资担保业务的有限责任公司或者股份有限公司。

第三条　融资担保公司开展业务，应当遵守法律法规，审慎经营，诚实守信，不得损害国家利益、社会公共利益和他人合法权益。

第四条　省、自治区、直辖市人民政府确定的部门（以下称监督管理部门）负责对本地区融资担保公司的监督管理。

省、自治区、直辖市人民政府负责制定促进本地区融资担保行业发展的政策措施、处置融资担保公司风险，督促监督管理部门严格履行职责。

国务院建立融资性担保业务监管部际联席会议，负责拟订融资担保公司监督管理制度，协调解决融资担保公司监督管理中的重大问题，督促指导地方人民政府对融资担保公司进行监督管理和风险处置。融资性担保业务监管部际联席会议由国务院银行业监督管理机构牵头，国务院有关部门参加。

第五条　国家推动建立政府性融资担保体系，发展政府支持的融资担保公司，建立政府、银行业金融机构、融资担保公司合作机制，扩大为小微企业和农业、农村、农民提供融资担保业务的规模并保持较低的费率水平。

各级人民政府财政部门通过资本金投入、建立风险分担机制等方式，对主要为小微企业和农业、农村、农民服务的融资担保公司提供财政支持,具体办法由国务院财政部门制定。

第二章　设立、变更和终止

第六条　设立融资担保公司,应当经监督管理部门批准。

融资担保公司的名称中应当标明融资担保字样。

未经监督管理部门批准,任何单位和个人不得经营融资担保业务,任何单位不得在名称中使用融资担保字样。国家另有规定的除外。

第七条　设立融资担保公司,应当符合《中华人民共和国公司法》的规定,并具备下列条件:

(一)股东信誉良好,最近3年无重大违法违规记录;

(二)注册资本不低于人民币2000万元,且为实缴货币资本;

(三)拟任董事、监事、高级管理人员熟悉与融资担保业务相关的法律法规,具有履行职责所需的从业经验和管理能力;

(四)有健全的业务规范和风险控制等内部管理制度。

省、自治区、直辖市根据本地区经济发展水平和融资担保行业发展的实际情况,可以提高前款规定的注册资本最低限额。

第八条　申请设立融资担保公司,应当向监督管理部门提交申请书和证明其符合本条例第七条规定条件的材料。

监督管理部门应当自受理申请之日起30日内作出批准或者不予批准的决定。决定批准的,颁发融资担保业务经营许可证;不予批准的,书面通知申请人并说明理由。

经批准设立的融资担保公司由监督管理部门予以公告。

第九条　融资担保公司合并、分立或者减少注册资本,应当经监督管理部门批准。

融资担保公司在住所地所在省、自治区、直辖市范围内设立分支机构,变更名称,变更持有5%以上股权的股东或者变更董事、监事、高级管理人员,应当自分支机构设立之日起或者变更相关事项之日起30日内向监督管理部门备案;变更后的相关事项应当符合本条例第六条第二款、第七条的规定。

第十条 融资担保公司跨省、自治区、直辖市设立分支机构，应当具备下列条件，并经拟设分支机构所在地监督管理部门批准：

（一）注册资本不低于人民币10亿元；

（二）经营融资担保业务3年以上，且最近2个会计年度连续盈利；

（三）最近2年无重大违法违规记录。

拟设分支机构所在地监督管理部门审批的程序和期限，适用本条例第八条的规定。

融资担保公司应当自分支机构设立之日起30日内，将有关情况报告公司住所地监督管理部门。

融资担保公司跨省、自治区、直辖市设立的分支机构的日常监督管理，由分支机构所在地监督管理部门负责，融资担保公司住所地监督管理部门应当予以配合。

第十一条 融资担保公司解散的，应当依法成立清算组进行清算，并对未到期融资担保责任的承接作出明确安排。清算过程应当接受监督管理部门的监督。

融资担保公司解散或者被依法宣告破产的，应当将融资担保业务经营许可证交监督管理部门注销，并由监督管理部门予以公告。

第三章 经营规则

第十二条 除经营借款担保、发行债券担保等融资担保业务外，经营稳健、财务状况良好的融资担保公司还可以经营投标担保、工程履约担保、诉讼保全担保等非融资担保业务以及与担保业务有关的咨询等服务业务。

第十三条 融资担保公司应当按照审慎经营原则，建立健全融资担保项目评审、担保后管理、代偿责任追偿等方面的业务规范以及风险管理等内部控制制度。

政府支持的融资担保公司应当增强运用大数据等现代信息技术手段的能力，为小微企业和农业、农村、农民的融资需求服务。

第十四条 融资担保公司应当按照国家规定的风险权重，计量担保责任余额。

第十五条 融资担保公司的担保责任余额不得超过其净资产的10倍。

对主要为小微企业和农业、农村、农民服务的融资担保公司,前款规定的倍数上限可以提高至15倍。

第十六条 融资担保公司对同一被担保人的担保责任余额与融资担保公司净资产的比例不得超过10%,对同一被担保人及其关联方的担保责任余额与融资担保公司净资产的比例不得超过15%。

第十七条 融资担保公司不得为其控股股东、实际控制人提供融资担保,为其他关联方提供融资担保的条件不得优于为非关联方提供同类担保的条件。

融资担保公司为关联方提供融资担保的,应当自提供担保之日起30日内向监督管理部门报告,并在会计报表附注中予以披露。

第十八条 融资担保公司应当按照国家有关规定提取相应的准备金。

第十九条 融资担保费率由融资担保公司与被担保人协商确定。

纳入政府推动建立的融资担保风险分担机制的融资担保公司,应当按照国家有关规定降低对小微企业和农业、农村、农民的融资担保费率。

第二十条 被担保人或者第三人以抵押、质押方式向融资担保公司提供反担保,依法需要办理登记的,有关登记机关应当依法予以办理。

第二十一条 融资担保公司有权要求被担保人提供与融资担保有关的业务活动和财务状况等信息。

融资担保公司应当向被担保人的债权人提供与融资担保有关的业务活动和财务状况等信息。

第二十二条 融资担保公司自有资金的运用,应当符合国家有关融资担保公司资产安全性、流动性的规定。

第二十三条 融资担保公司不得从事下列活动:

(一)吸收存款或者变相吸收存款;

(二)自营贷款或者受托贷款;

(三)受托投资。

第四章 监督管理

第二十四条 监督管理部门应当建立健全监督管理工作制度,运用大数据等现代信息技术手段实时监测风险，加强对融资担保公司的非现场监管和现场检查，并与有关部门建立监督管理协调机制和信息共享机制。

第二十五条 监督管理部门应当根据融资担保公司的经营规模、主要服务对象、内部管理水平、风险状况等，对融资担保公司实施分类监督管理。

第二十六条 监督管理部门应当按照国家有关融资担保统计制度的要求，向本级人民政府和国务院银行业监督管理机构报送本地区融资担保公司统计数据。

第二十七条 监督管理部门应当分析评估本地区融资担保行业发展和监督管理情况，按年度向本级人民政府和国务院银行业监督管理机构报告，并向社会公布。

第二十八条 监督管理部门进行现场检查，可以采取下列措施：

（一）进入融资担保公司进行检查；

（二）询问融资担保公司的工作人员，要求其对有关检查事项作出说明；

（三）检查融资担保公司的计算机信息管理系统；

（四）查阅、复制与检查事项有关的文件、资料，对可能被转移、隐匿或者毁损的文件、资料、电子设备予以封存。

进行现场检查，应当经监督管理部门负责人批准。检查人员不得少于2人，并应当出示合法证件和检查通知书。

第二十九条 监督管理部门根据履行职责的需要，可以与融资担保公司的董事、监事、高级管理人员进行监督管理谈话，要求其就融资担保公司业务活动和风险管理的重大事项作出说明。

监督管理部门可以向被担保人的债权人通报融资担保公司的违法违规行为或者风险情况。

第三十条 监督管理部门发现融资担保公司的经营活动可能形成重大风险的，经监督管理部门主要负责人批准，可以区别情形，采取下列措施：

（一）责令其暂停部分业务；

（二）限制其自有资金运用的规模和方式；

（三）责令其停止增设分支机构。

融资担保公司应当及时采取措施，消除重大风险隐患，并向监督管理部门报告有关情况。经监督管理部门验收,确认重大风险隐患已经消除的,监督管理部门应当自验收完毕之日起 3 日内解除前款规定的措施。

第三十一条 融资担保公司应当按照要求向监督管理部门报送经营报告、财务报告以及注册会计师出具的年度审计报告等文件和资料。

融资担保公司跨省、自治区、直辖市开展业务的,应当按季度向住所地监督管理部门和业务发生地监督管理部门报告业务开展情况。

第三十二条 融资担保公司对监督管理部门依法实施的监督检查应当予以配合,不得拒绝、阻碍。

第三十三条 监督管理部门应当建立健全融资担保公司信用记录制度。融资担保公司信用记录纳入全国信用信息共享平台。

第三十四条 监督管理部门应当会同有关部门建立融资担保公司重大风险事件的预警、防范和处置机制,制定融资担保公司重大风险事件应急预案。

融资担保公司发生重大风险事件的,应当立即采取应急措施,并及时向监督管理部门报告。监督管理部门应当及时处置,并向本级人民政府、国务院银行业监督管理机构和中国人民银行报告。

第三十五条 监督管理部门及其工作人员对监督管理工作中知悉的商业秘密,应当予以保密。

第五章 法律责任

第三十六条 违反本条例规定,未经批准擅自设立融资担保公司或者经营融资担保业务的,由监督管理部门予以取缔或者责令停止经营,处 50 万元以上 100 万元以下的罚款,有违法所得的,没收违法所得;构成犯罪的,依法追究刑事责任。

违反本条例规定,未经批准在名称中使用融资担保字样的,由监督管理部门责令限期改正;逾期不改正的,处 5 万元以上 10 万元以下的罚款,有违法所得的,没收违法所得。

第三十七条 融资担保公司有下列情形之一的,由监督管理部门责令限期改正,处 10 万元以上 50 万元以下的罚款,有违法所得的,没收违法所得;逾期不改正的,责令停业整顿,情节严重的,吊销其融资担保业务经营许可证:

（一）未经批准合并或者分立；

（二）未经批准减少注册资本；

（三）未经批准跨省、自治区、直辖市设立分支机构。

第三十八条 融资担保公司变更相关事项，未按照本条例规定备案，或者变更后的相关事项不符合本条例规定的，由监督管理部门责令限期改正；逾期不改正的，处5万元以上10万元以下的罚款，情节严重的，责令停业整顿。

第三十九条 融资担保公司受托投资的，由监督管理部门责令限期改正，处50万元以上100万元以下的罚款，有违法所得的，没收违法所得；逾期不改正的，责令停业整顿，情节严重的，吊销其融资担保业务经营许可证。

融资担保公司吸收公众存款或者变相吸收公众存款、从事自营贷款或者受托贷款的，依照有关法律、行政法规予以处罚。

第四十条 融资担保公司有下列情形之一的，由监督管理部门责令限期改正；逾期不改正的，处10万元以上50万元以下的罚款，有违法所得的，没收违法所得，并可以责令停业整顿，情节严重的，吊销其融资担保业务经营许可证：

（一）担保责任余额与其净资产的比例不符合规定；

（二）为控股股东、实际控制人提供融资担保，或者为其他关联方提供融资担保的条件优于为非关联方提供同类担保的条件；

（三）未按照规定提取相应的准备金；

（四）自有资金的运用不符合国家有关融资担保公司资产安全性、流动性的规定。

第四十一条 融资担保公司未按照要求向监督管理部门报送经营报告、财务报告、年度审计报告等文件、资料或者业务开展情况，或者未报告其发生的重大风险事件的，由监督管理部门责令限期改正，处5万元以上20万元以下的罚款；逾期不改正的，责令停业整顿，情节严重的，吊销其融资担保业务经营许可证。

第四十二条 融资担保公司有下列情形之一的，由监督管理部门责令限期改正，处20万元以上50万元以下的罚款；逾期不改正的，责令停业整顿，情节严重的，吊销其融资担保业务经营许可证；构成违反治安管理行为的，依照《中华人民共和国治安管理处罚法》予以处罚；构成犯罪的，依法追究刑事责任：

(一)拒绝、阻碍监督管理部门依法实施监督检查;

(二)向监督管理部门提供虚假的经营报告、财务报告、年度审计报告等文件、资料;

(三)拒绝执行监督管理部门依照本条例第三十条第一款规定采取的措施。

第四十三条 依照本条例规定对融资担保公司处以罚款的,根据具体情形,可以同时对负有直接责任的董事、监事、高级管理人员处 5 万元以下的罚款。

融资担保公司违反本条例规定,情节严重的,监督管理部门对负有直接责任的董事、监事、高级管理人员,可以禁止其在一定期限内担任或者终身禁止其担任融资担保公司的董事、监事、高级管理人员。

第四十四条 监督管理部门的工作人员在融资担保公司监督管理工作中滥用职权、玩忽职守、徇私舞弊的,依法给予处分;构成犯罪的,依法追究刑事责任。

第六章 附 则

第四十五条 融资担保行业组织依照法律法规和章程的规定,发挥服务、协调和行业自律作用,引导融资担保公司依法经营,公平竞争。

第四十六条 政府性基金或者政府部门为促进就业创业等直接设立运营机构开展融资担保业务,按照国家有关规定执行。

农村互助式融资担保组织开展担保业务、林业经营主体间开展林权收储担保业务,不适用本条例。

第四十七条 融资再担保公司的管理办法,由国务院银行业监督管理机构会同国务院有关部门另行制定,报国务院批准。

第四十八条 本条例施行前设立的融资担保公司,不符合本条例规定条件的,应当在监督管理部门规定的期限内达到本条例规定的条件;逾期仍不符合规定条件的,不得开展新的融资担保业务。

第四十九条 本条例自 2017 年 10 月 1 日起施行。

山东省地方金融条例

（2016年3月30日山东省第十二届人民代表大会常务委员会第二十次会议通过　2016年3月30日山东省人民代表大会常务委员会公告第129号公布　自2016年7月1日起施行）

第一章　总　　则

第一条　为了充分发挥金融服务经济社会的作用，促进金融发展，维护金融稳定，根据有关法律、行政法规，结合本省实际，制定本条例。

第二条　在本省行政区域内从事金融服务、金融发展和金融监管活动的地方金融组织、地方金融监管机构以及相关单位和个人，应当遵守本条例。

本条例所称地方金融组织，是指依法设立，从事相关地方金融活动的小额贷款公司、融资担保公司、民间融资机构、开展权益类交易和介于现货与期货之间的大宗商品交易的交易场所、开展信用互助的农民专业合作社、私募投资管理机构和国务院及其有关部门授权省人民政府监督管理的从事金融活动的其他机构或者组织等。

国家对金融服务、金融发展和金融监管另有规定的，从其规定。

第三条　地方金融工作应当坚持促进发展与防范风险相结合，遵循积极稳妥、安全审慎的原则，保持金融健康平稳运行，构建良好的地方金融生态环境，推动金融服务实体经济，促进经济社会发展。

第四条　县级以上人民政府应当加强对地方金融工作的组织领导，依照属地管理原则，建立健全地方金融监管体制，加强与国家有关部门和金融机构的协调配合，制定扶持政策，及时研究解决地方金融工作中的重大问题，防范和化解金融风险，促进地方金融健康发展。

第五条　县级以上人民政府地方金融监管机构负责本行政区域内金融服

务、金融发展的综合协调和指导工作,并依照本条例规定对地方金融组织和相关金融活动实施监管。

县级以上人民政府发展改革、经济和信息化、财政、公安、农业、国土资源、住房城乡建设、商务、审计、工商行政管理等部门,按照职责分工做好相关工作。

第六条 地方金融组织依法开展业务,不受任何机关、单位和个人的干涉。

地方金融组织应当合法经营,诚实守信,自担风险,自我约束,不得损害社会公共利益和他人合法权益。

第七条 广播、电视、报刊、网络等媒体应当加强金融法律、法规以及有关知识的宣传和舆论监督,提高公众金融知识水平和风险防范意识,营造良好的金融发展环境。

第二章 金融服务

第八条 地方金融组织开展业务时,应当牢固树立以客户为中心的理念,依法公平签订合同,严格履行法定义务,维护消费者的财产和信息安全。

地方金融组织应当建立金融消费者和投资者适当性制度,将合适的金融产品和服务推介给适当的消费者和投资者。地方金融组织在提供金融产品和服务时,应当以通俗易懂的语言或者文字,向消费者和投资者如实披露可能影响其决策的信息,充分提示风险;未履行如实告知或者风险提示义务的,应当依法承担赔偿责任。

从事金融性投资消费活动的单位和个人,应当增强风险意识,遵循盈亏自负、风险自担原则。

第九条 小额贷款公司应当按照小额、分散的原则开展业务经营,重点为小型微型企业和农民、农业、农村经济发展提供融资服务,并可以通过发行优先股和私募债券、资产证券化等方式,拓宽融资渠道,提高服务实体经济能力。

第十条 融资担保公司应当依法开展贷款担保、票据承兑担保、贸易融资担保、项目融资担保、信用证担保等业务,提高企业融资增信服务水平。对符合国家、省规定条件的贷款担保业务发生代偿时,融资担保公司、风险补偿资金、贷款银行等可以协商确定风险分担比例。

第十一条 民间资本管理机构、民间融资登记服务机构等民间融资机构应当按照核准的经营范围和区域开展业务，促进民间资金供需规范有序对接。

民间资本管理机构应当针对实体经济项目开展股权投资、债权投资、短期财务性投资、资本投资咨询等服务。

民间融资登记服务机构应当以信息中介或者信息平台形式，向社会公众提供资金供需信息以及相关资金融通的配套服务。

第十二条 权益类交易市场、区域性股权市场、介于现货与期货之间的大宗商品交易市场等地方交易场所，应当健全完善业务规则和管理制度，实行适当投资者准入管理，加强互联互通和统一结算平台建设，创新场外交易方式，为交易场所市场参与者提供优质高效服务。

第十三条 农民专业合作社开展信用互助业务，应当坚持社员制、封闭性原则，完善决策科学、制衡有效的治理结构，有效保护社员合法权益，满足社员金融需求，服务农民、农业、农村经济发展。

第十四条 私募投资管理机构应当落实适度监管要求，依法向不超过规定数量的合格投资者募集资金，并按照合同约定享受权益、承担风险，提高融资服务能力。

第十五条 县级以上人民政府及其有关部门应当按照规定综合利用设立政府引导基金、财政贴息、保险补贴、资金奖励、风险补偿资金等方式，引导带动金融资金和社会资金投向重点产业、重点项目和重点领域，推进经济转型升级。

第十六条 县级以上人民政府应当制定措施，推动企业规范化公司制改制，建立现代企业制度，支持企业通过上市、挂牌、发债、资产证券化、私募融资等方式扩大直接融资，改善融资结构。

鼓励支持企业在生产经营过程中依法合理运用期货、期权等金融衍生产品进行套期保值、规避风险。

第十七条 县级以上人民政府应当引导现代保险服务业发展，完善保险经济补偿机制，发挥商业保险在多层次社会保障体系中的作用，运用保险风险管理功能创新公共管理服务，构筑保险民生保障网，提升保险资金运用水平。

县级以上人民政府应当支持发展多种形式的农业、农村保险，按照规定对政策性保险业务给予补贴。

第十八条 县级以上人民政府应当制定扶持政策和相关融资风险分担以

及损失补偿措施，引导金融机构、地方金融组织加大对小型微型企业和农民、农业、农村经济发展特别是贫困地区的金融支持。

金融机构、地方金融组织对小型微型企业和农民、农业、农村经济发展的贷款、投融资、保险、担保等业务达到规定要求的，由财政部门给予风险补偿或者奖励。

第十九条 县级以上人民政府及其有关部门应当为金融机构和地方金融组织开展相关抵(质)押物融资业务提供便利；登记机构或者部门应当及时为融资抵(质)押办理登记手续。

第三章 金融发展

第二十条 县级以上人民政府应当制定并完善金融发展的政策和措施，激发金融创新活力，统筹直接融资与间接融资、传统金融业态与新型地方金融业态协调发展，引导金融资金流向节能环保等绿色产业，推动金融业双向开放，支持发展普惠金融，保障人民群众享有价格合理、便捷安全的基本金融服务。

第二十一条 省、设区的市人民政府地方金融监管机构应当编制本行政区域的金融发展规划，征求人民银行、发展改革、财政、人力资源社会保障、国土资源、城乡规划、环境保护等部门和所在地国家金融监管派出机构的意见后，报本级人民政府批准后实施。

第二十二条 省人民政府应当综合考虑区位、产业、资源等情况，支持区域性金融中心、财富管理中心、基金管理中心等金融集聚区建设，增强金融资源集聚和辐射能力。

金融集聚区所在地人民政府应当加强政策扶持，做好机构培育、市场建设、政策创新、环境营造等工作，并对金融集聚区建设用地作出规划安排。

第二十三条 省、设区的市人民政府应当依托对外经济合作基础和区位优势，推进金融合作示范区和金融服务产业园区规划建设，加强与国际金融组织合作与交流，支持企业在国际资本市场直接融资。

第二十四条 县级以上人民政府应当优化营商环境，加大金融机构引进力度，支持国有资本和民间资本设立、参股注册地在本省的金融机构。

设立注册地在本省的金融机构，或者在本省行政区域内设立国内外金融机构区域总部、分支机构的，由当地人民政府按照规定给予奖励。

第二十五条 县级以上人民政府应当制定措施，支持民间资本投资设立或者参股、控股地方金融组织，推动地方金融组织健康发展。鼓励国有资本投资设立或者参股、控股融资担保公司，并适时扩大或者补充资本金，带动民间资本投入。

第二十六条 县级以上人民政府应当依照国家法律和监管政策，支持金融与互联网等信息技术的融合，促进金融机构、地方金融组织开拓互联网金融业务，规范发展第三方支付、网络借贷等新兴业态，发挥互联网金融的资金融通、支付、投资和信息中介等功能作用。

第二十七条 县级以上人民政府及其有关部门应当通过引进、培育、整合等方式，加快发展信用评级、资产评估、保险代理、保险经纪、保险公估、融资仓储等金融中介服务组织，推动金融服务中心、金融超市建设，构建高效便捷的专业化金融中介服务体系。

第二十八条 县级以上人民政府应当鼓励和支持金融机构、地方金融组织进行产品、技术、服务、管理等方面的创新，完善金融创新激励机制，加强金融创新成果保护，并按照规定给予风险补偿或者奖励。

第二十九条 省人民政府地方金融监管机构应当建立地方金融组织信息披露制度，加强金融信用环境建设，积极参与构建守信激励和失信惩戒机制。

省人民政府地方金融监管机构应当组织建立地方金融组织信息综合服务平台，开展地方金融组织、相关企业和个人信用信息采集、整理、保存、加工和公布等工作，并与全国企业信用信息公示系统、公共信用信息平台相衔接，实现地方金融数据资料共享。

第三十条 县级以上人民政府地方金融监管机构应当会同财政、人力资源社会保障等部门，建立金融人才队伍建设长效机制，制定金融人才培养引进计划和奖励政策，按照规定对符合条件的金融人才给予奖励，并在落户、居住、子女教育、医疗等方面提供便利。

第三十一条 地方金融组织可以建立行业自律组织。行业自律组织应当组织制定、实施行业规范、标准和职业道德准则，完善行业自律管理约束机制，加强对从业人员的引导、约束，及时发布行业信息，依法维护会员的合法权益。

第四章 金融监管

第三十二条 设立由法律、行政法规或者国务院决定授权省人民政府监督管理的小额贷款公司、融资担保公司以及其他金融组织，应当符合国家规定的条件，经省人民政府地方金融监管机构批准。

第三十三条 民间融资机构开展民间资本管理业务的，应当具备下列条件，并经省人民政府地方金融监管机构批准：

（一）已经依法办理工商注册登记手续，且具有法人资格；

（二）一次性实缴货币资本不低于人民币三千万元；

（三）出资人的出资为自有资金；

（四）主要出资人的出资占注册资本的比例不低于百分之二十、不高于百分之五十一；

（五）董事、监事、高级管理人员应当具备履行职责所需的专业能力和良好诚信记录；

（六）有健全的业务操作规范和内部控制、风险管理制度；

（七）法律、行政法规规定的其他条件。

民间融资机构开展民间融资登记服务业务的，应当符合前款规定的第一项、第三项、第五项、第六项和第七项条件，并经省人民政府地方金融监管机构批准。

第三十四条 交易场所开展权益类交易或者介于现货与期货之间的大宗商品交易业务的，应当具备下列条件，并经省人民政府地方金融监管机构批准：

（一）已经依法办理工商注册登记手续，且具有法人资格；

（二）一次性实缴货币资本不低于人民币三千万元；

（三）主要出资人为法人，经营相关业务三年以上且无重大违法违规行为；

（四）出资人财务状况良好，主要出资人资产负债率不超过百分之七十且净资产不低于五千万元；

（五）交易品种明确；

（六）董事、监事、高级管理人员应当具备履行职责所需的专业能力和良好诚信记录；

(七)有健全的业务操作规范和内部控制、风险管理制度;

(八)法律、行政法规规定的其他条件。

第三十五条 开展农民专业合作社信用互助业务的,应当具备下列条件,并经所在地县(市、区)人民政府地方金融监管机构批准:

(一)已经依法办理工商注册登记手续,且具有法人资格;

(二)固定资产五十万元以上;

(三)理事、监事、高级管理人员应当具备履行职责所需的专业能力和良好诚信记录;

(四)有健全的业务操作规范和内部控制、风险管理制度;

(五)法律、行政法规规定的其他条件。

第三十六条 在本省行政区域内设立私募投资管理机构等地方金融组织,工商行政管理部门应当在办理工商登记后,及时将相关信息提供给地方金融监管机构。

第三十七条 任何单位和个人不得非法吸收公众存款、擅自发行有价证券,或者以其他方式从事非法集资活动。

第三十八条 任何单位和个人不得以广告、公开劝诱或者变相公开宣传的方式,向社会不特定对象或者超出法律规定数量的特定对象承诺或者变相承诺,对投资收益或者投资效果作出保本、高收益或者无风险等保证。

广播、电视、报刊、网络等媒体发布金融类广告,应当依法查验主体的业务资质和有关部门的证明文件,核对广告内容,不得发布涉嫌非法集资、金融诈骗以及虚假广告的宣传报道。

第三十九条 地方金融组织应当按照审慎经营的要求,严格遵守风险管理、内部控制、资产质量、风险准备、风险集中、关联交易、资产流动性等业务规则和管理制度。

第四十条 地方金融组织应当及时向所在地县级以上人民政府地方金融监管机构报送业务情况、财务会计报告和合并、分立、控股权变更以及其他重大事项。报送内容应当真实、完整。

县级以上人民政府地方金融监管机构应当建立统计分析制度和监测预警机制,定期收集、整理和分析地方金融组织统计数据,对金融风险状况进行评估，并提出相应的监管措施。

第四十一条 县级以上人民政府地方金融监管机构应当对地方金融组织的业务活动及其风险状况进行监管，可以根据工作需要进入地方金融组织依法实施现场检查，并采取下列措施：

（一）询问地方金融组织的工作人员；

（二）查阅、复制与检查事项有关的文件、资料；

（三）检查地方金融组织业务数据管理系统。

地方金融组织应当配合地方金融监管机构进行检查，不得拒绝、阻碍。

第四十二条 地方金融组织存在重大违规行为的，县级以上人民政府地方金融监管机构可以对其董事、监事、高级管理人员等进行约谈和风险提示，要求就业务活动和风险管理的重大事项作出说明，必要时可以责令其进行整改。

第四十三条 可能引发或者已经形成重大金融风险，严重影响金融秩序和金融稳定的，县级以上人民政府地方金融监管机构应当对相关地方金融组织进行重点监控，向利益相关人进行风险提示；必要时，可以责令地方金融组织暂停相关业务。

地方金融组织属于国有或者国有控股的，有管辖权的人民政府可以依法对其董事、监事、高级管理人员等进行调整，或者限制其投资和其他资金运用，必要时可以对其进行重组。

第四十四条 县级以上人民政府应当组织地方金融监管机构和发展改革、经济和信息化、财政、公安、商务、税务、审计、工商行政管理、国有资产监督管理等部门，建立金融信息共享、风险处置、金融消费者权益保护等方面的协作机制，打击处置金融欺诈、非法集资等违法行为，防范化解金融风险。

第四十五条 县级以上人民政府地方金融监管机构应当加强与所在地国家金融监管派出机构的信息沟通和工作协调，建立金融风险防范化解工作机制，提高金融风险防范与处置能力。

第四十六条 县级以上人民政府应当制定地方金融突发事件应急预案，明确工作职责、事件分级、启动机制、应急处置与保障措施等内容。

第五章 法律责任

第四十七条 违反本条例规定的行为，法律、行政法规已规定法律责任的，从其规定；法律、行政法规未规定法律责任的，依照本条例规定执行。

第四十八条 违反本条例规定，有下列情形之一的，责令停止相关业务，没收违法所得，并处违法所得一倍以上三倍以下罚款；情节严重的，处违法所得三倍以上五倍以下罚款；没有违法所得或者违法所得不足五万元的，处五万元以上十万元以下罚款；构成犯罪的，依法追究刑事责任：

（一）未经批准擅自设立由法律、行政法规或者国务院决定授权省人民政府监督管理的小额贷款公司、融资担保公司以及其他金融组织的；

（二）民间融资机构未经批准擅自从事民间资本管理业务或者民间融资登记服务业务的；

（三）交易场所未经批准擅自从事权益类交易或者介于现货与期货之间的大宗商品交易业务的；

（四）未经批准擅自从事农民专业合作社信用互助业务的。

前款规定的第一项至三项情形，由省人民政府地方金融监管机构依法予以处罚；第四项情形，由所在地县（市、区）人民政府地方金融监管机构依法予以处罚。

第四十九条 违反本条例规定，有下列行为之一的，依法给予行政处罚；构成犯罪的，依法追究刑事责任：

（一）非法吸收公众存款、擅自发行有价证券，或者以其他方式从事非法集资活动的；

（二）擅自以广告、公开劝诱或者变相公开宣传的方式，向社会不特定对象或者超出法律规定数量的特定对象承诺或者变相承诺，对投资收益或者投资效果作出保本、高收益或者无风险等保证的。

第五十条 违反本条例规定，地方金融组织违反审慎经营的要求，不落实风险管理、内部控制、关联交易等业务规则和管理制度的，由县级以上人民政府地方金融监管机构责令限期改正；逾期不改正的，处一万元以上三万元以下罚款，并可责令其暂停相关业务；情节严重的，处三万元以上五万元以下罚款；构成犯罪的，依法追究刑事责任。

第五十一条 违反本条例规定，地方金融组织不按照规定报送相关信息或者不按照要求就重大事项作出说明的，由县级以上人民政府地方金融监管机构责令限期改正；逾期不改正的，处一万元以上三万元以下罚款；故意提供虚假信息或者隐瞒重要事实的，处三万元以上五万元以下罚款；构成犯罪的，依法追究刑事责任。

第五十二条 违反本条例规定，地方金融组织拒绝、阻碍现场检查，构成违反治安管理行为的，由公安机关依法处罚；构成犯罪的，依法追究刑事责任。

第五十三条 违反本条例规定，地方金融组织不按照要求进行整改的，由县级以上人民政府地方金融监管机构责令改正，处三万元以上五万元以下罚款；情节严重的，处五万元以上十万元以下罚款；构成犯罪的，依法追究刑事责任。

第五十四条 违反本条例规定，地方金融组织拒绝执行暂停相关业务、重组等监管措施的，由县级以上人民政府地方金融监管机构责令改正，处五万元以上十万元以下罚款；造成重大金融风险的，处十万元以上五十万元以下罚款；有违法所得的，没收违法所得；构成犯罪的，依法追究刑事责任。

第五十五条 地方金融组织违反法律、行政法规以及本条例有关规定，县级以上人民政府地方金融监管机构可以对负责的董事、监事、高级管理人员和其他直接责任人员给予警告，并予以通报。

第五十六条 违反本条例规定，县级以上人民政府及其有关部门、地方金融监管机构有下列行为之一的，对直接负责的主管人员和其他直接责任人员依法给予处分；构成犯罪的，依法追究刑事责任：

（一）对不符合法定条件的申请人准予许可或者超越法定职权作出准予许可决定的；

（二）对符合法定条件的申请人不予许可的；

（三）未按照规定采取金融监管措施情节严重的；

（四）对违法行为不依法进行查处的；

（五）其他滥用职权、玩忽职守、徇私舞弊的行为。

第六章 附 则

第五十七条 典当、融资租赁、商业保理、非融资担保业务的监督管理，按照国家和省有关规定执行。

第五十八条 本条例自2016年7月1日起施行。

河北省地方金融监督管理条例

（2017 年 12 月 1 日河北省第十二届人民代表大会常务委员会第三十三次会议通过　2017 年 12 月 1 日河北省第十二届人民代表大会常务委员会公告第 127 号公布　自 2018 年 5 月 1 日起施行）

第一章　总　　则

第一条　为了加强地方金融监督管理，防范和化解金融风险，维护金融稳定，促进地方金融健康发展，根据有关法律、行政法规的规定，结合本省实际，制定本条例。

第二条　本省行政区域内从事地方金融服务以及监督管理等活动，适用本条例。

国家对金融监督管理另有规定的，从其规定。

第三条　本条例所称地方金融组织，是指依法设立，从事相关地方金融活动的小额贷款公司、各类交易场所、地方金融控股企业、地方资产管理公司、融资担保公司、典当行、融资租赁公司、商业保理公司以及法律、行政法规规定和国务院授权省人民政府监督管理的其他组织等。

第四条　地方金融监督管理工作应当坚持促进发展与防范风险相结合，遵循积极稳妥、安全审慎的原则，着力构建现代金融监管框架，推动金融服务实体经济，发挥市场在金融资源配置中的作用，促进经济和金融良性循环、健康发展。

第五条　地方金融监督管理实行属地管理、分级负责。

县级以上人民政府应当加强对地方金融工作的组织领导，履行属地金融监管和风险处置责任，建立健全地方金融监督管理制度，制定地方金融突发事件应急预案，有效防范和化解金融风险，协调解决地方金融监督管理有关重大事项。

第六条 县级以上人民政府地方金融监管机构以及县级以上人民政府确定的负责地方金融监管的部门(统称为地方金融监管机构),负责本行政区域内的地方金融组织以及相关地方金融活动的监督管理工作,并做好地方金融服务、金融发展的协调指导工作。

县级以上人民政府发展改革、工业和信息化、商务、财政、住房城乡建设、国土资源、民政、公安、税务、审计、工商行政管理、市场监督管理、国有资产监督管理等部门和机构,按照各自职责做好相关工作。

第七条 省、设区的市人民政府应当编制本行政区域的金融发展规划,并征求所在地国家金融管理部门派出机构意见。金融发展规划应当包括金融产业布局、金融资源聚集、区域协同发展、政策扶持、机构培育、市场建设、环境优化等方面的内容。

第八条 从事地方金融服务,应当依法取得相应的经营资格,接受地方金融监管机构和其他有关部门的监督管理。

第九条 进行地方金融投资,应当自愿参与、自负盈亏、自担风险,不得损害社会公共利益和他人合法权益。

第十条 县级以上人民政府及其有关部门应当加强金融法律、法规以及有关知识的宣传教育,提高公众金融知识水平和风险防范意识。

鼓励、支持社会公众和广播、电视、报刊、网络等媒体对地方金融活动进行社会监督和舆论监督。

第十一条 任何单位和个人有权对地方金融违法行为进行投诉和举报。地方金融监管机构应当建立健全投诉举报机制,公布受理方式,及时接受和处理投诉举报。举报属实的,应当给予奖励。

第二章 地方金融服务经营

第十二条 县级以上人民政府应当制定并完善金融发展的政策和措施,推进专业化综合金融服务平台建设,激发金融创新活力,统筹直接融资与间接融资、传统金融业态与新型地方金融业态协调发展,支持发展普惠金融,保障社会公众享有价格合理、便捷安全的基本金融服务。

鼓励和引导金融资金和社会资金投向节能环保领域，促进绿色金融发展，推进经济结构转型升级。

第十三条 地方金融组织开展业务应当遵守下列规定：

（一）按照批准的经营范围合理确定经营的金融产品；

（二）建立资产流动风险准备、风险集中、关联交易等金融风险防范制度；

（三）与客户签订合法规范的交易合同；

（四）如实向投资者和客户提示投资风险，披露可能影响其决策的信息；

（五）不得进行内幕交易、操纵市场等违法活动。

第十四条 申请设立小额贷款公司，应当依照有关法律法规规定经注册地县级人民政府审查，向注册地设区的市人民政府申请办理经营许可手续。

申请小额贷款公司经营许可应当具备下列条件：

（一）一次性实缴货币资本不低于人民币五千万元；

（二）发起人为具备法人资格的企业，具备连续三年以上盈利业绩和良好的诚信记录；

（三）股东出资资金为自有资金；

（四）董事、监事、高级管理人员具备履行职责所需的专业能力和良好的诚信记录；

（五）有健全的业务操作规范和内部控制、风险管理制度，有适合经营要求的软件交易系统和硬件设施；

（六）法律、行政法规规定的其他条件。

第十五条 小额贷款公司应当按照小额、分散的原则开展经营活动，鼓励为小型微型企业、个体经营者和农民、农业、农村经济发展提供融资服务，提高服务实体经济能力。

第十六条 小额贷款公司应当在国家规定的贷款利率幅度内确定发放贷款的利率，不得向国家限制的行业和非法领域发放贷款，不得吸收公众存款，不得进行任何形式的社会集资活动。

第十七条 在国务院金融管理机构批准设立的从事金融产品交易的业务以外，设立从事权益类交易、大宗商品中远期交易以及其他标准化合约交易业务的交易场所（统称为各类交易场所），应当具备下列条件：

(一)名称中有交易所字样的,一次性实缴货币资本不低于人民币五千万元;名称中没有交易所字样的,一次性实缴货币资本不低于人民币二千万元;

(二)股东(发起人)为具备行业背景的骨干企业,具备良好的诚信记录;

(三)出资人财务状况良好,主要出资人资产负债率不超过百分之七十且净资产不低于人民币五千万元;

(四)交易模式、交易品种明确;

(五)董事、监事、高级管理人员具备履行职责所需的专业能力和良好的诚信记录;

(六)有健全的业务操作规范和内部控制、风险管理制度,有适合经营要求的软件交易系统和硬件设施;

(七)法律、行政法规规定的其他条件。

申请设立各类交易场所的,应当向所在地设区的市地方金融监管机构提出申请,设区的市地方金融监管机构根据前款条件进行审查,符合条件的报本级人民政府。设区的市人民政府同意后报省人民政府批准,批准后方可进行工商注册登记。名称中有交易所字样的,省人民政府批准前应当征求国家有关部门的意见。

第十八条 各类交易场所实行投资者准入管理制度,注册地、实际经营地和服务器所在地应当保持一致,建立互联互通和统一结算平台,并不得有下列行为:

(一)将投资权益拆分为等份额公开发行;

(二)将投资权益按照标准化交易单位持续挂牌交易;

(三)采取集中竞价、连续竞价、电子撮合、匿名交易、做市商等集中交易方式进行交易;

(四)以集中交易方式进行标准化合约交易;

(五)开展分散式柜台交易模式和类似证券发行上市的现货发售模式;

(六)开展贵金属、保险、信贷交易;

(七)权益持有人累计超过二百人;

(八)法律、行政法规禁止的其他行为。

第十九条 各类交易场所发生注册资本变更、合并、分立、股权变更以及业务范围变更等重大事项，应当按照设立审批流程办理相关变更手续。

小额贷款公司等其他地方金融组织发生前款规定重大事项和高级管理人员任职、营业场所变更等重大事项，应当向批准的地方金融监管机构备案。

第二十条 地方金融控股企业应当主要针对金融机构和地方金融组织开展股权投资、企业和资产并购业务，企业名称中行业可以表述为金融控股。地方金融控股企业开展以上业务，应当具备下列条件，并经省地方金融监管机构批准：

（一）依法办理工商注册登记手续，具有法人资格；

（二）出资人为信用优良、财务稳健的企业法人或者自然人，具备较强的资本实力和风险承受能力；

（三）并表净资产在人民币十亿元以上，非金融类资产占总资产比重不超过百分之二十；

（四）董事、监事、高级管理人员具备履行职责所需的专业能力和良好的诚信记录；

（五）具有健全的公司治理、完善的内部控制和风险管理制度；

（六）法律、行政法规规定的其他条件。

第二十一条 地方资产管理公司在本省行政区域内开展对金融企业的不良资产批量收购、处置业务，应当符合国务院银行业监管机构规定的条件，经省地方金融监管机构进行资格审查后报国务院银行业监管机构备案。

第二十二条 法律、行政法规规定和国务院授权省人民政府监督管理的其他组织，由省地方金融监管机构依法制定分类监管目录，明确监管对象、责任主体和监管措施，报省人民政府批准并向社会公布后纳入地方金融监督管理范围。

第二十三条 在本省行政区域内设立的地方金融组织，依法办理注册登记后，注册登记部门应当及时向地方金融监管机构通报相关信息。

县级以上人民政府及其有关部门应当为地方金融组织开展相关抵（质）押物融资业务提供便利。有关登记机构或者部门应当为符合法定条件的地方金融组织办理融资抵押、质押登记手续。

第三章　金融风险防范

第二十四条　县级以上人民政府应当建立金融风险监测预警、早期预防机制，健全金融风险突发事件的防范处置制度，加强金融基础设施的统筹监管和互联互通，推进地方金融综合统计和监管信息共享，坚持早识别、早预警、早发现、早处置，防范和化解金融风险。

第二十五条　对地方金融组织可能引发或者已经形成金融风险，影响金融秩序和金融稳定的，地方金融监管机构应当对其进行重点监控，向利益相关人进行风险提示，并可以责令地方金融组织暂停相关业务。

第二十六条　地方金融组织从事金融活动存在违规行为的，地方金融监管机构可以对其董事、监事、高级管理人员等进行约谈和风险提示，要求其就业务活动和风险管理的重大事项作出说明，并责令其整改。

第二十七条　县级以上人民政府应当履行防范和处置非法集资第一责任人的责任，依法查处、打击非法集资违法行为。

任何单位和个人不得非法吸收公众存款、擅自发行有价证券，或者以其他方式从事非法集资活动。

县级以上人民政府及其有关部门应当加强与人民法院、人民检察院的配合，推进金融领域行政执法和刑事司法衔接，防范金融风险。

第二十八条　任何单位和个人不得以广告、公开劝诱或者变相公开宣传的方式，向社会不特定对象或者超出法律规定数量的特定对象承诺或者变相承诺，对投资收益或者投资效果作出保本、高收益或者无风险等保证。

广播、电视、报刊、网络等媒体发布金融类广告，应当依法查验发布企业的业务资质和相关证明文件，核对广告内容，不得发布涉嫌非法集资、金融诈骗以及虚假广告的宣传报道。

第二十九条　地方金融组织从事非法吸收社会资金、金融欺诈、违规融资等重大违法违规行为的，依法责令限期停业整顿；情节严重的，依照有关法律法规规定予以处置。

第四章　监督管理

第三十条　县级以上人民政府应当整合地方金融监督管理职能,建立规范统一的金融活动监督管理制度和监督管理标准。

第三十一条　县级以上人民政府及其有关部门应当加强对下级人民政府及其有关部门履行地方金融监督管理职责情况的监督检查。对防范和处置金融风险不力的,约谈当地政府主要负责人。

地方金融监管机构应当建立统计分析制度和监测预警机制,定期收集、整理和分析地方金融组织统计数据、运营数据,对金融风险状况进行评估,并提出相应的监督管理措施。

第三十二条　建立全省统一的地方金融监管服务平台,运用大数据、云计算等现代信息技术,加强相关监管信息数据的交换与整合,做好实时监测、统计分析、风险预警、评估处置、信息发布工作,相关信用信息应当按照规定纳入公共信用信息共享平台。

地方金融监管机构应当与所在地国家金融管理部门派出机构建立信息共享和金融风险防范处置工作协调机制,提高金融风险防范与处置能力。

第三十三条　地方金融监管机构应当对地方金融组织的业务活动及其风险状况进行监督管理,可以根据工作需要,进入地方金融组织依法实施现场检查,并采取以下措施:

(一)询问地方金融组织的工作人员;

(二)查阅、收集与检查事项相关的证据;

(三)对可能被转移、隐匿、毁损或者伪造的文件、资料,予以先行登记保存;

(四)检查地方金融组织业务数据管理系统;

(五)按照有关法律、行政法规采取其他监督管理措施。

进行现场检查,应当经地方金融监管机构负责人批准。检查人员不得少于两人,并应当出示合法证件和检查通知书。

任何单位和个人应当予以配合,不得拒绝、阻碍现场检查和调查取证。

第三十四条　省地方金融监管机构应当积极推进与北京市、天津市以及其他相邻省、自治区建立联合执法机制,加强信息共享和预警联动,协调统一处置方案，共同防范金融风险。

地方金融监管机构应当与公安、工商行政管理、市场监督管理等有关部门建立执法协作机制，健全应急处置联动方案，对严重违法或者风险较大的地方金融组织及其董事、监事和高级管理人员，依法采取措施，防范资金转移，维护金融稳定。

第五章　法律责任

第三十五条　违反本条例规定，对在地方金融监督管理过程中不履职、不当履职、违法履职，导致产生严重后果的县级以上人民政府主要负责人，依法给予行政处分；构成犯罪的，依法追究刑事责任。

违反本条例规定，县级以上人民政府及其有关部门、地方金融监管机构发现风险没有及时提示和处置的，或者有其他滥用职权、玩忽职守、徇私舞弊等行为的，对直接负责的主管人员和其他直接责任人员依法给予处分；构成犯罪的，依法追究刑事责任。

第三十六条　违反本条例规定，由地方金融监管机构按照下列规定处理；构成犯罪的，依法追究刑事责任：

（一）未与客户签订合法规范的交易合同的，责令限期改正；逾期不改正的，责令停业整顿，并处二万元以上五万元以下的罚款；

（二）未如实向投资者和客户提示投资风险，披露可能影响其决策的信息的，责令限期改正；逾期不改正的，责令停业整顿，并处三万元以上十万元以下的罚款；

（三）进行内幕交易、操纵市场等违法活动的，责令停业整顿，并处十万元以上三十万元以下的罚款。

第三十七条　违反本条例规定，有下列情形之一的，责令停止相关业务，没收违法所得；没有违法所得或者违法所得不足五万元的，并处五万元以上十万元以下的罚款；违法所得在五万元以上的，责令停业整顿，并处违法所得三倍以上五倍以下的罚款；构成犯罪的，依法追究刑事责任：

（一）小额贷款公司未取得经营许可擅自开展经营业务的，由所在地设区的市地方金融监管机构处罚；

（二）未经批准擅自设立各类交易场所，从事或者变相从事权益类交易、大宗商品中远期交易以及其他标准化合约交易业务的，由省地方金融监管机构处罚；

（三）各类交易场所开展未经批准的交易模式、交易品种的，由省地方金融监管机构处罚；

（四）地方金融控股企业未经批准在本省行政区域内对金融机构和地方金融组织开展股权投资、企业和资产并购业务的，由省地方金融监管机构处罚。

第三十八条 违反本条例第十八条规定的，由地方金融监管机构责令限期改正，没收违法所得；没有违法所得或者违法所得不足五十万元的，并处五十万元以上一百五十万元以下的罚款；违法所得五十万元以上的，并处违法所得三倍以上五倍以下的罚款；逾期不改正的，责令停业整顿；构成犯罪的，依法追究刑事责任。

第三十九条 违反本条例规定，各类交易场所发生注册资本变更、合并、分立、股权变更以及业务范围变更等重大事项，未按照设立审批流程办理相关变更手续的，由省地方金融监管机构责令限期改正；逾期不改正的，处一万元以上三万元以下的罚款。

违反本条例规定，小额贷款公司等其他地方金融组织备案虚假信息或者隐瞒重要事实的，由地方金融监管机构责令限期改正；逾期不改正的，处三万元以上五万元以下的罚款。

第四十条 违反本条例规定，地方金融组织拒绝执行暂停相关业务监管措施的，由地方金融监管机构责令限期改正，有违法所得的，没收违法所得；逾期不改正的，处五万元以上十万元以下的罚款；逾期不改正造成重大金融风险的，处十万元以上三十万元以下的罚款；构成犯罪的，依法追究刑事责任。

第四十一条 违反本条例规定，有下列情形之一的，依照有关法律法规规定给予处罚；构成犯罪的，依法追究刑事责任：

（一）非法吸收公众存款、擅自发行有价证券，或者以其他方式从事非法集资活动的；

（二）以广告、公开劝诱或者变相公开宣传的方式，向社会不特定对象或者超出法律规定数量的特定对象承诺或者变相承诺，对投资收益或者投资效果作出保本、高收益或者无风险等保证的；

（三）广播、电视、报刊、网络等媒体发布金融类广告，未依法查验发布企业的业务资质和相关证明文件，核对广告内容或者发布涉嫌非法集资、金融诈骗以及虚假广告的宣传报道的。

第四十二条 违反本条例规定，拒绝、阻碍现场检查、调查取证构成违反治安管理行为的，由公安机关依法处理；构成犯罪的，依法追究刑事责任。

第四十三条 地方金融组织违反本条例有关规定的，地方金融监管机构可以对负有直接责任的董事、监事、高级管理人员和其他直接责任人员给予警告，并处十万元以上二十万元以下的罚款；情节严重的，给予警告，并处二十万元以上五十万元以下的罚款；构成犯罪的，依法追究刑事责任。

第六章 附 则

第四十四条 本条例自 2018 年 5 月 1 日起施行。

天津市地方金融监督管理条例

(2019年5月30日天津市第十七届人民代表大会常务委员会第十一次会议通过　2019年5月30日天津市人民代表大会常务委员会公告第二十五号公布　自2019年7月1日起施行)

目　　录

第一章　总　　则

第一条　为了加强地方金融监督管理,防范和化解金融风险,促进金融健康发展,根据有关法律、行政法规,结合本市实际情况,制定本条例。

第二条　在本市行政区域内从事金融业务的地方金融组织和从事金融监管活动的地方金融监督管理部门以及相关单位和个人,应当遵守本条例。

本条例所称地方金融组织,是指本市行政区域内的小额贷款公司、融资担保公司、区域性股权市场、典当行、融资租赁公司、商业保理公司、地方资产管理公司等国家授权本市监督管理的开展金融业务活动的组织。

国家对地方金融监管另有规定的,从其规定。

第三条　地方金融监督管理应当遵循积极稳妥、安全审慎的原则,坚持促进发展与防范风险相结合,积极引导地方金融组织合法合规经营,保持地方金融安全、高效、稳健运行。

第四条 市人民政府应当加强对地方金融工作的组织领导，依法履行地方金融监督管理职责，建立健全地方金融监督管理体制机制，协调解决地方金融监督管理有关重大事项，防范和化解重大金融风险。

区人民政府应当加强对本行政区域内地方金融工作的组织领导，按照职责履行属地金融风险防范和处置责任。

第五条 市地方金融监督管理部门负责对本市行政区域内地方金融组织实施监督管理，承担地方金融组织风险处置责任，负责防范和化解地方金融风险。

发展改革、公安、财政、商务、审计、市场监督管理、国有资产监督管理等有关部门按照各自职责做好相关工作。

第六条 地方金融组织开展业务活动，应当遵守法律法规，审慎经营，诚实守信，风险自担，不得损害国家利益、社会公共利益和他人合法权益。

第七条 本市推进金融创新运营示范区建设，实施金融发展相关扶持政策，支持引进金融机构和金融人才，鼓励金融创新，增强金融服务实体经济能力，促进中国(天津)自由贸易试验区金融改革创新和京津冀协同发展。

第八条 鼓励地方金融组织依法建立行业自律组织，发挥服务、协调和行业自律作用，引导地方金融组织合法经营，公平竞争。

第九条 报刊、广播、电视及网络媒体应当加强金融法律、法规以及有关知识的公益宣传和舆论监督，提高公众金融知识水平和风险防范意识，营造良好的金融发展环境。

第十条 鼓励单位和个人对非法金融活动进行投诉和举报。经查证属实的，由市地方金融监督管理部门按照规定给予奖励。

第二章 地方金融组织

第十一条 地方金融组织的设立、变更、终止，应当按照国家有关规定办理相关批准、授权、备案等手续。

国家规定须经市地方金融监督管理部门批准方可设立的地方金融组织，由市地方金融监督管理部门依据法律、行政法规颁发经营许可证。

未经批准、授权或者备案,任何单位或者个人不得从事或者变相从事地方金融组织业务活动。

第十二条 地方金融组织应当具有适合经营要求的业务、财务信息系统,按照规定向市地方金融监督管理部门报送真实的经营报告、财务报告、注册会计师出具的年度审计报告及相关经营信息等文件和资料。

第十三条 地方金融组织应当建立健全金融消费者和投资者适当性制度,将合适的金融产品和服务推介给适当的消费者和投资者。

地方金融组织在提供金融产品和服务时,应当以通俗易懂的语言、文字或者图表,真实、准确、完整地向消费者或者投资者提供信息、提示风险,不得有虚假记载和误导性陈述。

第十四条 小额贷款公司开展贷款业务应当按照小额、分散原则,遵守国家关于贷款额度、利率限制的规定,建立健全贷款管理制度,明确贷前调查、贷时审查和贷后检查业务流程和操作规范。鼓励小额贷款公司为农户和微型企业提供信贷服务。

小额贷款公司不得从事任何形式的集资、吸收存款或者变相吸收存款等违反国家规定的活动。

第十五条 融资担保公司开展业务活动应当以支持普惠金融发展、促进资金融通为导向,建立健全融资担保项目评审、担保后管理、代偿责任追偿等业务规范以及风险管理等内部控制制度。

融资担保公司不得从事吸收存款或者变相吸收存款、自营贷款或者受托贷款、受托投资以及违反国家规定的其他活动。

第十六条 区域性股权市场为本市行政区域内中小微企业证券非公开发行、转让及相关活动提供设施与服务,应当进行风险监测、评估、预警和处置,防范和化解市场风险。鼓励区域性股权市场在合法合规、风险可控前提下,开展业务、产品、运营模式和服务方式创新,为中小微企业提供多样化、个性化服务。

区域性股权市场不得采用公开或者变相公开方式发行证券,不得采取集中竞价、连续竞价、做市商等集中交易方式进行证券转让以及从事违反国家规定的其他活动。

第十七条 典当行应当按照平等、自愿、诚信、互利原则开展业务活动,确保当票使用、当物管理、绝当物品处理合法合规，典当流程完整、规范，各项收费符合有关规定。

典当行不得收当国家禁止收当的财物，不得在当期内出租、质押、抵押和使用当物以及从事违反国家规定的其他活动。

第十八条 融资租赁公司开展业务活动应当确保租赁物权属清晰、真实存在且能够产生收益权，建立完善的内部风险控制体系，形成良好的风险资产分类管理、承租人信用评估、事后追偿和处置制度以及风险预警机制。鼓励和引导融资租赁公司对中小微企业提供融资支持。

融资租赁公司不得从事吸收存款、发放贷款、受托发放贷款等金融业务，不得借融资租赁的名义开展非法集资活动以及从事违反国家规定的其他活动。

第十九条 商业保理公司应当建立与开展保理业务相应的管理制度，健全业务流程和操作规范，确保风险资产符合规定、应收账款初始权属清晰确定、历次转让凭证完整，防范发生经营风险。

商业保理公司不得专门从事或者受托开展催收业务，不得从事吸收存款、发放贷款以及违反国家规定的其他活动。

第二十条 地方资产管理公司按照国家规定开展对金融企业不良资产的批量收购、处置等业务，应当遵循市场化、法治化原则，防范和化解区域金融风险，维护金融秩序，支持实体经济发展。

地方资产管理公司不得为银行业金融机构规避资产质量监管提供通道，不得约定各种形式的实质上由受托方承担清收保底义务的条款，不得借收购不良债权、资产名义为企业或者项目提供融资以及从事违反国家规定的其他活动。

第二十一条 地方金融组织由于解散、被依法宣告破产等原因终止的，应当依法组织清算，对相关业务承接以及债务清偿作出明确安排，接受市地方金融监督管理部门的监督。

第三章 监督管理

第二十二条 市地方金融监督管理部门应当建立地方金融组织分类监管制度，根据地方金融组织的经营范围、经营规模、管理水平、内控机制、风险状况等，确定对其检查的频率、范围和需要采取的其他措施。

第二十三条 市地方金融监督管理部门应当对地方金融组织的业务活动及其风险状况进行非现场监管，充分运用大数据、云计算等现代信息技术，加强监管信息的汇聚和共享，做好实时监测、统计分析、风险预警和评估处置等工作。

第二十四条 市地方金融监督管理部门根据监管工作需要，经其负责人批准，可以采取下列方式对地方金融组织的业务活动及其风险状况进行现场检查：

（一）进入地方金融组织进行检查；

（二）询问地方金融组织的有关人员，要求其对有关检查事项如实说明；

（三）检查地方金融组织相关计算机信息管理系统；

（四）查阅、复制与检查事项有关的文件、资料，对可能被转移、隐匿或者损毁的文件、资料、电子设备予以登记保存。

现场检查人员不得少于两人，并应当出示合法证件和检查通知书。地方金融组织应当配合市地方金融监督管理部门进行检查，不得拒绝、阻碍依法实施的监督检查。

第二十五条 市地方金融监督管理部门应当对地方金融组织的董事、监事、高级管理人员进行相关法律法规、政策和专业知识的培训，提高其合法合规经营的能力和水平。

第二十六条 市地方金融监督管理部门应当根据监管工作需要，就地方金融组织业务活动和风险管理的重大事项，及时与地方金融组织的股东、董事、监事、高级管理人员进行监督管理谈话和风险提示。

第二十七条 市地方金融监督管理部门应当按照规定将地方金融组织相关信用信息纳入市场主体信用信息公示系统和信用信息共享平台，对失信的地方金融组织及相关人员实施联合惩戒。

第二十八条 市地方金融监督管理部门应当加强对本市投资公司、开展信用互助的农民专业合作社、社会众筹机构、民间借贷、新型农村合作金融组织等的引导和规范，统筹加强对权益类交易场所的监管。

第二十九条 市地方金融监督管理部门及其工作人员对于在监督管理工作中知悉的国家秘密、商业秘密和个人隐私，应当保密。

第四章 风险防控

第三十条 市和区人民政府应当建立金融风险防范和处置工作机制,制定地方金融风险突发事件应急预案,及时稳妥处置金融风险。

第三十一条 市地方金融监督管理部门应当制定地方金融组织风险突发事件应急预案,明确处置机构和人员及其职责、处置措施和处置程序,及时有效处置突发事件。

第三十二条 地方金融组织相关业务活动可能引发或者已经形成重大金融风险的,应当及时向市地方金融监督管理部门报告有关情况,并及时采取措施,消除隐患,处置风险。

地方金融组织相关业务活动可能引发或者已经形成重大金融风险的,任何单位和个人发现后有权告知市地方金融监督管理部门。

对地方金融组织相关业务活动可能引发或者已经形成的重大金融风险,市地方金融监督管理部门应当及时处置。需要其他部门配合的,相关部门应当予以配合。

第三十三条 国家金融监管部门监督管理的金融机构,其业务活动可能引发或者已经形成重大金融风险的,市地方金融监督管理部门应当协调有关部门协助国家金融监管部门派出机构开展风险处置相关工作。

第三十四条 任何单位和个人不得非法吸收公众存款、擅自发行有价证券,或者以其他方式从事非法金融活动;不得以广告、公开劝诱或者变相公开宣传的方式,向社会不特定对象、超过法律规定数量的特定对象承诺或者变相承诺,对投资收益或者投资效果作出保本、高收益或者无风险等保证。

市和区人民政府应当做好本行政区域内非法金融活动的风险监测预警和处置工作。

市地方金融监督管理部门应当会同公安、市场监督管理等有关部门依法打击非法金融活动,防范和处置非法集资。

第三十五条 对可能引发或者已经形成的金融风险,国家未明确风险处置责任单位的,由风险发生地的区人民政府负责组织、协调有关部门开展风险处置相关工作,并及时报告市地方金融监督管理部门。

对可能引发或者已经形成的全市范围内的重大金融风险,市人民政府应当及时协调处理。

第五章 法律责任

第三十六条 未经批准或者授权设立地方金融组织或者从事地方金融组织业务活动的,由市地方金融监督管理部门依法予以取缔或者责令停止经营,处五十万元以上一百万元以下的罚款,并没收违法所得。

第三十七条 地方金融组织变更相关事项,未按照国家有关规定办理批准、授权或者备案等手续的,由市地方金融监督管理部门责令限期改正;逾期不改正的,处五万元以上十万元以下的罚款;情节严重的,处十万元以上二十万元以下的罚款,责令停业整顿。

第三十八条 地方金融组织未按照规定报送经营报告、财务报告、注册会计师出具的年度审计报告及相关经营信息等文件和资料,或者未报告其发生的重大金融风险情况的,由市地方金融监督管理部门责令限期改正,处五万元以上二十万元以下的罚款;逾期不改正的,责令停业整顿,情节严重的,吊销其经营许可证。

第三十九条 地方金融组织有下列情形之一的,由市地方金融监督管理部门责令限期改正,处二十万元以上五十万元以下的罚款;逾期不改正的,责令停业整顿,情节严重的,吊销其经营许可证:

(一)拒绝、阻碍市地方金融监督管理部门依法实施监督检查的;

(二)向市地方金融监督管理部门提供虚假的经营报告、财务报告、注册会计师出具的年度审计报告及相关经营信息等文件、资料的。

第四十条 依照本条例规定对地方金融组织处以罚款的,根据具体情形,可以同时对负有直接责任的董事、监事、高级管理人员给予警告,处五万元以上二十万元以下的罚款;情节严重的,处二十万元以上五十万元以下的罚款。

第四十一条 违反本条例规定,构成违反治安管理行为的,依照《中华人民共和国治安管理处罚法》,由公安机关予以治安处罚;构成犯罪的,依法追究刑事责任。

第四十二条 市和区人民政府相关部门的工作人员在地方金融监督管理

工作中贪污受贿、徇私舞弊、滥用职权、玩忽职守的，依法给予处分；构成犯罪的，依法追究刑事责任。

第四十三条 违反本条例规定的行为，法律、行政法规已规定法律责任的，从其规定。

第六章 附 则

第四十四条 本条例自2019年7月1日起施行。

区域性股权市场监督管理试行办法

（2017年4月27日中国证券监督管理委员会2017年第3次主席办公会议审议通过　2017年5月3日中国证券监督管理委员会令第132号公布　自2017年7月1日起施行）

第一章　总　　则

第一条　为了规范区域性股权市场的活动，保护投资者合法权益，防范区域性股权市场风险，促进区域性股权市场健康发展，根据《中华人民共和国证券法》《中华人民共和国公司法》《国务院办公厅关于规范发展区域性股权市场的通知》等规定，制定本办法。

第二条　在区域性股权市场非公开发行、转让中小微企业股票、可转换为股票的公司债券和国务院有关部门认可的其他证券，以及相关活动，适用本办法。

第三条　区域性股权市场是为其所在省级行政区域内中小微企业证券非公开发行、转让及相关活动提供设施与服务的场所。

除区域性股权市场外，地方其他各类交易场所不得组织证券发行和转让活动。

第四条　在区域性股权市场内的证券发行、转让及相关活动，应当遵守法律、行政法规和规章等规定，遵循公平自愿、诚实信用、风险自担的原则。禁止欺诈、内幕交易、操纵市场、非法集资行为。

第五条　省级人民政府依法对区域性股权市场进行监督管理，负责风险处置。

省级人民政府指定地方金融监管部门承担对区域性股权市场的日常监督管理职责，依法查处违法违规行为，组织开展风险防范、处置工作。

省级人民政府根据法律、行政法规、国务院有关规定和本办法,制定区域性股权市场监督管理的实施细则和操作办法。

第六条 中国证券监督管理委员会(以下简称中国证监会)及其派出机构对地方金融监管部门的区域性股权市场监督管理工作进行指导、协调和监督,对市场规范运作情况进行监督检查,对市场风险进行预警提示和处置督导。

地方金融监管部门与中国证监会派出机构应当建立区域性股权市场监管合作及信息共享机制。

第七条 区域性股权市场运营机构(以下简称运营机构)负责组织区域性股权市场的活动,对市场参与者进行自律管理。

各省、自治区、直辖市、计划单列市行政区域内设立的运营机构不得超过一家。

第八条 运营机构应当具备下列条件:

(一)依法设立的法人;

(二)开展业务活动所必需的营业场所、业务设施、营运资金、专业人员;

(三)健全的法人治理结构;

(四)完善的风险管理与内部控制制度;

(五)法律、行政法规和中国证监会规定的其他条件。证券公司可以参股、控股运营机构。

有《中华人民共和国证券法》第一百零八条规定的情形,或者被中国证监会采取证券市场禁入措施且仍处于禁入期间的,不得担任运营机构的负责人。

第九条 省级人民政府对运营机构实施监督管理,向社会公告运营机构名单,并报中国证监会备案。未经公告并备案,任何单位和个人不得组织、开展区域性股权市场相关活动。

第二章 证券发行与转让

第十条 企业在区域性股权市场发行股票,应当符合下列条件:

(一)有符合《中华人民共和国公司法》规定的治理结构;

(二)最近一个会计年度的财务会计报告无虚假记载;

(三)没有处于持续状态的重大违法行为;

（四）法律、行政法规和中国证监会规定的其他条件。

第十一条 企业在区域性股权市场发行可转换为股票的公司债券，应当符合下列条件：

（一）本办法第十条规定的条件；

（二）债券募集说明书中有具体的公司债券转换为股票的办法；

（三）本公司已发行的公司债券或者其他债务没有处于持续状态的违约或者迟延支付本息的情形；

（四）法律、行政法规和中国证监会规定的其他条件。

第十二条 未经国务院有关部门认可，不得在区域性股权市场发行除股票、可转换为股票的公司债券之外的其他证券。

第十三条 在区域性股权市场发行证券，应当向合格投资者发行。单只证券持有人数量累计不得超过 200 人，法律、行政法规另有规定的除外。

前款所称合格投资者，应当具有较强风险识别和承受能力，并符合下列条件之一：

（一）证券公司、期货公司、基金管理公司及其子公司、商业银行、保险公司、信托公司、财务公司等依法经批准设立的金融机构，以及依法备案或者登记的证券公司子公司、期货公司子公司、私募基金管理人；

（二）证券公司资产管理产品、基金管理公司及其子公司产品、期货公司资产管理产品、银行理财产品、保险产品、信托产品等金融机构依法管理的投资性计划；

（三）社会保障基金，企业年金等养老基金，慈善基金等社会公益基金，以及依法备案的私募基金；

（四）依法设立且净资产不低于一定指标的法人或者其他组织；

（五）在一定时期内拥有符合中国证监会规定的金融资产价值不低于人民币 50 万元，且具有 2 年以上金融产品投资经历或者 2 年以上金融行业及相关工作经历的自然人。

第十四条 在区域性股权市场发行证券，不得通过拆分、代持等方式变相突破合格投资者标准。有下列情形之一的，应当穿透核查最终投资者是否为合格投资者，并合并计算投资者人数：

（一）以理财产品、合伙企业等形式汇集多个投资者资金直接或者间接投资于证券的；

（二）将单只证券分期发行的。理财产品、合伙企业等投资者符合本办法第十三条第二款第（二）项、第（三）项规定的除外。

第十五条 在区域性股权市场发行证券，不得采用广告、公开劝诱等公开或者变相公开方式。

通过互联网络、广播电视、报刊等向社会公众发布招股说明书、债券募集说明书、拟转让证券数量和价格等有关证券发行或者转让信息的，属于前款规定的公开或者变相公开方式；但符合下列条件的除外：

（一）通过运营机构的信息系统等网络平台向在本市场开户的合格投资者发布证券发行或者转让信息；

（二）投资者需凭用户名和密码等身份认证方式登录后才能查看。

第十六条 在区域性股权市场挂牌转让证券的企业（以下简称挂牌公司），应当符合本办法第十条规定的条件。

第十七条 在区域性股权市场转让证券的，应当符合本办法第十二条、第十三条、第十四条、第十五条规定，不得采取集中竞价、连续竞价、做市商等集中交易方式。

投资者在区域性股权市场买入后卖出或者卖出后买入同一证券的时间间隔不得少于5个交易日。

第十八条 符合下列情形之一的，不受本办法第十三条规定的限制：

（一）证券发行人、挂牌公司实施股权激励计划；

（二）证券发行人、挂牌公司的董事、监事、高级管理人员及发行、挂牌前已持有股权的股东认购或者受让本发行人、挂牌公司证券；

（三）因继承、赠与、司法裁决、企业并购等非交易行为获得证券。

第十九条 运营机构依法对证券发行、挂牌转让申请文件进行审查，出具审查意见，并在发行、挂牌完成后5个工作日内报地方金融监管部门和中国证监会派出机构备案。

第二十条 运营机构应当在每个交易日发布证券挂牌转让的最新价格行情。

第二十一条 证券发行人、挂牌公司及区域性股权市场的其他参与者应当按照规定和协议约定,真实、准确、完整地向投资者披露信息,不得有虚假记载、误导性陈述或者重大遗漏。

运营机构应当建立信息披露网络平台,供信息披露义务人按照规定披露信息。

第二十二条 证券发行人应当披露招股说明书、债券募集说明书,并在发生可能对已发行证券产生较大影响的重要事件时,披露临时报告。

挂牌公司应当在每一会计年度结束之日起 4 个月内编制并披露年度报告,并在发生可能对证券转让价格产生较大影响的重要事件时,披露临时报告。

招股说明书、债券募集说明书、年度报告应当包括公司基本情况、公司治理、控股股东和实际控制人情况、业务概况、财务会计报告以及可能对证券发行或者转让具有较大影响的其他情况。

第三章 账户管理与登记结算

第二十三条 投资者在区域性股权市场买卖证券,应当向办理登记结算业务的机构申请开立证券账户。办理登记结算业务的机构可以直接为投资者开立证券账户,也可以委托参与本市场的证券公司代为办理。

开立证券账户的机构应当对申请人是否符合本办法规定的合格投资者条件进行审查,对不符合规定条件的申请人,不得为其开立证券账户。申请人为自然人的,还应当在为其开立证券账户前,通过书面或者电子形式向其揭示风险,并要求其确认。

本办法施行前已开立证券账户但不符合本办法规定的合格投资者条件的投资者,不得认购和受让证券;已经认购或者受让证券的,只能继续持有或者卖出。

第二十四条 投资者在区域性股权市场内买卖证券的资金,应当专户存放在商业银行或者国务院金融监督管理机构批准的具有证券期货保证金存管业务资格的机构。任何单位和个人不得以任何形式挪用投资者资金。

省级人民政府制定投资者在区域性股权市场内买卖证券资金的管理细则,明确投资者资金的动用情形、划转路径和有关各方的职责。

运营机构应当每日监测投资者资金的变动情况，发现异常情形及时处理并向地方金融监管部门和中国证监会派出机构报告。

第二十五条 区域性股权市场的登记结算业务，应当由运营机构或者中国证监会认可的登记结算机构办理。

在区域性股权市场内发行、转让的证券，应当在办理登记结算业务的机构集中存管和登记。办理登记结算业务的机构应当根据证券登记结算的结果，确认证券持有人持有证券的事实，提供证券持有人登记资料。

办理登记结算业务的机构应当妥善保存登记、结算的原始凭证及有关文件和资料，保存期限不得少于20年。

第二十六条 办理登记结算业务的机构应当按照规定办理证券账户开立、变更、注销和证券登记、结算，保证证券持有人名册和登记过户记录真实、准确、完整，证券和资金的清算交收有序进行。

办理登记结算业务的机构不得挪用投资者的证券。办理登记结算业务的机构与中国证券登记结算有限责任公司应当建立证券账户对接机制，将区域性股权市场证券账户纳入到资本市场统一证券账户体系。

第四章 中介服务

第二十七条 中介机构及其业务人员在区域性股权市场从事相关业务活动的，应当诚实守信、勤勉尽责，遵守法律、行政法规、中国证监会和有关省级人民政府规定等，遵守行业规范，对其业务行为承担责任。

第二十八条 运营机构可以自行或者组织有关中介机构开展下列业务活动：

（一）为参与本市场的企业提供改制辅导、管理培训、管理咨询、财务顾问服务；

（二）为证券的非公开发行组织合格投资者进行路演推介或者其他促成投融资需求对接的活动；

（三）为合格投资者提供企业研究报告和尽职调查信息；

（四）为在本市场开户的合格投资者买卖证券提供居间介绍服务；

（五）与商业银行、小额贷款公司等开展业务合作，支持其为参与本市场的企业提供融资服务；

（六）中国证监会规定的其他业务。

第二十九条 运营机构开展本办法第二十八条规定的业务活动，应当按照下列规定采取有效措施，防范运营机构与市场参与者、不同参与者之间的利益冲突：

（一）为参与本市场的企业提供服务的，应当采取业务隔离措施，避免与投资者的利益冲突；

（二）为合格投资者提供企业研究报告和尽职调查信息的，应当遵循独立、客观的原则，不得提供证券投资建议，不得提供虚假、不实、误导性信息；

（三）为合格投资者买卖证券提供居间介绍服务的，应当公平对待买卖双方，不得损害任何一方的利益；

（四）向服务对象收取费用的，应当符合有关规定并披露收费标准。

第三十条 区域性股权市场应当作为地方人民政府扶持中小微企业政策措施的综合运用平台，为地方人民政府市场化运用贴息、投资等资金扶持中小微企业发展提供服务。

第三十一条 区域性股权市场可以在依法合规、风险可控前提下，开展业务、产品、运营模式和服务方式创新，为中小微企业提供多样化、个性化的服务。

区域性股权市场可以按照规定为中小微企业信息展示提供服务。

第三十二条 区域性股权市场不得为其所在省级行政区域外企业证券的发行、转让或者登记存管提供服务。

第三十三条 区域性股权市场可以与证券期货交易所、全国中小企业股份转让系统、机构间私募产品报价与服务系统、证券期货经营机构、证券期货服务机构、证券期货行业自律组织，建立合作机制。但是，有违反本办法第三十二条规定情形的除外。

符合中国证监会规定条件的运营机构，可以开展全国中小企业股份转让系统的推荐业务试点。

第五章 市场自律

第三十四条 运营机构应当负责区域性股权市场信息系统的开发、运行、维护，以及信息安全的管理，保证区域性股权市场信息系统安全稳定运行。

区域性股权市场的信息系统应当符合有关法律法规和信息技术管理规范，并通过中国证监会组织的合规性、安全性评估；未通过评估的，应当限期整改。

区域性股权市场的信息技术管理规范，由中国证监会另行制定。

第三十五条 运营机构、办理登记结算业务的机构应当将证券交易、登记、结算等信息系统与中国证监会指定的监管信息系统进行对接。

运营机构应当自每个月结束之日起 7 个工作日内，向地方金融监管部门和中国证监会派出机构报送区域性股权市场有关信息；发生影响或者可能影响区域性股权市场安全稳定运行的重大事件的，应当立即报告。

运营机构报送的信息必须真实、准确、完整，指标、格式、统计方法应当规范、统一，具体办法由中国证监会另行制定。

第三十六条 运营机构、办理登记结算业务的机构制定的业务操作细则和自律管理规则，应当符合法律、行政法规、中国证监会规章和规范性文件、有关省级人民政府的监管细则等规定，并报地方金融监管部门和中国证监会派出机构备案。

地方金融监管部门和中国证监会派出机构发现业务操作细则和自律管理规则违反相关规定的，可以责令其修改。

第三十七条 运营机构应当按照规定对区域性股权市场参与者的违法行为及违反自律管理规则的行为，采取自律管理措施，并向地方金融监管部门和中国证监会派出机构报告。

运营机构应当畅通投诉渠道，妥善处理投资者投诉，保护投资者合法权益。

第三十八条 运营机构应当对区域性股权市场进行风险监测、评估、预警和采取有关处置措施，防范和化解市场风险。

第三十九条 运营机构可以以特别会员方式加入中国证券业协会，接受中国证券业协会的自律管理和服务。

证券公司作为运营机构股东或者在区域性股权市场从事相关业务活动的，应当遵守证券行业监管和自律规则。

中国证券业协会督促引导证券公司为区域性股权市场的投融资活动提供优质高效低廉服务。鼓励证券公司为区域性股权市场提供业务、技术等支持。

第六章　监督管理

第四十条　地方金融监管部门实施现场检查,可以采取下列措施:

(一)进入运营机构或者区域性股权市场有关参与者的办公场所或者营业场所进行检查;

(二)询问运营机构或者区域性股权市场有关参与者的负责人、工作人员,要求其对有关检查事项做出说明;

(三)查阅、复制与检查事项有关的文件、资料,对可能被转移、隐匿或者毁损的文件、资料、电子设备予以封存;

(四)检查运营机构或者区域性股权市场有关参与者的信息系统,复制有关数据资料;

(五)法律、行政法规和中国证监会规定的其他措施。

中国证监会派出机构可以采取前款规定的措施,对区域性股权市场规范运作情况进行现场检查。

第四十一条　地方金融监管部门和中国证监会派出机构依法履行职责,被检查、调查的单位和个人应当配合,如实提供有关文件和资料,不得拒绝、阻碍和隐瞒。

第四十二条　运营机构违法违规经营或者出现重大风险,严重危害区域性股权市场秩序、损害投资者利益的,由地方金融监管部门责令停业整顿,并更换有关责任人员。

第四十三条　运营机构或者区域性股权市场参与者违反本办法规定的,地方金融监管部门可以采取责令改正、监管谈话、出具警示函、责令参加培训、责令定期报告、认定为不适当人选等监督管理措施;依法应予行政处罚的,给予警告,并处以3万元以下罚款。具体实施细则由省级人民政府制定。

对违反本办法规定的行为,法律、行政法规或者国务院另有规定的,依照其规定处理。

第四十四条　运营机构从业人员或者其他参与区域性股权市场的人员违反法律、行政法规或者本办法规定,情节严重的,中国证监会可以依法采取证券市场禁入的措施。

第四十五条 对运营机构或者区域性股权市场参与者从事内幕交易、操纵市场等严重扰乱市场秩序行为的,依法从严查处。

第四十六条 中国证监会派出机构发现违反本办法行为的线索,应当移送地方金融监管部门处理。

第四十七条 地方金融监管部门未按照规定对违反本办法行为进行查处的,中国证监会派出机构应当予以指导、协调和监督。

第四十八条 中国证监会派出机构对地方金融监管部门的监管能力和条件进行审慎评估,加强监管培训,采取有效措施,促使地方监管能力与市场发展状况相适应。

第四十九条 中国证监会派出机构可以对区域性股权市场的安全规范运行情况、风险管理能力等进行监测评估。

评估结果应当作为区域性股权市场开展先行先试相关业务的审慎性条件。

第五十条 违反本办法第三条第二款规定,组织证券发行和转让活动,或者违反本办法第九条规定,擅自组织开展区域性股权市场活动的,按照《国务院关于清理整顿各类交易场所切实防范金融风险的决定》(国发〔2011〕38 号)和《国务院办公厅关于清理整顿各类交易场所的实施意见》(国办发〔2012〕37 号)规定予以清理,并依法追究法律责任。

第五十一条 运营机构应当建立区域性股权市场诚信档案,并按照规定提供诚信信息的查询和公示。运营机构和区域性股权市场参与者及其相关人员的诚信信息,应当同时按照规定记入中国证监会证券期货市场诚信档案数据库。

第七章 附 则

第五十二条 区域性股权市场为其所在省级行政区域内的有限责任公司股权融资或者转让提供服务的,参照适用本办法。

第五十三条 本办法自 2017 年 7 月 1 日起施行。《关于规范证券公司参与区域性股权交易市场的指导意见(试行)》(证监会公告〔2012〕20 号同时废止。

典当管理办法

(2005 年 2 月 9 日中华人民共和国商务部部务会议审议通过,并经公安部同意　中华人民共和国商务部中华人民共和国公安部令 2005 年第 8 号公布　自 2005 年 4 月 1 日起施行)

第一章　总　　则

第一条　为规范典当行为,加强监督管理,促进典当业规范发展,根据有关法律规定,制定本办法。

第二条　在中华人民共和国境内设立典当行,从事典当活动,适用本办法。

第三条　本办法所称典当,是指当户将其动产、财产权利作为当物质押或者将其房地产作为当物抵押给典当行,交付一定比例费用,取得当金,并在约定期限内支付当金利息、偿还当金、赎回当物的行为。

本办法所称典当行,是指依照本办法设立的专门从事典当活动的企业法人,其组织形式与组织机构适用《中华人民共和国公司法》的有关规定。

第四条　商务主管部门对典当业实施监督管理,公安机关对典当业进行治安管理。

第五条　典当行的名称应当符合企业名称登记管理的有关规定。典当行名称中的行业表述应当标明“典当”字样。其他任何经营性组织和机构的名称不得含有“典当”字样,不得经营或者变相经营典当业务。

第六条　典当行从事经营活动,应当遵守法律、法规和规章,遵循平等、自愿、诚信、互利的原则。

第二章　设　　立

第七条　申请设立典当行,应当具备下列条件:

（一）有符合法律、法规规定的章程；

（二）有符合本办法规定的最低限额的注册资本；

（三）有符合要求的营业场所和办理业务必需的设施；

（四）有熟悉典当业务的经营管理人员及鉴定评估人员；

（五）有两个以上法人股东，且法人股相对控股；

（六）符合本办法第九条和第十条规定的治安管理要求；

（七）符合国家对典当行统筹规划、合理布局的要求。

第八条 典当行注册资本最低限额为 300 万元；从事房地产抵押典当业务的，注册资本最低限额为 500 万元；从事财产权利质押典当业务的，注册资本最低限额为 1000 万元。

典当行的注册资本最低限额应当为股东实缴的货币资本，不包括以实物、工业产权、非专利技术、土地使用权作价出资的资本。

第九条 典当行应当建立、健全以下安全制度：

（一）收当、续当、赎当查验证件（照）制度；

（二）当物查验、保管制度；

（三）通缉协查核对制度；

（四）可疑情况报告制度；

（五）配备保安人员制度。

第十条 典当行房屋建筑和经营设施应当符合国家有关安全标准和消防管理规定，具备下列安全防范设施：

（一）经营场所内设置录像设备（录像资料至少保存 2 个月）；

（二）营业柜台设置防护设施；

（三）设置符合安全要求的典当物品保管库房和保险箱（柜、库）；

（四）设置报警装置；

（五）门窗设置防护设施；

（六）配备必要的消防设施及器材。

第十一条 设立典当行，申请人应当向拟设典当行所在地设区的市（地）级商务主管部门提交下列材料：

（一）设立申请（应当载明拟设立典当行的名称、住所、注册资本、股东及出

资额、经营范围等内容)及可行性研究报告;

(二)典当行章程、出资协议及出资承诺书;

(三)典当行业务规则、内部管理制度及安全防范措施;

(四)具有法定资格的验资机构出具的验资证明;

(五)档案所在单位人事部门出具的个人股东、拟任法定代表人和其他高级管理人员的简历;

(六)具有法定资格的会计师事务所出具的法人股东近期财务审计报告及出资能力证明、法人股东的董事会(股东会)决议及营业执照副本复印件;

(七)符合要求的营业场所的所有权或者使用权的有效证明文件;

(八)工商行政管理机关核发的《企业名称预先核准通知书》。

第十二条 具备下列条件的典当行可以跨省(自治区、直辖市)设立分支机构:

(一)经营典当业务三年以上,注册资本不少于人民币1500万元;

(二)最近两年连续盈利;

(三)最近两年无违法违规经营记录。

典当行的分支机构应当执行本办法第九条规定的安全制度,具备本办法第十条规定的安全防范设施。

第十三条 典当行应当对每个分支机构拨付不少于500万元的营运资金。

典当行各分支机构营运资金总额不得超过典当行注册资本的50%。

第十四条 典当行申请设立分支机构,应当向拟设分支机构所在地设区的市(地)级商务主管部门提交下列材料:

(一)设立分支机构的申请报告(应当载明拟设立分支机构的名称、住所、负责人、营运资金数额等)、可行性研究报告、董事会(股东会)决议;

(二)具有法定资格的会计师事务所出具的该典当行最近两年的财务会计报告;

(三)档案所在地人事部门出具的拟任分支机构负责人的简历;

(四)符合要求的营业场所的所有权或者使用权的有效证明文件;

(五)省级商务主管部门及所在地县级人民政府公安机关出具的最近两年无违法违规经营记录的证明。

第十五条 收到设立典当行或者典当行申请设立分支机构的申请后,设区的市(地)级商务主管部门应当报省级商务主管部门审核,省级商务主管部门将审核意见和申请材料报送商务部,由商务部批准并颁发《典当经营许可证》。省级商务主管部门应当在收到商务部批准文件后5日(工作日,下同)内将有关情况通报同级人民政府公安机关。省级人民政府公安机关应当在5日内将通报情况通知设区的市(地)级人民政府公安机关。

第十六条 申请人领取《典当经营许可证》后,应当在10日内向所在地县级人民政府公安机关申请典当行《特种行业许可证》,并提供下列材料:

(一)申请报告;

(二)《典当经营许可证》及复印件;

(三)法定代表人、个人股东和其他高级管理人员的简历及有效身份证件复印件;

(四)法定代表人、个人股东和其他高级管理人员的户口所在地县级人民政府公安机关出具的无故意犯罪记录证明;

(五)典当行经营场所及保管库房平面图、建筑结构图;

(六)录像设备、防护设施、保险箱(柜、库)及消防设施安装、设置位置分布图;

(七)各项治安保卫、消防安全管理制度;

(八)治安保卫组织或者治安保卫人员基本情况。

第十七条 所在地县级人民政府公安机关受理后应当在10日内将申请材料及初步审核结果报设区的市(地)级人民政府公安机关审核批准,设区的市(地)级人民政府公安机关应当在10日内审核批准完毕。经批准的,颁发《特种行业许可证》。

设区的市(地)级人民政府公安机关直接受理的申请,应当在20日内审核批准完毕。经批准的,颁发《特种行业许可证》。

设区的市(地)级人民政府公安机关应当在发证后5日内将审核批准情况报省级人民政府公安机关备案;省级人民政府公安机关应当在5日内将有关情况通报同级商务主管部门。

申请人领取《特种行业许可证》后,应当在10日内到工商行政管理机关申请登记注册,领取营业执照后,方可营业。

第三章 变更、终止

第十八条 典当行变更机构名称、注册资本(变更后注册资本在5000万元以上的除外)、法定代表人、在本市(地、州、盟)范围内变更住所、转让股份(对外转让股份累计达50%以上的除外)的,应当经省级商务主管部门批准。省级商务主管部门应当在批准后20日内向商务部备案。商务部于每年6月、12月集中换发《典当经营许可证》。

典当行分立、合并、跨市(地、州、盟)迁移住所、对外转让股份累计达50%以上、以及变更后注册资本在5000万元以上的,应当经省级商务主管部门同意,报商务部批准,并换发《典当经营许可证》。

申请人领取《典当经营许可证》后,依照本办法第十七条的有关规定申请换发《特种行业许可证》和营业执照。

第十九条 典当行增加注册资本应当符合下列条件:

(一)与开业时间或者前一次增资相隔的时间在一年以上;

(二)一年内没有违法违规经营记录。

第二十条 典当行变更注册资本或者调整股本结构,新进入的个人股东和拟任高级管理人员应当接受资格审查;新进入的法人股东及增资的法人股东应当具备相应的投资能力与投资资格。

第二十一条 无正当理由未按照规定办理《特种行业许可证》及营业执照的,或者自核发营业执照之日起无正当理由超过6个月未营业,或者营业后自行停业连续达6个月以上的,省级商务主管部门、设区的市(地)级人民政府公安机关应当分别收回《典当经营许可证》、《特种行业许可证》,原批准文件自动撤销。收回的《典当经营许可证》应当交回商务部。

省级商务主管部门收回《典当经营许可证》,或者设区的市(地)级人民政府公安机关收回《特种行业许可证》的,应当在10日内通过省级人民政府公安机关相互通报情况。

许可证被收回后,典当行应当依法向工商行政管理机关申请注销登记。

第二十二条 典当行解散应当提前3个月向省级商务主管部门提出申请,

经批准后,应当停止除赎当和处理绝当物品以外的其他业务,并依法成立清算组,进行清算。

第二十三条 典当行清算结束后,清算组应当将清算报告报省级商务主管部门确认,由省级商务主管部门收回《典当经营许可证》,并在 5 日内通报同级人民政府公安机关。

省级人民政府公安机关应当在 5 日内通知作出原批准决定的设区的市(地)级人民政府公安机关收回《特种行业许可证》。

典当行在清算结束后,应当依法向工商行政管理机关申请注销登记。

第二十四条 省级商务主管部门对终止经营的典当行应当予以公告,并报商务部备案。

第四章 经营范围

第二十五条 经批准,典当行可以经营下列业务:

(一)动产质押典当业务;

(二)财产权利质押典当业务;

(三)房地产(外省、自治区、直辖市的房地产或者未取得商品房预售许可证的在建工程除外)抵押典当业务;

(四)限额内绝当物品的变卖;

(五)鉴定评估及咨询服务;

(六)商务部依法批准的其他典当业务。

第二十六条 典当行不得经营下列业务:

(一)非绝当物品的销售以及旧物收购、寄售;

(二)动产抵押业务;

(三)集资、吸收存款或者变相吸收存款;

(四)发放信用贷款;

(五)未经商务部批准的其他业务。

第二十七条 典当行不得收当下列财物:

(一)依法被查封、扣押或者已经被采取其他保全措施的财产;

(二)赃物和来源不明的物品;

（三）易燃、易爆、剧毒、放射性物品及其容器；

（四）管制刀具，枪支、弹药，军、警用标志、制式服装和器械；

（五）国家机关公文、印章及其管理的财物；

（六）国家机关核发的除物权证书以外的证照及有效身份证件；

（七）当户没有所有权或者未能依法取得处分权的财产；

（八）法律、法规及国家有关规定禁止流通的自然资源或者其他财物。

第二十八条　典当行不得有下列行为：

（一）从商业银行以外的单位和个人借款；

（二）与其他典当行拆借或者变相拆借资金；

（三）超过规定限额从商业银行贷款；

（四）对外投资。

第二十九条　典当行收当国家统收、专营、专卖物品，须经有关部门批准。

第五章　当　　票

第三十条　当票是典当行与当户之间的借贷契约，是典当行向当户支付当金的付款凭证。

典当行和当户就当票以外事项进行约定的，应当补充订立书面合同，但约定的内容不得违反有关法律、法规和本办法的规定。

第三十一条　当票应当载明下列事项：

（一）典当行机构名称及住所；

（二）当户姓名（名称）、住所（址）、有效证件（照）及号码；

（三）当物名称、数量、质量、状况；

（四）估价金额、当金数额；

（五）利率、综合费率；

（六）典当日期、典当期、续当期；

（七）当户须知。

第三十二条　典当行和当户不得将当票转让、出借或者质押给第三人。

第三十三条　典当行和当户应当真实记录并妥善保管当票。

当票遗失，当户应当及时向典当行办理挂失手续。未办理挂失手续或者挂失前被他人赎当，典当行无过错的，典当行不负赔偿责任。

第六章　经营规则

第三十四条　典当行不得委托其他单位和个人代办典当业务，不得向其他组织、机构和经营场所派驻业务人员从事典当业务。

第三十五条　办理出当与赎当，当户均应当出具本人的有效身份证件。当户为单位的，经办人员应当出具单位证明和经办人的有效身份证件；委托典当中，被委托人应当出具典当委托书、本人和委托人的有效身份证件。

除前款所列证件外，出当时，当户应当如实向典当行提供当物的来源及相关证明材料。赎当时，当户应当出示当票。

典当行应当查验当户出具的本条第二款所列证明文件。

第三十六条　当物的估价金额及当金数额应当由双方协商确定。

房地产的当金数额经协商不能达成一致的，双方可以委托有资质的房地产价格评估机构进行评估，估价金额可以作为确定当金数额的参考。

典当期限由双方约定，最长不得超过 6 个月。

第三十七条　典当当金利率，按中国人民银行公布的银行机构 6 个月期法定贷款利率及典当期限折算后执行。

典当当金利息不得预扣。

第三十八条　典当综合费用包括各种服务及管理费用。

动产质押典当的月综合费率不得超过当金的 42‰。

房地产抵押典当的月综合费率不得超过当金的 27‰。

财产权利质押典当的月综合费率不得超过当金的 24‰。

当期不足 5 日的，按 5 日收取有关费用。

第三十九条　典当期内或典当期限届满后 5 日内，经双方同意可以续当，续当一次的期限最长为 6 个月。续当期自典当期限或者前一次续当期限届满日起算。续当时，当户应当结清前期利息和当期费用。

第四十条　典当期限或者续当期限届满后，当户应当在 5 日内赎当或者续当。逾期不赎当也不续当的，为绝当。

当户于典当期限或者续当期限届满至绝当前赎当的，除须偿还当金本息、综合费用外，还应当根据中国人民银行规定的银行等金融机构逾期贷款罚息水平、典当行制定的费用标准和逾期天数，补交当金利息和有关费用。

第四十一条 典当行在当期内不得出租、质押、抵押和使用当物。

质押当物在典当期内或者续当期内发生遗失或者损毁的，典当行应当按照估价金额进行赔偿。遇有不可抗力导致质押当物损毁的，典当行不承担赔偿责任。

第四十二条 典当行经营房地产抵押典当业务，应当和当户依法到有关部门先行办理抵押登记，再办理抵押典当手续。

典当行经营机动车质押典当业务，应当到车辆管理部门办理质押登记手续。

典当行经营其他典当业务，有关法律、法规要求登记的，应当依法办理登记手续。

第四十三条 典当行应当按照下列规定处理绝当物品：

（一）当物估价金额在3万元以上的，可以按照《中华人民共和国担保法》的有关规定处理，也可以双方事先约定绝当后由典当行委托拍卖行公开拍卖。拍卖收入在扣除拍卖费用及当金本息后，剩余部分应当退还当户，不足部分向当户追索。

（二）绝当物估价金额不足3万元的，典当行可以自行变卖或者折价处理，损溢自负。

（三）对国家限制流通的绝当物，应当根据有关法律、法规，报有关管理部门批准后处理或者交售指定单位。

（四）典当行在营业场所以外设立绝当物品销售点应当报省级商务主管部门备案，并自觉接受当地商务主管部门监督检查。

（五）典当行处分绝当物品中的上市公司股份应当取得当户的同意和配合，典当行不得自行变卖、折价处理或者委托拍卖行公开拍卖绝当物品中的上市公司股份。

第四十四条 典当行的资产应当按照下列比例进行管理：

（一）典当行自初始营业起至第一次向省级商务主管部门及所在地商务主管部门报送年度财务会计报告的时期内从商业银行贷款的，贷款余额不得超过其注册资本。典当行第一次向省级商务主管部门及所在地商务主管部门报送财务会计报告之后从商业银行贷款的,贷款余额不得超过上一年度向主管部门报送的财务会计报告中的所有者权益。典当行不得从本市(地、州、盟)以外的商业银行贷款。典当行分支机构不得从商业银行贷款。

(二)典当行对同一法人或者自然人的典当余额不得超过注册资本的25%。

(三)典当行对其股东的典当余额不得超过该股东入股金额,且典当条件不得优于普通当户。

(四)典当行净资产低于注册资本的90%时,各股东应当按比例补足或者申请减少注册资本,但减少后的注册资本不得违反本办法关于典当行注册资本最低限额的规定。

(五)典当行财产权利质押典当余额不得超过注册资本的50%。房地产抵押典当余额不得超过注册资本。注册资本不足1000万元的,房地产抵押典当单笔当金数额不得超过100万元。注册资本在1000万元以上的,房地产抵押典当单笔当金数额不得超过注册资本的10%。

第四十五条 典当行应当依照法律和国家统一的会计制度,建立、健全财务会计制度和内部审计制度。

典当行应当按照国家有关规定,真实记录并全面反映其业务活动和财务状况,编制月度报表和年度财务会计报告,并按要求向省级商务主管部门及所在地设区的市(地)级商务主管部门报送。

典当行年度财务会计报告须经会计师事务所或者其他法定机构审查验证。

第七章 监督管理

第四十六条 商务部对典当业实行归口管理,履行以下监督管理职责:

(一)制定有关规章、政策;

(二)负责典当行市场准入和退出管理;

(三)负责典当行日常业务监管;

(四)对典当行业自律组织进行业务指导。

第四十七条 商务部参照省级商务主管部门拟定的年度发展规划对全国

范围内典当行的总量、布局及资本规模进行调控。

第四十八条 《典当经营许可证》由商务部统一印制。《典当经营许可证》实行统一编码管理，编码管理办法由商务部另行制定。

当票由商务部统一设计，省级商务主管部门监制。省级商务主管部门应当每半年向商务部报告当票的印制、使用情况。任何单位和个人不得伪造和变造当票。

第四十九条 省级商务主管部门应当按季度向商务部报送本地典当行经营情况。具体要求和报表格式由商务部另行规定。

第五十条 典当行的从业人员应当持有有效身份证件；外国人及其他境外人员在典当行就业的，应当按照国家有关规定，取得外国人就业许可证书。

典当行不得雇佣不能提供前款所列证件的人员。

第五十一条 典当行应当如实记录、统计质押当物和当户信息，并按照所在地县级以上人民政府公安机关的要求报送备查。

第五十二条 典当行发现公安机关通报协查的人员或者赃物以及本办法第二十七条所列其他财物的，应当立即向公安机关报告有关情况。

第五十三条 对属于赃物或者有赃物嫌疑的当物，公安机关应当依法予以扣押，并依照国家有关规定处理。

第五十四条 省级商务主管部门以及设区的市（地）级商务主管部门应当根据本地实际建立定期检查及不定期抽查制度，及时发现和处理有关问题；对于辖区内典当行发生的盗抢、火灾、集资吸储及重大涉讼案件等情况，应当在24小时之内将有关情况报告上级商务主管部门和当地人民政府，并通报同级人民政府公安机关。

第五十五条 全国性典当行业协会是典当行业的全国性自律组织，经国务院民政部门核准登记后成立，接受国务院商务、公安等部门的业务指导。

地方性典当行业协会是本地典当行业的自律性组织，经当地民政部门核准登记后成立，接受所在地商务、公安等部门的业务指导。

第五十六条 商务部授权省级商务主管部门对典当行进行年审。具体办法由商务部另行制定。

省级商务主管部门应当在年审后10日内将有关情况通报同级人民政府公安机关和工商行政管理机关。

第五十七条 国家推行典当执业水平认证制度。具体办法由商务部会同国务院人事行政部门制定。

第八章 罚 则

第五十八条 非法设立典当行及分支机构或者以其他方式非法经营典当业务的,依据国务院《无照经营查处取缔办法》予以处罚。

第五十九条 典当行违反本办法第二十六条第(三)、(四)项规定,构成犯罪的,依法追究刑事责任。

第六十条 典当行违反本办法第二十八条第(一)、(二)、(三)项或者第四十四条第(一)、(二)、(五)项规定的,由省级商务主管部门责令改正,并处5000元以上3万元以下罚款;构成犯罪的,依法追究刑事责任。

第六十一条 典当行违反本办法第三十七条第一款或者第三十八条第二、三、四款规定的,由省级商务主管部门责令改正,并处5000元以上3万元以下罚款;构成犯罪的,依法追究刑事责任。

第六十二条 典当行违反本办法第四十五条规定,隐瞒真实经营情况,提供虚假财务会计报告及财务报表,或者采用其他方式逃避税收与监管的,由省级商务主管部门责令改正,并通报相关部门依法查处;构成犯罪的,依法追究刑事责任。

第六十三条 典当行违反本办法第二十七条规定的,由县级以上人民政府公安机关责令改正,并处5000元以上3万元以下罚款;构成犯罪的,依法追究刑事责任。

第六十四条 典当行违反本办法第二十六条第(一)、(二)、(五)项,第二十八条第(四)项或者第三十四条规定的,由所在地设区的市(地)级商务主管部门责令改正,单处或者并处5000元以上3万元以下罚款。

典当行违反本办法第二十九条或者第四十三条第(三)、(五)项的规定,收当限制流通物或者处理绝当物未获得相应批准或者同意的,由所在地设区的市(地)级商务主管部门责令改正,并处1000元以上5000元以下罚款。

典当行违反本办法第四十四条第(三)、(四)项规定,资本不实,扰乱经营秩序的,由所在地设区的市(地)级商务主管部门责令限期补足或者减少注册资本,并处以5000元以上3万元以下罚款。

第六十五条 典当行违反本办法第三十五条第三款或者第五十一条规定的,由县级以上人民政府公安机关责令改正,并处200元以上1000元以下罚款。

第六十六条 典当行违反本办法第五十二条规定的,由县级以上人民政府公安机关责令改正,并处2000元以上1万元以下罚款;造成严重后果或者屡教不改的,处5000元以上3万元以下罚款。

对明知是赃物而窝藏、销毁、转移的,依法给予治安管理处罚;构成犯罪的,依法追究刑事责任。

第六十七条 典当行采用暴力、威胁手段强迫他人典当,或者以其他不正当手段侵犯当户合法权益,构成违反治安管理行为的,由公安机关依法给予治安管理处罚;构成犯罪的,依法追究刑事责任。

第六十八条 在调查、侦查典当行违法犯罪行为过程中,商务主管部门与公安机关应当相互配合。商务主管部门和公安机关发现典当行有违反本办法行为的,应当进行调查、核实,并相互通报查处结果;涉嫌构成犯罪的,商务主管部门应当及时移送公安机关处理。

第六十九条 商务主管部门、公安机关工作人员在典当行设立、变更及终止审批中违反法律、法规和本办法规定,或者在监督管理工作中滥用职权、徇私舞弊、玩忽职守的,对直接负责的主管人员和其他直接责任人员依法给予行政处分;构成犯罪的,依法追究刑事责任。

第九章 附 则

第七十条 各省、自治区、直辖市商务主管部门、公安机关可以依据本办法,制定具体实施办法或者就有关授权委托管理事项作出规定,并报商务部、公安部备案。

第七十一条 外商及港、澳、台商投资典当行的管理办法由商务部会同有关部门另行制定。

第七十二条 本办法由商务部、公安部负责解释。

第七十三条 本办法自2005年4月1日起施行。《典当行管理办法》(国家经贸委令第22号)、《典当业治安管理办法》(公安部第26号令)同时废止。

第 三 部 分

《四川省地方金融监督管理条例》有关审议资料

关于《四川省地方金融条例(草案)》的说明

2018年7月24日在四川省第十三届人民代表大会

常务委员会第五次会议上

省金融工作局局长　欧阳泽华

各位副主任、秘书长、各位委员：

我受省人民政府委托，现就《四川省地方金融条例(草案)》的有关情况作如下说明，请予审议。

一、立法的必要性

实体经济是金融的根基，金融是实体经济的血脉。近年来，在省委领导下，我省金融综合实力显著增强，服务能力不断提升，金融运行总体平稳、风险可控，为全省经济发展提供了重要支撑。截至2018年6月末，全省社会融资规模余额7.05万亿元，增长12.2%，同比增加2.4个百分点；较上年末新增4468亿元，同比多增852亿元。1~6月，全省金融业实现税收263.64亿元，占全省税收的8.37%。

2017年第五次全国金融工作会议和《中共中央国务院关于服务实体经济防控金融风险深化金融改革的若干意见》(中发〔2017〕23号)(以下简称中发23号文)要求，在坚持金融管理主要是中央事权的前提下，明确赋予地方政府相关金融监管职责。省委十一届三次全会明确指出，要建立健全省市县三级地方金融监管体系，强化金融风险属地处置责任，出台四川省地方金融条例。在金融改革发展的新形势下，我省地方金融发展和监管还存在不少问题，一些地方金融乱象仍然存在，个别地方金融组织经营不规范，非法集资等不法行为屡禁不止，侵害了正常的金融秩序，影响了社会稳定；新型金融业态不断涌现，金融风险防控压力依然较大；同时，地方金融职责由专注发展向发展、监管和风险处置并重转变,对地方金融监督管理提出了新的要求。

目前,国家先后制定了《商业银行法》《银行业监督管理法》《证券法》和《保险法》,为国家金融监管部门提供了相应的法律依据,但对大量新型地方金融组织缺乏监管规范,不少领域尚属于立法空白,导致地方金融监管部门执法依据不足、执法地位缺失、执法手段缺乏。因此,为了加强地方金融监管,促进地方金融发展,有效防控金融风险,推进国家西部金融中心建设,推动金融更好服务实体经济,借鉴山东、河北等地方金融立法经验,专门制定一部地方性法规,对我省地方金融组织及其活动作出适度监管规范,对全省金融发展提出促进性政策措施,十分必要,也非常迫切。

二、起草过程

2016 年 10 月,原省金融办正式启动我省地方金融条例立法起草工作。2017 年 2 月省金融工作局成立后,加大了推进力度,委托中国人民大学法学院专家团队开展我省地方金融立法课题研究,形成专家建议稿。作为省政府 2018 年制定类立法项目,省法制办和省金融工作局组成立法调研组,先后前往成都、绵阳、泸州、南充等地开展立法调研,征求基层管理部门和小额贷款公司、交易场所、融资担保公司等地方金融组织的意见和建议;赴河北、山东开展省外调研考察,学习地方金融立法的成功经验;多次征求省级有关单位意见,并专门向省人大经济委、法制委和省人大常委会法工委汇报,专程赴中国银保监会沟通衔接,得到了支持、肯定和认可。经过认真研究并充分吸纳合理意见和建议,数易其稿,最终形成了《四川省地方金融条例(草案)》[以下简称《条例(草案)》],并于 2018 年 6 月 26 日省政府第 7 次常务会议审议通过。

三、主要内容及需要说明的几个问题

《条例(草案)》共七章,五十五条,包括总则、工作职责、地方金融组织、地方金融发展、地方金融风险防范、法律责任、附则等内容。

(一)关于适用范围

全国金融工作会议和中发 23 号文提出,在坚持金融管理主要是中央事权的前提下,完善中央与地方金融监管职责分工,赋予地方政府相关金融监管职责。《条例(草案)》将中发 23 号文规定的属于地方监管的“7 + 4 + X”类地方金融组织纳入调整范围,具体包括:小额贷款公司、融资担保公司、区域性股权市场、典当行、融资租赁公司、商业保理公司、地方资产管理公司等7类由中央金融监管部门制定规则的地方金融组织；投资公司、开展信用互助的农民专业合作社、社会众筹机构、从事权益类和大宗商品类交易的交易场所等4类需要地方强化监管、提高准入门槛的地方金融组织；还有随着经济社会发展，国家赋予地方监管的若干新型地方金融组织(第二条、第三条)。

(二)关于地方金融监管职责

地方金融组织是特殊的市场主体，按照国家有关规定，需要实行特殊的监管政策。一是中央层面已经设立了国务院金融稳定发展委员会，根据中发23号文关于地方设立金融议事协调机构的要求，《条例(草案)》规定，省金融工作议事协调机构统筹协调全省地方金融稳定和改革发展重大事宜(第七条)。二是根据地方机构改革有关精神，加强地方金融监管，强化省级监管职责，赋予地方金融主管部门对地方金融组织和地方金融活动实施监督管理职责。其中，行政许可、行政处罚等重大监管措施由省地方金融主管部门负责，日常性监督检查工作由省、市、县三级地方金融主管部门共同负责(第九条、第五十三条)。

(三)关于地方金融监管措施

鉴于地方金融组织的特殊性，应当区别于普通工商企业，赋予监管部门相应的监管手段，采取特殊的监管措施。《条例(草案)》参照《证券法》《融资担保公司监督管理条例》等法律法规规定，并征求中国银保监会意见，分情形、分类别赋予地方金融主管部门相应的监管措施，确保地方金融组织与金融活动管得住、管得好(第十条、第十一条)。

(四)关于地方金融组织

按照中发23号文关于强化地方金融监管、提高准入门槛、防控金融风险的要求，结合我省实际，《条例(草案)》根据各类地方金融组织的特点，明确了地方金融组织设立、活动的基本原则(第十三条至第十六条)；对小额贷款公司、交易场所、融资担保公司、开展信用互助业务的农民专业合作社、地方资产管理公司等地方金融组织，从设立条件、批准程序和监管要求等方面作了具体规定，对注册资本、股东资格等提高了准入门槛(第十七条至第二十七条)。

(五)关于地方金融风险防范

中央经济工作会议将防范重大风险作为“三大攻坚战”之一，防控金融风险又是重中之重。《条例(草案)》设专章予以规范,从制度上、机制上防控金融风险。一是明确责任主体。地方人民政府履行防范和处置地方金融风险责任,依法查处非法金融活动等违法行为(第三十八条)。二是明确风险监测预警。地方人民政府建立地方金融风险监测预警系统,制定突发事件应急预案和防范处置制度,加强金融基础设施统筹监管和互联互通,推进金融信息共享,坚持早识别、早预警、早发现、早处置(第三十九条)。三是明确风险处置制度(第四十三条)。

以上说明,连同《条例(草案)》,请一并予以审议。

四川省人大法制委员会
关于《四川省地方金融条例(草案)》
修改情况和主要问题的报告

2018年9月28日在四川省第十三届人民代表大会
常务委员会第六次会议上

各位副主任、秘书长、各位委员:

《四川省地方金融条例(草案)》(以下简称《条例草案》)已经省十三届人大常委会第五次会议第一次审议。会后,常委会法工委将条例草案发送省级相关部门、市州人大常委会征求意见,并在四川人大网全文公布,征求社会公众意见。省人大法制委、常委会法工委还赴河北、上海、成都市开展调研。2018年9月13日,常委会法工委组织召开了法律和金融专家立法论证会,就条例草案中的重大问题进行了论证。省人大法制委、常委会法工委根据常委会组成人员的审议意见,结合各方面的意见建议,对条例草案进行了修改。9月21日,省人大法制委召开全体会议,对《条例草案》进行了统一审议,形成了《条例草案》二次审议稿,现将修改情况和主要问题汇报如下:

一、关于《条例草案》名称

在审议中有常委会组成人员提出,建议将《条例草案》名称修改为《四川省地方金融监督管理条例》。法制委员会审议认为,根据中央有关防控金融风险,深化金融改革的要求,在坚持金融管理主要是中央事权的前提下,完善中央与地方金融监管职责分工,赋予地方政府相关金融监管职责。同时,鉴于《条例草案》调整的对象主要是地方金融组织及其活动的监督管理。因此,条例名称修改为《四川省地方金融监督管理条例》是适当的。同时,根据这一修改对《条例草案》的章节条款作相应调整,将《条例草案》第二章的内容调整至总则和地方金融风险防范章节中。

二、关于监管体制

在审议中有常委会组成人员提出,《条例草案》规定的市、县两级政府权力和责任不匹配,建议下放部分金融监管权力,赋予市、县两级政府相关监管手段。法制委员会审议认为,根据国务院《融资担保公司监督管理条例》和中央有关金融监管的要求,中央授权省级人民政府对相关地方金融组织承担监管职责,且不能层层下放到市县两级政府。《条例草案》规定的地方金融监管体制应当与中央要求相一致,地方金融监管职责应当由省人民政府及其金融主管部门承担。为此条例对省人民政府及其金融主管部门的监管职责作出相应规定。(《条例草案》二次审议稿第五条)

但鉴于市、县级人民政府对于本地区维护金融稳定负有重要责任,条例规定,市(州)、县(市、区)人民政府负责金融工作的机构承担对地方金融组织的日常检查、数据统计、舆情监控等工作。同时,考虑到省人民政府及其金融主管部门的执法力量和地方金融监管工作实际需要,根据行政处罚法的相关规定,市、县两级人民政府负责金融工作的机构可以依法接受省人民政府金融主管部门委托开展有关行政处罚的具体工作。(《条例草案》二次审议稿第六条)

三、关于申请从事地方金融业务的条件

根据行政许可法有关规定,为更好地履行地方政府的金融监管职责,根据中央对地方金融监管的总体要求,对于应由中央制定规则,地方实施监管的小额贷款公司、区域性股权市场、典当行、融资租赁公司、商业保理公司、地方资产管理公司,由地方金融监管部门按照国家有关规定实施监管,不再增设新的条件;对于融资担保公司,根据《融资担保公司监督管理条例》的规定,结合我省融资担保行业监管和防范金融风险的实际需要,《条例草案》作出了提高最低注册资本限额的规定;对于交易场所和开展信用互助业务的农民专业合作社,《条例草案》对从事有关业务也提出了相应的条件要求。(《条例草案》二次审议稿第九、十三、十四、十五条)

四、关于监管措施

为及时有效控制重大金融风险,维护社会稳定,根据行政强制法第九条、第十条的规定,条例规定,可能引发或者已经形成重大金融风险,严重影响金融秩序和金融稳定的，省人民政府金融主管部门和市（州）、县（市、区）人民政府负责金融工作的机构应当对相关地方金融组织进行重点监控，向利益相关人进行风险提示；必要时，可以责令地方金融组织暂停相关业务。经主要负责人批准，可以采取查封地方金融组织相关场所、设施或者财务，扣押相关财物等措施。地方金融组织应当及时采取措施，消除重大风险隐患，并向省人民政府金融主管部门报告整改情况。经省人民政府金融主管部门验收，确认重大风险隐患已经消除的，应当自验收完毕之日起三日内解除前款规定的有关措施。地方金融组织属于国有或者国有控股的，有管理权的人民政府可以依法对其董事、监事、高级管理人员等进行调整，或者限制其投资和其他资金运用。（《条例草案》二次审议稿第三十六条）

五、关于法律责任

在审议中有常委会组成人员提出，《条例草案》设定的行政处罚太轻，违法成本低，对于地方金融组织的违法行为震慑作用不够。法制委员会审议认为，地方金融组织的违法行为可能会造成巨大的金融风险，对人民群众的财产安全和社会稳定造成重大威胁，建议采纳这一建议，适当提高行政处罚的力度，同时通过加强事中监管的方式，达到防范金融风险的目的。（《条例草案》二次审议稿第四十三、四十五、四十八、五十条）

此外，法制委员会还根据常委会组成人员和各方面的意见对条例草案的部分文字进行了修改，并对部分条款顺序作了相应调整。

《四川省地方金融监督管理条例（草案二次审议稿）》连同以上修改情况和主要问题的报告，请予审议。

四川省人大法制委员会关于《四川省地方金融监督管理条例(草案)》审议结果的报告

2019年3月26日在四川省第十三届人民代表大会
常务委员会第十次会议上
四川省人大法制委员会主任委员　刘达贵

四川省人大常委会：

《四川省地方金融监督管理条例(草案二次审议稿)》(以下简称《草案二审稿》)已经四川省第十三届人民代表大会常务委员会第六次会议第二次审议。会后,常委会法工委将条例草案分送省级相关部门、市州人大常委会征求意见。省人大法制委、常委会法工委会同省金融监督管理局赴达州、巴中开展调研。在修改和论证工作中,针对一些制度设计问题,多次向全国人大常委会法工委经济法室、国家法室、备案审查室进行汇报、沟通。就地方金融组织设立条件等重大问题及时向省委报告,并向全国人大常委会法工委进行书面请示。根据全国人大常委会法工委答复意见、常委会组成人员的审议意见和调研中各方面意见建议,对《草案二审稿》进行了修改完善,并征求人行成都分行、四川银保监局、四川证监局意见,就相关条款的修改取得一致意见。3月21日,法制委员会召开全体会议,对修改后的草案进行了审议,形成了草案修改稿。现将审议结果报告如下：

一、关于地方金融组织准入

审议和论证过程中,有意见认为,对于地方金融组织设立条件的内容,属于中央职权,地方立法应当慎重。法制委员会审议认为,根据全国人大常委会法工委的答复意见,地方性法规不宜对地方金融组织从事相关金融业务的条件作出规定。建议删去《草案二审稿》关于交易场所、农民专业合作社从事相关金融业务的准入条件和审批程序的相关内容。同时,为了做好制度上的衔接,提高条例可操作性,建议将《草案二审稿》第九条修改为:“地方金融组织从事相关金融业务,应当符合《中华人民共和国公司法》《融资担保公司监督管理条例》等法律、行政法规,以及商务部、中国人民银行、中国银行保险监督管理委员会、中国证券监督管理委员会等的有关规定,经有权机关按照法定程序批准或者备案。”

二、关于地方金融组织信息公示

有常委会组成人员提出,为增强地方金融组织的信息透明度,更好地保护金融消费者的权益,建议增加关于地方金融组织信息公示的内容。法制委员会经审议,采纳了该建议,增加一条规定:“省人民政府地方金融主管部门应当建立地方金融组织信息公示制度,公布并定期更新地方金融组织名单以及相关行政许可和备案等信息。”(草案修改稿第十条)

三、关于对地方金融组织的行为规范

审议和调研过程中,有意见认为,应当加强对地方金融组织的事中、事后监管,突出对地方金融组织的行为规范。《草案二审稿》对典当行、融资租赁公司等地方金融组织经营行为未作规定,不够全面。法制委员会经审议,采纳了这一意见,增加两条分别对典当行和融资租赁公司的经营行为作出规范。(草案修改稿第十七条、第十八条)

四、关于地方金融组织退出

有常委会组成人员提出,为规范地方金融组织解散或宣告破产等行为,加强地方金融监管部门对上述行为的监管,保护消费者和投资者权益,建议增加关于地方金融组织退出的内容。法制委员会经审议,采纳了这一意见,建议增加一条规定:“地方金融组织解散的,应当成立清算组进行清算,对相关业务承接以及债务清偿作出明确安排,清算过程应当依法接受监督。地方金融组织解散或者被宣告破产的,应当依法注销业务经营许可证,并向社会公告。”(草案修改稿第二十一条)

五、关于服务与发展

法制委员会审议认为,地方政府的金融监管工作应当加强与中央金融管理部门派出机构的沟通协作,立足于为本地金融业发展提供政策支持和做好服务工作,履行属地金融风险防范义务,促进金融业健康发展。建议将《草案二审稿》第三章、第四章的名称分别修改为“服务与发展”和“风险防范”;将《草案二审稿》第二十三条修改为:“省人民政府地方金融主管部门根据国家金融发展规划和监管要求,会同中央金融管理部门派出机构制定全省金融发展规划,报省人民政府批准。”(草案修改稿第二十二条)删去《草案二审稿》中和服务与发展关联度不大的第二十五条、第二十九条。

此外,根据常委会组成人员的意见,对《草案二审稿》的部分文字进行了修改,并对条文顺序进行了相应调整。

《四川省地方金融监督管理条例(草案修改稿)》及以上审议结果的报告,请予审议。

四川省人大法制委员会关于《四川省地方金融监督管理条例(草案修改稿)》的修改说明

2019年3月28日在四川省第十三届人民代表大会
常务委员会第十次会议上

四川省人大常委会:

《四川省地方金融监督管理条例(草案修改稿)》(以下简称《草案修改稿》)经省十三届人大常委会第十次会议进行了第三次审议。常委会组成人员普遍认为,《草案修改稿》充分采纳了组成人员和各方面的意见建议,已经比较成熟,同意提请本次会议表决。同时,常委会组成人员也对《草案修改稿》提出了一些修改意见和建议。3月27日,法制委员会召开全体会议,根据常委会组成人员的审议意见,对《草案修改稿》进行了审议和修改。现将修改情况报告如下:

一、根据常委会组成人员的意见,将《草案修改稿》第四条中"坚持发展与监管、创新与规范并重"修改为"坚持发展与规范、创新与监管并重"。

二、根据常委会组成人员的意见,将《草案修改稿》中"市(州)、县(市、区)人民政府负责地方金融工作的机构"修改为"市(州)、县(市、区)人民政府确定的负责地方金融工作的机构"。

三、根据常委会组成人员的意见,将《草案修改稿》第七条修改为:"地方金融组织应当合法合规经营,诚实守信、自担风险,接受监督管理,不得损害国家利益、社会公共利益和他人合法权益。"将"依法取得相应的经营资格"的内容归并入《草案修改稿》第九条。

四、根据常委会组成人员的意见,将《草案修改稿》第九条修改为:"地方金融组织从事相关金融业务,应当符合《中华人民共和国公司法》《融资担保公司监督管理条例》等法律、行政法规，以及中央金融管理部门和机构的有关规定，经有权机关按照法定程序批准或者备案，取得相应经营资格。”

五、根据常委会组成人员的意见，将《草案修改稿》第十条关于地方金融组织公示的内容调整至第四章“风险防范”（《草案表决稿》第三十条）。

六、根据常委会组成人员的意见，将《草案修改稿》第十一条中“应当以通俗易懂的语言或者文字如实披露可能影响其决策的信息，充分提示风险”修改为“应当以显著方式和通俗易懂的语言文字如实披露可能影响其决策的信息，充分提示风险”（《草案表决稿》第十条），同时将《草案修改稿》第三十九条作相应修改，并将罚款额度由“十万元以上二十万元以下”修改为“十万元以上四十万元以下”。

七、根据常委会组成人员的意见，将《草案修改稿》第三十二条第二款修改为：“进行现场检查，检查人员不得少于两人，并应当出示合法证件和检查通知书。检查结束后应当依法形成检查记录并存档。”

八、根据常委会组成人员的意见，将《草案修改稿》第三十三条第一款修改为：“省人民政府地方金融主管部门和市（州）、县（市、区）人民政府确定的负责地方金融工作的机构发现地方金融组织存在可能引发金融风险的隐患的，应当对其重点监控，进行风险提示；对已经形成金融风险，严重影响金融秩序和金融稳定的，应当按照规定程序及时报告。省人民政府地方金融主管部门可以责令地方金融组织暂停相关业务，采取查封、扣押地方金融组织经营活动相关的电子信息设备及存储介质、财务账簿、会计凭证、档案资料等措施。”

此外，根据常委会组成人员的意见，对《草案修改稿》的部分文字进行了修改，并对条文顺序进行了相应调整。

法制委员会建议本条例自 2019 年 7 月 1 日起施行。

法制委员会认为，《草案修改稿》经本次修改后已基本成熟，建议提请本次常委会会议予以表决。

《草案表决稿》连同以上说明，请予审议。

后　记

经过两年多的立法调研、论证，根据国家有关法律、法规和最新政策文件，经过多方不懈努力，《四川省地方金融监督管理条例》（以下简称《条例》）于2019年3月28日，经四川省第十三届人民代表大会常务委员会第十次会议审议并全票通过，自2019年7月1日起施行。《条例》的颁布和实施，是四川省地方经济领域立法工作的一项重要成果，是四川省地方金融法治建设的里程碑，具有十分重要的意义。

《条例》在制定过程中，得到了很多领导的关心、帮助和指导：感谢全国人大常委会法工委领导对《条例》出台的关注和专业指导；感谢中国银保监会法规部领导对《条例》有关内容提出的意见和建议；感谢省人大法制委、经济委和省人大常委会法工委领导和司法厅（原省政府法制办）领导对《条例》所做的大量具体审改工作；感谢省级相关部门对《条例》出台的支持……

《条例》的出台，为四川省地方金融监管提供了法律遵循。为了帮助行政机关工作人员和社会各界准确理解和掌握《条例》的立法背景、基本原则和主要内容，更好地推动《条例》的贯彻实施，省人大经济委员会、省人大常委会法制工作委员会、省司法厅、省地方金融监管局联合编写了《四川省地方金融监督管理条例释义》一书。本书由省政协副主席、省地方金融监管局局长欧阳泽华担任编委会主任；省人大经济委员会副主任委员吴泓、省人大常委会法制工作委员会副主任王俊、省司法厅副厅长王飙担任副主任；由省地方金融监管局副局长王琳担任主编；省人大常委会法制工作委员会经济法规处处长钟波、省司法厅立法二处处长胡科建、省地方金融监管局政策法规处处长伍成旗担任副主编,参与《条例》立法工作的具体人员参与编写工作。感谢盈科(成都)律师事务所对《四川省地方金融监督管理条例释义》编写工作的大力支持！本书由王琳、伍成旗统稿,欧阳泽华审定。

由于我们水平有限,加之时间紧迫,地方金融监管体制、机制还有许多问题尚在探索、改革之中,本书如有不准确、不全面之处,恳请读者批评指正。

编　者

2020 年 1 月

图书在版编目(CIP)数据

四川省地方金融监督管理条例释义 / 四川省人大经济委员会等编著. -- 北京 : 法律出版社, 2020
ISBN 978-7-5197-4220-1

Ⅰ. ①四… Ⅱ. ①四… Ⅲ. ①地方金融-金融监管-法律解释-四川 Ⅳ. ①D927.710.228.05

中国版本图书馆CIP数据核字(2020)第022731号

四川省地方金融监督管理条例释义
SICHUANSHENG DIFANG JINRONG JIANDU GUANLI TIAOLI SHIYI

四川省人大经济委员会
四川省人大常委会法制工作委员会
四川省司法厅
四川省地方金融监督管理局
编著

策划编辑 郑导
责任编辑 郑导
装帧设计 汪奇峰

出版 法律出版社
总发行 中国法律图书有限公司
经销 新华书店
印刷 三河市龙大印装有限公司
责任校对 晁明慧
责任印制 张建伟

编辑统筹 独立策划项目部
开本 710毫米×1000毫米 1/16
印张 19.25
字数 267千
版本 2020年2月第1版
印次 2020年2月第1次印刷

法律出版社/北京市丰台区莲花池西里7号(100073)
网址/www.lawpress.com.cn
投稿邮箱/info@lawpress.com.cn
举报维权邮箱/jbwq@lawpress.com.cn
销售热线/400-660-8393
咨询电话/010-63939796

中国法律图书有限公司/北京市丰台区莲花池西里7号(100073)
全国各地中法图分、子公司销售电话:
统一销售客服/400-660-8393/6393
第一法律书店/010-83938432/8433　西安分公司/029-85330678　重庆分公司/023-67453036
上海分公司/021-62071639/1636　深圳分公司/0755-83072995

书号:ISBN 978-7-5197-4220-1　**定价**:78.00元